创新与创业基础

主　编　裴旭东　董仲慧　黄聿舟
副主编　范　琦　李　娜　杨　矗
　　　　康　霏　刘　笛

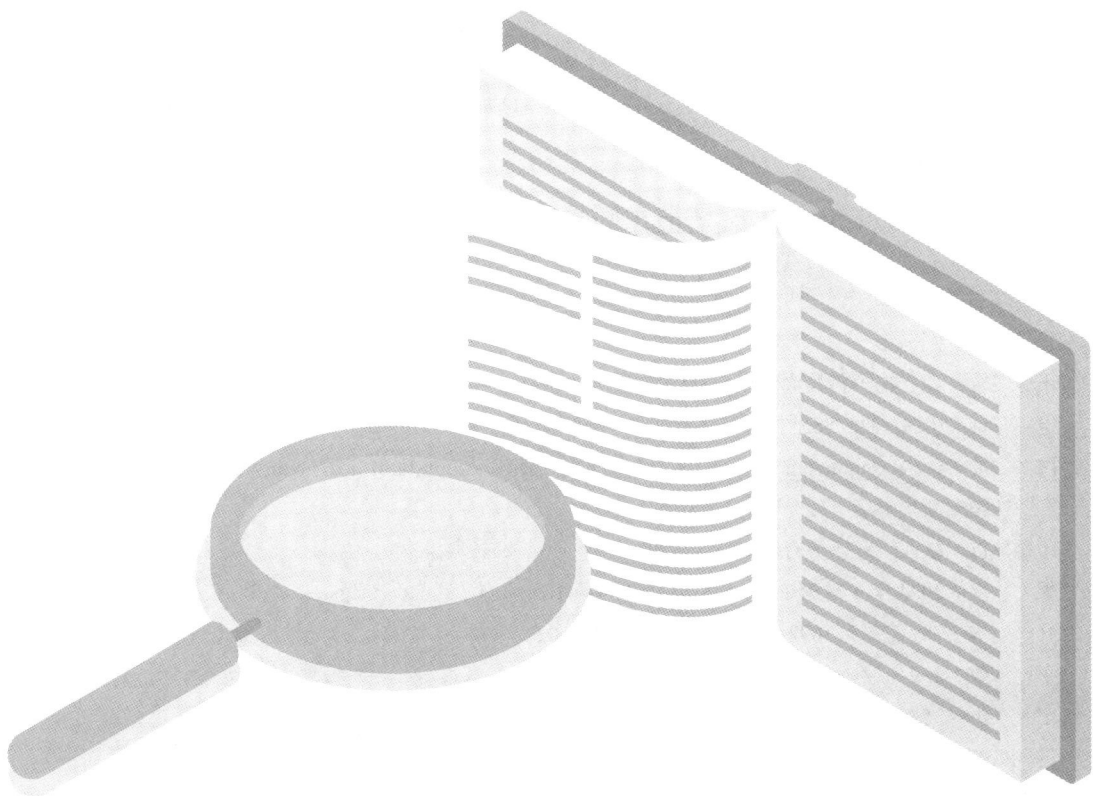

西安电子科技大学出版社

内 容 简 介

全书共 8 章，包括认识创新创业、创新基础、创新思维、创业机会、商业模式、创业团队、创建企业、新创企业的成长管理等内容，着重介绍了创新创业基础、创业过程和创业企业管理，并对创业机会、创业团队组建以及利用创业计划书吸引投资者等创新创业关键环节进行了深入的探讨。

本书可作为高等学校经济管理专业或其他相关专业研究生或本科生的教材，也可作为相关从业人员的自学用书及培训教材。

图书在版编目(CIP)数据

创新与创业基础 / 裴旭东，董仲慧，黄聿舟主编. --西安：西安电子科技大学出版社，2024.3
ISBN 978-7-5606-7141-3

Ⅰ.①创…　Ⅱ.①裴…②董…③黄…　Ⅲ.①大学生—创业—高等学校—教材
Ⅳ.①G647.38

中国国家版本馆 CIP 数据核字(2024)第 002770 号

策　　划　明政珠
责任编辑　阎　彬
出版发行　西安电子科技大学出版社(西安市太白南路 2 号)
电　　话　(029)88242885　88201467　　　邮　　编　710071
网　　址　www.xduph.com　　　　　　电子邮箱　xdupfxb001@163.com
经　　销　新华书店
印刷单位　陕西天意印务有限责任公司
版　　次　2024 年 3 月第 1 版　2024 年 3 月第 1 次印刷
开　　本　787 毫米×1092 毫米　1/16　　印张 10.5
字　　数　239 千字
定　　价　35.00 元
ISBN 978-7-5606-7141-3 / G
XDUP 7443001 –1
如有印装问题可调换

前　言

李克强总理在达沃斯论坛上提出"大众创业、万众创新"战略，引发了新一轮"大众创业""人人创新"的热潮。现阶段，创新发展需要发挥创业带动就业、稳定就业和提升创业质量的重要作用，支持青年创新创业是关键所在。为此，需要了解青年创新创业的难点和需求，营造优质的人才环境，完善机制体制，推动经济结构调整，增强经济发展的新动力。

2015 年，国务院正式印发《关于深化高等学校创新创业教育改革的实施意见》，在此背景下，高等学校积极响应号召，不断调整并完善课程体系，开发、开设有关大学生创新与创业基础等相关课程。2021 年 10 月，国务院办公厅印发《关于进一步支持大学生创新创业的指导意见》，提出要深化高校创新创业教育改革，将创新创业教育贯穿人才培养全过程，建立以创新创业为导向的新型人才培养模式。要进一步推动青年创新创业高质量发展，需要重新审视大学生创新创业教育，通过培养大学生的创新意识，提升创新能力，帮助大学生认识创业活动的内在规律，掌握基本的创新创业管理技能。在此背景下，我们产生了针对工科特色院校创新创业通识课程编写教材的想法，由此形成了本书。

本书具有较强的理论性和实践性，对创新与创业理论和方法进行了系统分析；同时具有较强的逻辑性，重点突出，条理清晰，内容从理论到实践，由浅入深。本书剖析了创新创业来源，探讨了创业过程与创业管理，具有较强的实践特色。本书的编写目的并不是让所有专业的学生去创业，而是让学生了解创新创业的基本概念和流程，培养学生的创新认知、创新思维方式、创业精神和创业技能，为学生种下创新创业的种子，启发学生创业实践的新方向和新思路。本书针对既定研究问题增添相应的情景化知识，能够激励大学生认识创新创业活动的内在规律，掌握基本的创新创业管理技能，推进创新与创业发展。

本书可供高等学校相关专业创新与创业基础课程教学使用，对应的教学大纲可参考表 1。

表 1　课程教学大纲

步骤	第一步	第二步	第三步	第四步
教学内容	创新与创业	创意	创业	守业
教学目的	设计新产品	发现新想法	筹划新企业	管理新企业
素质能力	创新能力	探索能力	动手能力	管理能力
考核标准	原创性	可行性	盈利性	持续性
本书对应章节	第1章 认识创新创业 第2章 创新基础	第3章 创新思维	第4章 创业机会 第5章 商业模式 第6章 创业团队	第7章 创建企业 第8章 新创企业的成长管理

本书让学生了解互联网时代下,创新与创业管理过程常面临的问题和困境,学习如何培养创新性思维、识别创业机会、组建创业团队、确立商业模式、撰写创业计划书和管理创业企业等相关知识,引导大学生结合自己专业,将所学知识融入未来的创业实践中。本书共8章,下面对各章内容分别予以介绍。

第1章为认识创新创业,从数字经济时代的创新创业开始论述,让学生理解数字经济是一种新的经济社会发展形态,能够有效促进创新创业的蓬勃发展;在此基础上,分别对创新的内涵、创业的内涵、创业要素和创业管理进行论述,让学生了解创新创业教育的重要性以及将科学方法和实际经验相结合的必要性。

第2章为创新基础,重点介绍创新体系、方法和创新流程,让学生理解在创业过程中创新扮演的重要角色。成功的创业以创新活动为基础,而创业是创新的具体表现和持续延伸。

第3章为创新思维,重点介绍创新思维的特征、创新思维的类型和创新思维的开发技巧。通过本章的学习,学生能够理解创新思维的重要性。创新思维如何与创业结合一直是大学生创新创业教育的难点,本章特别强调创新思维是寻找解决问题、认识事物的新方法与新途径的思维活动,而解决问题是创新思维和创业教育的最佳衔接点。

第4章为创业机会,重点介绍如何发现问题,如何识别创业机会,如何对创业机会进行风险评估。通过本章的学习,学生应能解决因为没有实际经验而难以找到创业机会的问题。在寻找创业机会的过程中,要注意以实际生活的观察为基础,才能让创新创业落地。

第5章为商业模式,重点介绍商业模式和创业计划书的撰写。通过本章的学习,学生能够运用相关理论工具更好地对创业项目进行提炼和提升。

第6章为创业团队,重点介绍创业团队的组建和管理。在现实生活中,大学生往往因为其创业经验不足,尤其是团队组建过程中没有处理好成员的替换问题,而导致创业失败。所以本章专门介绍了创业团队的组建和管理等相关内容,以期助力大学生创新创业。

第 7 章为创建企业，重点介绍创建企业的流程、企业组织形式的选择和企业注册地等事宜，建议作为阅读章节。创新创业基础教育并不要求学生注册公司，但对于新企业创建基础知识有所了解，对今后大学生创业或就业都有极大帮助。

第 8 章为新创企业的成长管理，重点介绍新创企业的成长过程中需要注意的战略管理、组织管理、营销管理、人力资源管理和薪酬管理等内容。建议运用模拟方式或参加创业竞赛等活动让大学生更好地掌握这部分内容。

本书的编写团队由西安石油大学经济管理学院从事创新与创业管理研究与教学的教师组成。各章编写分工为：第 1 章由裴旭东编写；第 2 章由李娜编写；第 3 章、第 4 章和第 5 章由范琦和黄聿舟编写；第 6 章和第 7 章由董仲慧和刘笛编写；第 8 章由杨矗和康霏编写。全书由裴旭东、黄聿舟、董仲慧总纂统稿。在编写本书的过程中，硕士研究生贺雨、丁奎、冯倩、王静、梁健、焦蕊、张顺帆、李妍完成了资料收集和案例整理工作。

本书的出版得到了陕西省创新与创业管理软科学研究基地和西安石油大学经济管理学院的资助，在此表示感谢。

在编写本书时，我们借鉴了许多已经公开发表的研究成果，同时国内学者撰写的相关教材也给了我们许多启发和帮助，在此对参考文献中所列出的作者致以诚挚的谢意！

由于编者水平有限，书中难免有不妥之处，敬请读者批评指正。

编　者
2023 年 3 月

目　录

第 1 章　认识创新创业

学习目标

- 理解数字经济时代的创新创业
- 理解创新创业的内涵
- 掌握创业过程的关键要素

导入案例

中国青年创业发展报告(2021)

根据全球创业研究机构 Startup Blink 发布的《2020 年全球创业生态系统指数报告》，中国在全球排名第 14 位，位居亚洲第一，超过新加坡(第 16 位)、韩国(第 19 位)、日本(第 21 位)和印度(第 23 位)。2020 年，中国有 6 座城市进入全球前 50 位，其中北京和上海分别位列全球城市排名的第 6 位和第 10 位。根据 USNEWS 网站公布的最新全球调查，在"2020 年全球最佳创业国度"中，中国排名第 3 位。上述国际机构的研究表明，近年中国的整体创业生态较好。

根据 2017 年中共中央、国务院《中长期青年发展规划(2016—2025 年)》界定，青年的年龄为 14～35 周岁。考虑到当前缺乏专门统计青年创业的宏观数据，且青年本身就是重要的创业群体，因此本书用整体的创业情况来分析中国青年的创业发展趋势。

1. 创业数量：新设市场主体超 850 万，活跃度稳定在 70%左右

新设市场主体数量快速增长，2020 年新设企业超 850 万。中国社科院城市与竞争力研究中心和企查查大数据研究院联合发布的《2020 中国企业发展数据年报》显示，2013—2020 年全国新设市场主体从 1132 万户上升至 2735 万户，增长了 141.6%。其中，新设企业数量从 250 万户上升至 868 万户，增长了 247.2%；我国市场主体从 2012 年的 5500 万户增加到 1.44 亿户，活跃度稳定在 70%左右；发展质量明显提升，高新技术企业、科技型中小企业分别突破 20 万家和 18 万家，企业研发投入占全社会支出的 76.2%；个体工商户作为一类群众直接开展经营活动的特殊市场主体发展到 9670 多万户，成为基层群众的就业容纳器、民营企业的后备力量，以及畅通国内大循环的微循环和各类企业的协作配套伙伴。

2. 创业质量：独角兽数量世界第二，科创板上市企业数量增加 107%

独角兽公司作为新经济业态的代表企业，引领着社会创新发展趋势。独角兽企业一旦发展壮大成为行业巨头，必然使得一个行业的创新能力大大增强，往往会引领一个国家的科技进步与产业升级，因此独角兽企业的发展情况可以表征整个社会的创业质量。从总量来看，2020 年我国独角兽企业为 120 家，仅次于美国；但 2020 年新生独角兽企业数量较 2019 年减少了 41%。根据 CB Insights 统计，至 2020 年全球共诞生了 552 家独角兽企业，其中中国有 120 家，占比为 22%，仅次于美国的 284 家。2020 年全球新生独角兽企业共 113 家，美国、中国、印度新生数量位居前三，分别为 70 家、13 家、9 家。独角兽企业通过模式创新和科技创新提升我国经济发展质量，是我国新经济发展的代表。近年来我国独角兽企业的数量和估值井喷，意味着我国在全球新经济发展领域具有一定的竞争力和影响力，有望引领我国经济整体上的创新发展。

3. 创业投资：创投机构资本近 1 万亿元，风险投资规模高于美国

2019 年我国共有创投机构近 3000 家，管理资本总量近 1 万亿元。自 2005 年发改委等十部委发布《创业投资企业管理暂行办法》以来，我国已在税收、LP(有限合伙人)、融资渠道、差异化金融支持等多方面形成了比较完整的创业投资优惠政策体系，创业投资机构数量和投资活动迅猛增长。据科技部数据，截至 2019 年，我国创业投资行业机构数达到 2994 家，管理资本总量达到 9989.1 亿元，管理资本占 GDP 比重达到 1.01%，累计投资项目 25 411 个，累计投资金额 5636 亿元，其中 2008—2019 年管理资本总额年均增长 19%。2020 年起由于新冠疫情影响，国际 PE/VC 投资规模发生了较大变动，但中国的 PE/VC 投资规模高于美国。

4. 创服机构：孵化载体超 1.3 万家，广东孵化器数量全国第一

2019 年中国创业孵化载体约 1.3 万家，在孵企业和项目近 66 万家，解决社会就业超 450 万人。2015 年以来，国内涌现出一批以创新工场、3W 咖啡为代表的创业服务机构，聚合金融、产业、技术和专业服务等创新要素，成为创新创业的重要力量。据科技部火炬中心发布的《2020 年中国创业孵化发展报告》，我国共有创业孵化载体 13 206 家，其中科技企业孵化器 5206 家，众创空间 8000 家，在孵企业和团队 65.8 万家，获得投融资 1418 亿元。2019 年，全国孵化器在孵企业数为 21.68 万个，累计毕业企业数量达 16.09 万个。促进就业方面，2019 年在孵企业和创业团队共吸纳就业 450.3 万人，包括应届大学生 46.4 万人。分省来看，2019 年广东孵化器数量位居全国第一，达到 1013 家；江苏第二，孵化器数量达到 832 家。从都市圈来看，长三角、粤港澳、京津冀地区创业孵化载体分布最密集，2019 年分别有 1370 家、1013 家、462 家，合计占全国总数的 55%。

5. 疫情冲击：中小微企业恢复速度慢，创业带动就业作用突出

2021 年，随着疫情防控的常态化，全球经济逐渐走出新冠疫情带来的阴霾。中国疫情控制水平居全球前列，经济也率先恢复。根据国务院信息，2021 年 1 月至 4 月全国新设个体工商户同比增长 55.2%，除接触性服务行业外，个体工商户基本恢复到疫情前水平，经营活跃状况较 2020 年大幅提高。以 2015 年数据作为基准 100，2016—2020 年中国青年创业发展指数分别为 109.9、121.5、136.9、153.6、167.5，呈上升趋势。其中，创业环境指数分别为 108.4、118.1、128.3、139.6、146.2；企业家精神指数分别为 111.9、123.6、135.4、145.3、146.0，创业环境和企业家精神指数稳步提升，主要源于政府支持政策、教育科技投入、居民收入稳步上升和市场环境的优化。创业结果指数分别为 115.2、134.6、176.5、222.2、279.7，2020 年创业结果指数较 2019 年大幅上升，主要源于 2020 年创业板和技术市场的良

好表现。

(资料来源：任泽平，白学松，刘煜鑫，等.中国青年创业发展报告(2021)[J].
中国青年研究，2022(02):85-100.)

"大众创业、万众创新"战略引发青年创新创业新热潮。随着数字技术的发展，在数字经济的赋能下，青年创新创业拥有更多的机遇。创业有哪些类型？创业包含哪些要素？数字经济时代下的创业有哪些新特点？……这些都是创业者或准备创业的大学生需要关注的问题。本章从创业的概念入手，介绍数字经济时代创新创业的特征，为大学生打开创业之门。

1.1　数字经济时代的创新创业

数字经济是以数字化的知识和信息作为关键生产要素，以数字技术为核心驱动力，以现代信息网络为重要载体，通过数字技术与实体经济深度融合，加速重构经济发展与治理模式的新型经济形态。在 2017 年中国《政府工作报告》中，习近平总书记多次强调加快发展数字经济，推动实体经济和数字经济融合发展，推动互联网、大数据、人工智能同实体经济深度融合，发挥数据的基础资源作用和创新引擎作用，加快建设数字中国。2019 年，中央经济工作会议提出"要大力发展数字经济"。中国信息通信研究院的研究结果显示,2022年中国数字经济规模达到 50 万亿元，占到国民经济总值的 41.5%，其中包括互联网在内的数字产业化增加值规模约为 9.2 万亿元，占数字经济比重为 18.3%；产业数字化规模 41 万亿元，占数字经济比重为 81.7%。服务业、工业、农业数字经济渗透率分别为 44.7%、24% 和 10.5%。数字经济在国民经济中的比重迅速攀升。

数字经济促进创新创业的蓬勃发展，主要体现在以下几个方面。

1. 数字化推动创新方式的改变

数字经济影响着企业创新方式的改变，传统以企业为中心的封闭式创新很难再获取持续竞争优势所需的各种战略资源。如今在快速变动和不稳定的市场中，快速通过整合和重组内外部资源来适应环境是获取竞争优势的关键。在这一背景下，产品创新方式也由企业的内部实验室研发所形成的核心知识和能力的封闭式创新，转化为以外部实验室研发为核心的开放式创新。开放式创新是相对封闭式创新而言的，是指企业与外部合作共同进行创新活动，强调将外部创新资源引入企业内部创新流程中。通过开放式创新，可以有效加快创新速度，缩短产品上市时间，大大降低创新风险成本，提高创新产出效率。

开放式创新过程是一个知识密集型活动，要求创新成员之间实现知识的流动与创造。在此过程中，组织间知识流动的有效性取决于创新成员之间能否建立以高水平的信任、依赖和专用资产投入为特征的长期导向关系。例如，在航空制造行业中，企业与供应商之间协同创新，形成多方面的竞争优势，包括缩短新产品开发时间、改进产品质量和服务、获取新的市场和技术、降低成本等。以波音公司为例，它日益依赖其开放式创新来进行创新，其开发 787 梦幻飞机的过程中组建了全球化的合作网络，从而使得开发成本大幅降低，其中最为突出的是参与研发的一家供应商建议使用聚合物复合材料，这被视为一个关键创新，引发了航空制造行业的革命性变革。

2．数字化催生新产业、新业态和新模式

数字技术的发展以及互联网创新成果的不断涌现，催生出一批新兴产业。即时通信、网络购物、网络支付、短视频与网络直播等已经成为人们生活中不可或缺的一部分。

数字经济也影响着企业的商业生态，为企业商业模式创新添砖助力。比如，共享经济是一种充分利用资源使用价值、优化社会资源配置的新型经济模式。在互联网背景下，共享经济借助网络和在线平台，得到了更广泛的发展。从本质上来看，共享经济基于网络技术作为支撑，通过共享、租赁产品与服务来对社会资源进行高效利用。

3．数字技术降低了创业门槛

随着智能手机的出现和开源软件运动的兴起，大量的创业者能够得到开源技术平台和云共享服务平台的支持。

创业平台在创意形成过程中，可吸引大量用户广泛参与。在用户体验和个性化需求的强烈驱动下，新产品和服务从产生创意到与用户见面的时间大大缩短，使得创业者的潜力被彻底释放。同时在"大众创新、万众创业"的时代背景下，结合共享经济所带来的云共享平台，创业者能低成本、快捷地将产品和服务提供给用户，从而取得创业成果。

1.2　创 新 与 创 业

1.2.1　创新的内涵

创新并非这个时代的专属，从人类诞生的那一刻起，创新就与我们同行，不断推动着科技进步和社会发展。著名管理学大师德鲁克认为，创新是创业者所拥有的一种特殊工具，是不断挖掘不同的产品和服务之间变化的一种有效手段。创新可以列为一个专门的学科，它既是人们能够掌握的，又是人们能够实践的。德鲁克阐明两个观点：一，创新是创业者发现机会的特殊工具；二，创新是可以通过学习与实践获得的。

创新是指利用现有的思维模式来获得与普通人不同的见解，即创造新事物、新方法、新元素、新路径和新环境并取得某些积极效果的过程。现代商业社会的发展建立在新的消费需求和不断更新的商业模式之上。对比世界经济发展史能够看出，生产力的变革是驱动经济创新的原动力。国外对于经济发展的研究在20世纪就开始围绕着创新的概念展开，最经典的经济学创新理论始于熊彼特理论。该理论认为促进经济发展的盈利模式需要不断引入创新性技术和人才，同时创新也会带来一定程度的毁灭。熊彼特理论认为，只有企业经营中的产品创新、生产技术创新、企业经营方式的创新以及市场的创新才能够真正创造出新的市场竞争力。

1.2.2　创业的内涵

"创业"这个词语从表面上来看，是由"创"和"业"两个字组合到一起的。"创"字代表着发明、创造，即创建、创立、创新，而"业"字则通常是指基业或事业。从范围上

来看，创业可以分为广义和狭义的创业。广义的创业，主要是指具有一定意义的开拓性社会变革活动，其涵盖的领域十分广阔，只要是人们在从事以前所未有的事业，都可以称作创业。从狭义来看，创业指的是个人或群体在社会实践中，从事创新或者以其他创造性地增加自己财富为目标而进行的活动过程，这项活动可能已经有人进行过，但对企业家本身而言，这是一个他们从未开展过的领域，需要从头开始。

创业是一种跨越性、多领域的复杂社会行为，因此，众多的国内外研究学者从不同的角度对其进行了大量的观察和研究，但学术界对创业的定义迄今还未达成一致。

要想捕捉到创业的商业机遇，需要付出一定的时间和努力。创业者创立自己的企业或者创新自己企业的组织架构，需要筹集资源并合理地配置各项资源，将新颖的技术产品或者服务带到市场上，最终实现企业经济效益和社会价值。关于管理活动与创业活动，美国亚利桑那大学的萨阿斯娃斯教授进行了开拓性的探索和详细的比较分析，其成果在国际学术界引起了强烈的反响和关注，其对比情况如表 1-1 所示。

表 1-1　管理活动与创业活动的逻辑区别

	管理活动的逻辑	创业活动的逻辑
对未来的认识	预测：把未来的发展看作对过去的延续，由此可以进行有效预测	创造：未来往往是人们主动实施或者行动的某些偶然结果，预测也不是重要的，人们需要做的事情就是如何去创造未来
行为的原因	应该：以利益最大化作为衡量标准，通过相关的分析判断自己能做什么事情	能够：做自己能做到的，而不是根据自己所预测的结果去做自己认为应该做的
采取行动的出发点	目标：从总目标出发，总目标决定了子目标，而子目标就决定了需要采取什么样的行动	手段：根据现有的手段，思考如何合理利用这些手段开展活动，想要实现什么样的目标，这些目标最终相互结合在一起，从而形成总目标
行动路径的选择	既定承诺：根据对已经约定好目标的承诺来确定将要进行的行动路径	偶然性：之所以选择现在这样的一条路径，是以以后能出现更多、更好的途径做铺垫，因此路径可能会随时间而发生改变
对风险的态度	更加密切地关心想要达到的预期回报，寻求一种能够让组织获得利益最大化的机会，而不是减少或者降低风险	可承受的损失：在能够接受的一定范围内采取行动，回避远远超出自己所能承受范围的风险
对其他公司的态度	竞争：关注竞争关系，依照需要对顾客和其他供应商承担一定的有限责任	伙伴：强调协商，与其他顾客、供应商以及市场上潜在的竞争者一起共同努力，开拓并创造未来的市场

1.2.3　创新与创业的区别

长期以来，创新与创业被划分为两个学科，创业更关注小企业的发展，创新则主要关注企业新产品的开发。创业属于开辟新的领域；开辟新的产品则是创新理念的一次实践。新媒体的出现极大地推动了原有商业运作模式的创新。微信平台催生了大批自媒体运营公众号，使得更多新兴创业模式出现；支付宝、云闪付、京东白条、微信付款等支付手段改变了原有的商业交易方式，使商业与互联网更加紧密地结合在了一起。

(1) 创业着眼于商业模式的开发和执行，属于商业经营，是一个企业创建和成长的过程。创新属于一种理念，融入创业和商业发展的各个方面，两者并非同一个领域。创新可以是创业启动的推进力量和指导思想，然而创业必须有实际的经营和运作，是一个完整的实践商业创意的过程。

(2) 创业需要在一个未知的空间中去实现商业理念，必须以创造商业利益为追求目标。创新是从更高层面去挖掘商业发展中创新带来的改变。创新也可能带来商业发展的倒退，包括消费者需求和商业发展的不匹配。因此理解创新的真正意义才能更好地把创新融入创业过程中并带来创业成功。

随着互联网时代的到来和信息技术的快速发展，公司保持可持续发展优势很大程度上取决于其创新能力。而公司的创新能力则主要取决于其创新意识，这主要反映在公司在技术和管理等层面的创新。同时，创新是公司能够适应瞬息万变的市场环境的有力工具。创新包含以下两方面。

(1) 产品的创新。一方面，产品的创新可以促使公司进一步加速新工艺技术和新型原材料在产品制造过程中的推广和应用，提高产品质量，而且便于依照市场上客户的需求来设计定制产品的功能，增强产品的市场竞争力，从而改变客户的价值观念，不断改善公司现有的市场环境和条件；另一方面，当一个企业的科学技术创新可以运用到商业化的新型产品时，会给企业带来新的消费者，开拓新的消费市场，让企业拥有更大的市场。

(2) 工艺的创新。在探索新工艺时，企业为降低工艺成本、提高生产率，需要进行更深入的产品设计或研究开发新工艺、新技术等。如减少产品的生产周期寿命消耗、节约原材料等，以生产出更多的产品或减少生产相同数量产品的时间。

简而言之，从公司生存和发展的角度来看，创新具有非常重要的理论意义和实践意义。企业家需要不断研究和实施管理创新，以帮助公司保持竞争优势。依照当前我国市场经济发展的情况来看，国内已经出现了大批的创新型科技企业。这些公司之所以能创业成功，主要归因于创新型产品的研发和技术的开发。不断创新能够使这些公司在国内和国际市场上处于屹立不倒的地位。

1.2.4　创新与创业的联系

创新与创业之间有着千丝万缕的内在密切联系，主要体现在以下几个方面。

(1) 两者是双生关系，具有直接的同一性。

理论上来讲，创新与新创的企业之间是一种双生共存关系。由于两者紧密地相互联系着，因此成为一个无法分割的整体。总体上来看，创新和创业之间存在着直接的同一性，换而言之，就是没有了创新就不会有创业。与此同时，没有了创业就不会有创新。因此，创业离不开创新，而成功的创新也通常在创业的过程中诞生。

(2) 二者之间相互依赖、彼此制约、相互促进。

一方面，创新精神是实现创业目标的根基。首先，创新是进行创业的基础。在我们的创业过程中，新技术产品的研究与开发、新材料的选择与运用、新管理模式的探索与实施等，都应该坚持以创新作为行动指南，这样才能创业成功。经济学家熊彼特认为，创业精神包括敢于尝试从未挑战过的事物的勇气。企业家们在创业过程中持续产生新想法、新方案、新创意，只有把这些创新的思维融入创业过程中，才富有意义，因此他们需要持续在创业活动中寻找新的模式、新的方法和竞争优势。其次，创新是进行创业的根本有效手段，是企业开展创业活动的主旋律，是一个持续的过程。通过研究当今那些成功的企业家，我们发现，他们都是在创新基础上进行创业的企业家。缺少了创新性，也就是把创业停留在了过去的传统创业模式中，企业很难发展。因此，只有包含了创新理念的创业，才可以称得上是真正的创业，这样的创业才能够给企业带来巨大的发展潜力。最后，创新是企业进行创业的先导。"创新精神"是企业家的灵魂和核心特征之一，即企业家应该不断地探索、尝试，发现新的可能性，改善企业的运营，实现企业的长期发展。

另一方面，创业被认为是创新的内容载体，是创新的实践信息来源和判断标准。首先，创新的核心价值主要包含了创业精神。创新把知识、技术和潜在的商业机会都转化为真正的经济生产力，是创新的意义和价值所在，这实际上就是创业。创业者往往是推动创新的积极参与者或者是行为实施的主体，因此创业者需要有能力去挖掘商业机会并承担风险。同时，创新活动不一定都是通过企业家进行的，企业家往往只是提供创新所需资源，并实施资源重组，但创新产品往往由企业家进行销售，最终转化成为实际的经济生产力。其次，创业精神也是进行自主创新的事实之所在。许多创新行为本质上是一种基于积累的创业实践与经验而实现的质的飞跃。这种质的突破不但可以看作是科学技术研究、技术发明创造以及企业家精神等共同作用的结果，也可看作是成千上万企业家进行不断实践和探索后所得到的成果。最后，创业是为创新提供服务的。在"创新"二字后加上"创业"这个词，明确规定了创新的具体应用属性。创新是面向创业的技术革命，重在应用的创新，要想达到的目的是推动创新成果的市场化和产业化。若是创新所带来的社会经济收益无法通过商业化、工业化而获得价值，那么这种创新便会失去最初想要达到的目标。创新与创业主要泛指在科学技术、产品、商业模式、管理等方面，以一个或几个创新节点作为主要依据而开展的创业活动。创新创业活动是一种坚持以创新驱动发展为主要基础的创业活动，以此与普通的企业区分开来。创新强调的是先锋性和冒险性，而创业则强调通过具体实践从中受益。因此，从创新和创业的概念中可以得出，创新是创业的基础和前提，而创业是创新的具体表现和不断延伸。

1.3 创业要素与创业管理

1.3.1 创业要素

对创业者而言，创业的道路布满了风险，创业就是创业者对拥有的资源进行整合优化，从而创造出更多经济与社会价值的过程。关于创业要素，国内教材都沿用蒂蒙斯的创业过程理论模型，见图 1-1。图中表明，创业机会、创业资源、创业团队这三个创业核心要素当中，创业团队位于倒立三角形的顶部。在创业的初始阶段，商业机会比较大，而资源较为稀缺，于是这个三角形会向左边倾斜。随着新创企业的发展，可以支配的资源不断增多，商业机会可能会变得相对有限，从而导致另一种不平衡，创业者就必须不断地去寻求更多的商业机会，并合理地使用和整合资源，以保证企业平衡发展。因此，创业机会、创业资源和创业团队这三者始终处于一个不断动态调整以最终实现动态平衡的过程。

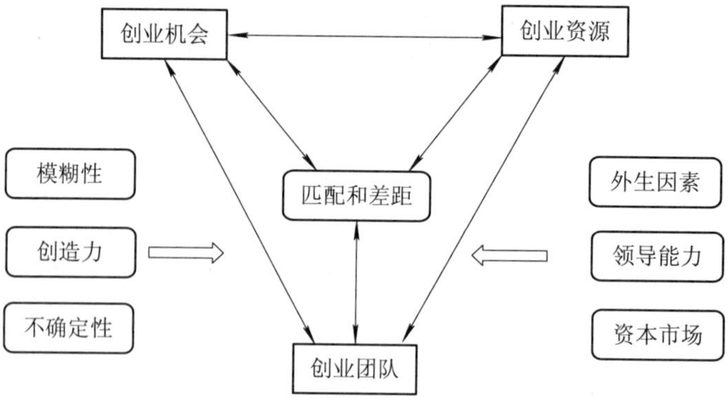

图 1-1   蒂蒙斯创业过程理论模型

在蒂蒙斯创业过程理论模型的三要素当中，创业机会是创业过程的核心驱动力，创业资源是创业取得成功的必要保证，创业团队是创业过程中的主导者。在三个要素当中只有"人"具有能动性，三要素的平衡与匹配需要"人"的活动才可以实现，只有"人"决定着创业机会的识别与开发，同时也决定着创业资源整合和平衡匹配的问题，管理并制约着创业活动的进程。没有"人"，创业活动是不可能发生的，没有要素匹配的"人"，创业活动就不可能成功。因此，创业者及其创业团队是蒂蒙斯模型当中保持这三个要素平衡的关键决策因素。

(1) 创业者及其创业团队。

创业团队作为创业主体，是企业创建事业过程的关键要素。创业团队通常是由两个或者两个以上的，能够技能互补、贡献互补的创业者组成的创业群体，这个群体是在共同认定的、能够使彼此承担责任的程序规范下，为达成一个高品质的创业结果而共同努力、共同协作、相互依赖，能够共同去担当的团队。创业团队的主要作用是发现创业机会，利用创业资源为创业添砖加瓦。同时，外界的变化对创业过程的影响巨大，外界影响带来的风险使创业过程十分艰辛。创业者的快速行动、善于学习、注重合作联盟，对于应对这种不确定性风险非常重要。

创业者须经历艰苦的锻炼过程，培养全面的素质，才可能成就一番事业。尽管有人认为创业者的很多能力是在创业的过程中磨炼出来的，但如果创业者在创业之前就具备这些能力，对于降低创业风险显然是有帮助的。

作为创业者，创业前要先对自己的人生进行规划。而创业规划可以分为三个层面。

第一个层面是对人生模式的思考，实际上也是对个人价值观的一种明确。个人可以选择"朝九晚五"的安稳生活，也可以选择波澜壮阔的创业人生，这都无可厚非，但是必须要有自己明确的想法。

第二个层面是对与创业相关处事原则的理解。这里面包含每一个潜在创业者都必须遵循的社会规范，即常言所说的"君子爱财，取之有道"。

第三个层面则是与未来发展方向相关的规划。对于一个创业者而言，行行出状元的逻辑其实并不成立，必须找到自己感兴趣的，与自身能力、资源等相匹配的行业领域发展，才更有可能成功。需要特别提醒的是，准备创业的大学生，永远不要忽视所学的专业，在所学专业领域更容易发挥自身优势。创业者在上述三个层面可以展开更细致的规划，形成一些个人发展的任务计划，从而提高人生规划的可实施性。

(2) 创业机会。

创业机会是具有较强吸引力、较为持久的商业机会，把握好创业机会，创业者就可以为客户提供有价值的产品或服务并从中获益。好的创业机会通常具备如下特征：

① 高需求性。从根本上讲，任何创业机会都源于未被满足的市场需求，只有当市场规模足够大或者有足够的市场潜力时，创业者才有好的机会。例如开发手机应用软件的创业，就是基于手机用户规模巨大，用户对手机软件的需求越来越多、越来越高。

② 未开发性，即这一机会还未被充分开发，还没有成熟的产品竞争对手或者市场尚未饱和。以服装行业为例，潜在需求的创业机会就是基于互联网和虚拟现实技术的虚拟试衣业务，其产品运营模式还在摸索阶段，可以推断其为服装行业中较好的创业机会。

③ 可获得性。创业机会应当是创业者能够接触到和把握住的，有时虽然市场有需求，但是发现自己竭尽所能也无法满足这一需求，就只能放弃这样的创业机会。

④ 收益性。即能够满足投资回报的要求。创业机会的收益应当高于现有同类业务的平均收益，这样才能获得超额的价值以吸引到投资者。当然创业的收益也可以是潜在的。比如 360 公司的软件是免费的，当 360 通过免费软件获得一定的品牌知名度后，可以通过其他产品和服务来获得收益。

⑤ 高成长性。创业机会必须具有持续成长的潜力。美国百森商学院的蒂蒙斯教授在《21 世纪创业》一书中，从投资者的角度列举了评价创业机会的具体指标，其中包括市场潜在规模不低于 1000 万美元，市场成长率在 30%～50%，毛利率高于 40%，税后利润率高于 10%，投资回报率高于 25%，两年内实现盈亏平衡，销售额年增长率高于 15% 等，这些指标正好反映出创业机会在高需求、高收益、高成长方面的特征。

(3) 创业资源。

创业资源是指企业创立以及成长过程中所需的各种生产要素和支撑条件。在创业过程中要注重人脉、信息、资金、社会网络等资源的获取和整合，这类资源能够大大节约创业成本。商业模式就是创业者整合创业资源的基本运行逻辑，从而促使创业者能在激烈的市场竞争中取得优势并创造价值。

创业资源基于不同的标准可以有不同的分类。从资源的间接性利用和直接性利用，可将创业资源分为直接资源和间接资源。直接资源包括经营企业相关的人、财、物、生产运营等方面的资源，间接资源包括政策、信息、科技等方面的资源。

创业者初期有效利用资源可以降低创业难度，加快产品或服务上市速度，降低企业运营负担。在数字经济时代，对创新创业初期的团队来说，很多创业资源并不需要自己直接掌握，现在比较盛行的服务外包模式或租赁形式都可以满足创业者初期的需求。创业企业可以暂付一个租赁的价格，或者整个环节都委托第三方的企业完成，这样可以大大地降低启动创业的难度。

需要注意的是，有很多资源是排他性的。比如知识产权，我们购买了某种知识产权或者研发成果，由于知识产权具有排他性，因此他人就不能使用了，这样的资源是异质性的，对创业者来说是稀缺性的，对整个行业而言具有独占性。创业者需要认识清楚这类资源的特点，明白这类资源给我们的企业可以带来什么样的帮助。

1.3.2　创业管理

创业管理作为一个管理系统，目的是帮助创业者具备企业家的思考模式和行动方式；与此同时，它还是一个将机会赋予价值的行为过程。创业管理的优点不仅如此，对于营利组织和非营利组织，创业管理会起到一定的作用，创业管理的作用不仅仅局限于某单一领域。虽然创业管理属于企业管理活动的范畴，但和传统的企业管理相比，主要有以下四个方面的差异。

(1) 时代背景的差异。我国传统的职能管理都是在机械化和工业化时代产生和发展的，如今已逐渐进步和转变到现代化消费型、信息型时代，这一时期的创业管理处在数字经济时代背景下。以往常规的管理模式主要是关注产品本身，研发、设计和制造都是为大批量产品做准备，最终是以量取胜，这也导致了对客户的针对性。在知识经济时代，企业的重点是缩短生产周期，专注于怎样使产品迅速进入市场，然后不断升级并形成"新产品"从而抢占市场。如今，竞争的焦点开始转向新产品的初始阶段，管理关注的重点为如何使产品和服务开发更好地进行数字化转型，主要内容涵盖了研发管理、创新管理、知识产权管理等。

(2) 研究的客体不同。传统管理理论的研究对象是大公司，目的是培养有能力的优秀职业经理人，主要是为企业管理工作提供知识和技能，教授规避风险的方法。而创业管理理论是将不同阶段和层面的新创事业和创造性活动作为主要研究目标。创业管理的目的是培养优秀的企业家，这和传统理论有着本质区别，这就导致两者有完全不同的方式，创业管理研究的范围也不局限于大公司，还包括中小企业和微创企业。

(3) 研究的出发点不同。传统管理更加注重效率和效益，而创业管理的出发点是要能够获得快速的成功和成长。创业管理所关注的是关于机会的导向问题，创业不受资源多少的约束，它可以最大限度地发现、开发、利用机会，并最终能够体现在经济效益上。

(4) 内容体系不同。创业管理和传统管理很大的不同是创业管理是在一个不成熟的体制下，围绕着机会识别、机会开发和机会利用的方法，主要依靠创业团队的能力使创业取得成功和发展。创业管理相较于传统管理而言是一种更加复杂的企业管理，具有综合性、不确定性及动态性等特点。

创业管理具有如下具体特征：

(1) 以生存为目标。创业的首要任务是能够开始销售产品或服务，并从中获取收益，以获得市场立足点，这是在市场上生存的关键。因此，企业处于初创阶段时就提出不切实际的规模化扩张战略目标，一味追求扩大规模是不可取的做法。只有在经历了创业生存阶段之后，才能最终获取收益。只有利润不断增加，才能证明公司已经开发出了可靠的商业模式，追加投资才有价值。

(2) 依靠自有资金创造自由现金流。对于公司而言，现金就像人的血液。公司可以承受暂时的损失，但不能中断现金流。公司的自由现金流是经营活动产生的现金流量净额，包括融资、投资以及税金和利息支出。一旦自由现金流出现问题，就会使得公司面临债务危机，甚至会产生破产的风险。自由现金流的大小直接反映出公司的实际盈利状况，这不仅是公司起步发展阶段，同时也是成长阶段所需要关注的重点。

(3) 加强团队凝聚力。企业在成立初期，尽管具有正式的部门结构，但很少按照正式的组织结构运作。虽然存在名义上的分工，但当紧急情况出现时，每个人都可以主动去分担并解决问题。员工熟悉组织的具体目标，并能够为实现这些目标而努力。没有人将得失放在第一位，也不会有人关心职位之间的区别。这种凝聚力可以促进团队合作，培养员工的奉献精神和忠诚度。在创业阶段，企业家必须尽最大的努力使每个部门成为一个高效的团队，否则将很难成功。创业期间的团队凝聚力是高层管理团队的基础。

创业管理是从无到有，通过已有的资金或者进行风险投资，成立新公司并创造新资产，从而形成良性循环的管理活动。企业的成长是一个持续的过程，很难在时间上严格区分各个阶段，也很难预测从创业到守业的转折点。

为了便于学习和理解，可以把创业的过程划分为四个阶段。

第一个阶段是种子阶段。此阶段可以称为种子时期，即新创公司的萌芽时期，这是企业家为自己做好创业准备的阶段。这一阶段的主要特点包括：企业的创造性项目内容是那些被视为"种子"的创意或者商业目标、尚未完全形成的商业规划；同时，产品(包括服务)、营销方式都没有得到验证，创业的资金也尚未落实。在这个时期，创业者之间虽然已经形成了合作的意向，但还没有有效建立起一支创业型的团队。由于此时的企业正在"构想"之中，因此创业者们需要花费大量的精力和时间去从事以下几项工作：验证自己的创意在商业上的可行性并对其进行评估；确定自己的产品(包括服务)在市场上的定位；确定企业的组织架构和管理模式，建立一个负责管理的团队；筹措资本和准备公司登记设置事项等。

第二个阶段是起步阶段。第二个阶段可以看作是新创公司成长的起步时期，以顺利地完成登记作为其开始的标志。在这一时期，企业已经制订并明确自己的业务内容，按照设想的创业规划开始逐渐向市场提供产品和服务。此时，由于其业务量相对较小，市场上对于产品和提供服务的企业了解程度也比较低，因此，这一时期的创业活动基本特征表现为：企业已经通过注册而正式成立；产品(包括服务)已经研制生产出来，目前正处于初步试销阶段；商业项目的规划已经基本完成，并正在准备大额融资；人员的数量开始增加，创业者组织中的职责分工也越来越清晰等。与上述特点相适应，新创企业启动期的各项创业活动主要围绕着以下几个方面展开：参考新创企业试销的情况进一步改造完善自己的产品(包括服务)；确定市场营销的管理模式；形成自有的管理制度，并将其不断进行完善；编制商业计划书、筹措起步资金等。

第三个阶段是稳定阶段。此时新创公司由完成启动阶段走向成熟阶段。该阶段的特点主要体现在以下几个方面：由于其产品已经进入市场并获得广泛认可，所以生产和销售均呈现出持续上升的发展趋势，产量的提高会使其生产成本有所下降。此时市场既认同其产品或者服务，也能够有效地促进其销售，从而形成了一个良性循环；由于管理开始完善并趋向于系统化，随着公司规模的扩充和人才数量的增多，各个部门之间的职责分工也愈发清晰；企业的科学研究开发能力和科学技术创新能力不断提高，部分企业已经开始制定多元化的战略；企业的所有产品和其他服务都会形成系列，并逐步建立起自己的品牌，最终使公司的声誉与品牌价值有所提升。该阶段的创业活动主要包括以下几个方面的内容：根据市场发展的具体情况，建立相对成熟的市场营销模式；适应日益扩大的市场规模与生产企业规模，进一步完善公司的管理，并充分考虑公司系列产品的研制与开发或者进行公司的新产品开发；根据公司实际情况，及时调整公司的经营策略、筹措营运资金等。

第四个阶段是成熟阶段。初创企业迈向成熟阶段有一个循环渐进的发展过程。具体而言，第四阶段主要指的是当企业进入到成熟阶段后，随着其产品市场占有率和利润水平的提高，现金流出现正增长，企业也将会从不断波动进入到稳步成长的时期。当整个企业的成长趋于稳健后，产品在市场上的地位和影响力也将逐步提高，这时的产品品牌优势初步形成，企业也进一步走向成熟的发展阶段。

◇ 本 章 要 点 ◇

1. 数字经济是一种新的经济社会发展形态，能给创新创业带来新的机会，促进创新创业的蓬勃发展。	3. 创业管理更多强调是对机会的识别、开发和运用的管理，是基于不确定性条件下的一种复杂的、不确定性的管理。
2. 创新创业活动是个人或群体在社会实践中，从事创新或者以其他创造性地增加自己的财富为目标而进行的活动过程	4. 创业机会是具有较强吸引力、较为持久的商业机会，使创业者可以为客户提供价值的产品或服务，同时从中获益

讨论案例   京东新零售的数字化转型

随着物联网技术的应用和互联网的逐步发展，越来越多的企业进行电子商务业务，消费者在线购物变得越来越普遍，线上的流量红利达到饱和，消费者不断追求产品的个性化和质量，对购物的参与感和体验感的要求越来越高。在消费升级的背景下，电子商务企业面临巨大的机遇与挑战，这迫切要求电子商务企业进行商业模式创新，而创新的过程也是企业进行数字化转型的过程。电子商务企业利用大数据分析和大数据处理为商业模式创新提供动力。

电子商务企业数字化转型的最优商业模式即新零售模式。新零售注重消费者的体验需求，结合线上平台，不断在线下开设门店，使消费者享受到"线上下单，线下体验"的模式。它以消费者为中心，围绕消费者布局线下门店，不仅为消费者提供极大的便利，更能满足消费者多方面的需求，丰富消费者的体验。电子商务企业进行商业模式创新的过程是重新定义所有场景，改变价值创造和获取方式以及商业逻辑整体重塑的过程。消费升级背景下大数据驱动企业商业模式创新如图 1-2 所示。

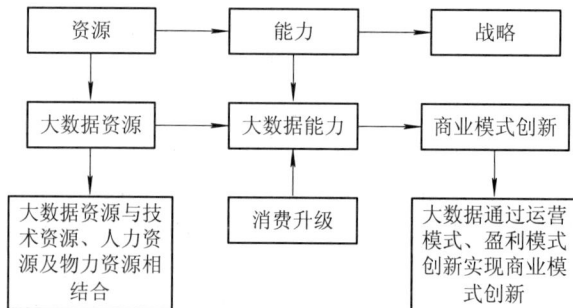

图 1-2   大数据能力基于消费升级背景驱动商业模式创新的理论框架

一、京东企业概况

京东作为我国网络零售业的典型代表，其运营模式的创新对其他电子商务企业的发展具有参考意义，京东在数字化转型的过程中遇到的瓶颈和问题对电子商务企业的发展创新和运营模式的创新可以提供更好的借鉴。京东通过提高企业管理人员的"数字化思维意识"，进行企业"数字化"运营架构设计，实现企业数字化转型，全面覆盖企业数字化进程。

二、京东基于大数据能力的商业模式创新——京东新零售

京东新零售的主要特征体现在精准营销、O2O 模式和大数据三个方面。京东的目标客户主要是 80、90 后的群体，他们对于用户体验更为注重。京东通过布局线下，不仅满足消费者的需求，而且将潜在的线下目标客户引流线上，线上线下融合发展，线上为线下门店提供数据支撑，线下对线上进行引流。京东新零售运营模式如图 1-3 所示。通过京东线上大数据为其线下门店的品牌、模型和管理提供了资源。京东通过线下布局，为线下便利店提供在线流程平台，通过大数据随时了解实体店的产品供需情况。

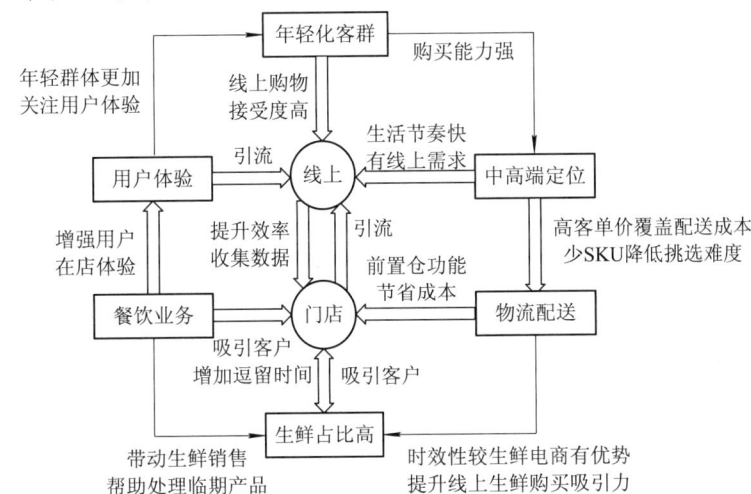

图 1-3 京东新零售运营模式

1. 京东利用大数据能力实现对线下的精准布局

京东通过对海量数据资源的深度分析和处理，帮助企业实时洞悉市场情况并布局线下，进而提高京东消费者线下市场占有率。通过线下布局，为线下便利店提供在线流程平台，该平台负责商品、仓储和分销，通过大数据随时了解便利店的货品情况。京东的大数据平台实现对市场环境的实时洞察分析，整合了供应链和生产链。京东供应链通过减少中间环节，在专注于消费者购物体验的基础上，提供高质量的产品，依据大数据及大数据能力降低整个运营过程的成本。

2. 基于大数据，京东新零售精准预测消费升级背景下消费者的行为和需求动向

京东通过打通人流、数据流和服务流，重点关注顾客价值和消费者体验的提升。依托大数据分析能力进一步细分顾客群，洞察市场变化情况，对海量数据进行深度分析并预测消费者动向，锁定潜在有需求的用户，不断调整商业战略，以实现高品质、高绩效的目的。在消费背景升级下，京东不断挖掘潜在的商业价值，提升京东的市场竞争力。京东致力于为品牌所有者提供全面的解决方案，以实现快速的销量增长和消费者引流。

3. 大数据环境下积极与其他企业进行战略合作，弥补自身不足的同时开拓新领域

京东通过与微信进行战略合作，实现京东大数据的线上线下高度融合，使品牌方、京东和腾讯的权利与消费者互通。京东在转型新零售的过程中为合作伙伴提供更多营销创新、数据连接和边界融合的能力。京东对于合作方的挑选是其高速稳步发展的前提。在硬性条件约束的基础上，确保合作优质的入驻商家和供应商。京东可以合作的模式包括 FBP、LBP、SOP、SOPL 四个方面。京东通过客户体验价值创新和盈利模式创新，满足消费者逐步增长的体验式需求。

4. 依托大数据，京东物流高效发展

通过多年的努力和巨额资金投入，京东集团建立了包括仓储、运输和配送在内的完整物流体系。在此基础上京东不断改善物流服务，发展双向配送模式。京东的物流在保障其商城业务配送效率和质量的前提下，向外部市场开放，承接第三方配送业务，进而提高企业资源利用率和回报率。基于成本效益，京东在低业务密度地区实行物流外包，减少低效物流网络的建设投入，降低物流建设成本，以将企业资金和管理资源集中到核心业务上。

三、研究总结

通过对京东新零售运营模式的分析可以发现，京东在数字化转型中，以其资源整合能力、资源存储与深度分析能力、市场分析与预测能力为支撑，通过客户价值、盈利模式的创新驱动企业的商业模式创新。

(1) 在企业资源方面，利用大数据能力整合合作伙伴的网络资源，结合洞察预测能力驱动企业商业模式创新。

大数据对于企业商业模式的创新具有关键作用，能够帮助企业抓住时事热点，大数据的深度分析能力可以对市场需求和消费者偏好进行精准洞察。企业通过相对竞争者较低的成本有效触达目标客户，结合消费者特征和线上线下渠道的特征确立合适的内容策略。在各个渠道间引导消费者的消费过程，与顾客产生正确方式的交互。对通过各个数据渠道捕获到的数据进行分析，进而为消费者制定个性化的服务和内容。

(2) 在客户价值方面，大数据的洞察帮助企业预测市场变化，及时锁定目标顾客并进行产品服务创新。

在消费升级背景下，消费方式和消费观念都发生了巨大改变，出现了消费主体年轻化、追求个性化和高品质产品等特点，由于客户、企业与销售者是相互依存的关系，企业需要依据消费者实时需求的变化趋势，在短期内调配和整合企业资源，创新产品服务并不断优化运作流程。京东能够重新审视和整合利用内外部数据资源，所以充分利用大数据能力是驱动新零售企业进行商业模式创新的关键因素。

(3) 在盈利模式创新方面，企业依据大数据能力在优化与控制成本和扩宽增值服务收入方面进行创新。

京东通过广告营销、电商平台维护对成本加以控制。通过对传统销售模式进行创新，减少中间环节。通过与跨境电商合作并挑选优质商家，严选制造商，并且以跨业态合作的方式延伸至线下，多维度多领域创新合作网络关系。

(资料来源：李甜甜，黄聿舟，裴旭东. 大数据能力驱动电商企业数字化转型分析[J]. 合作经济与科技，2022(13)：126-128.)

◇ 启发思考题 ◇

1. 通过阅读案例，你认为什么是数字经济？其本质是什么？
2. 案例中，京东是如何进行新零售的数字化转型的？

◇ 本章参考文献 ◇

[1] 刘志阳，林嵩，路江甬. 创新创业基础[M]. 北京：机械工业出版社，2021.

[2] 魏江，刘洋. 数字创新[M]. 北京：机械工业出版社，2020.

[3] 朱恒源，余佳. 创业八讲[M]. 北京：机械工业出版社，2016.

[4] 张玉利，薛红志，陈寒松，等. 创业管理[M]. 5 版. 北京：机械工业出版社，2020.

[5] 张玉利，冯潇，田莉. 大型企业数字创新驱动的创业：实践创新与理论挑战[J]. 科研管理，2022，43(05)：1-10.

[6] 孙金云，郑恬依，舒庆，等. 国内期刊创业研究十年回顾与展望[J]. 研究与发展管理，2022，34(01)：146-162.

[7] 周冬梅，陈雪琳，杨俊，等. 创业研究回顾与展望[J]. 管理世界，2020，36(01)：206-225+243.

[8] 蔡莉，于海晶，杨亚倩，等. 创业理论回顾与展望[J]. 外国经济与管理，2019，41(12)：94-111.

第 2 章 创 新 基 础

学习目标

- 理解创新的内涵
- 理解创新的体系与方法
- 掌握创新的流程
- 了解创新与创业之间的关系

导入案例

海尔：HOPE 平台背后的创新机制

创建于 1984 年的海尔集团，从单一生产冰箱起步，拓展到家电、通信、IT 数码产品、家居、物流、金融、房地产、生物制药等领域，成为全球领先的美好生活解决方案提供商。互联网时代的到来颠覆了传统经济发展模式，为企业带来新的挑战和机遇。海尔坚持网络化的发展战略，开拓创新，通过持续推进"人单合一"双赢模式，对内打造用户需求驱动的投资驱动创业平台，对外构筑并联的开放创新生态体系，创造互联网时代的世界级品牌。

海尔 HOPE(Haier Open Partnership Ecosystem，HOPE)平台于 2013 年 10 月正式上线，是中国最大的开放式创新平台，也是亚洲最大的资源配置平台。以传统的产品开发流程为例，新产品开发至少需要经过六七个前后相连的步骤，这一过程完全以产品为中心，而且往往是由研发部门决定的。在 HOPE 平台上，海尔将用户置于中心位置，围绕用户体验，让原本串联的资源和流程并联，并保持与用户的持续交互和沟通。在海尔内部，与用户的沟通和交互是海尔全员每天的工作。在这样并联迭代的机制下，以往的领导决策转变为用户决策，而且各个部门都有清晰、明确、共同的目标。海尔 HOPE 平台作为海尔实践开放式创新的载体，在输入端汇聚了全球优质资源，并在输出端提供产品创新一站式服务。质变背后，是海尔内部不断迭代、持续创新的机制。

以海尔卡萨帝 F+ 冰箱的研发为例，当时海尔 HOPE 平台和用户做了许多沟通，在这个过程中，用户对现有冰箱保鲜效果的需求吸引了海尔 HOPE 平台工作人员和技术参与方的关注。在这之前，海尔在食品保鲜的核心技术原理方面已经进行了深度分析和研究，在冰箱的温度、湿度和洁净度方面也有了技术突破，并推出了干湿分储的冰箱产品。但是随着用户对食材保鲜的要求越来越高，新的问题也随之产生。例如，当用户购买三文鱼，几天之后就会发现食品已经不新鲜了；又如，当用户购买草莓等水果，如果存放时间超过一周，水果就很可能失去水分……这些问题是现有风冷冰箱很难解决的。

当明确了用户的痛点后,海尔 HOPE 平台的工作人员就和研发技术人员共同研发,通过查询文献和咨询专家,确定将"控制氧气浓度"作为技术突破点,并且需要以最经济有效的方式在家用冰箱这个产品上进行落地。而这个解决方案提供了直击用户痛点的产品,弥补了市场空白。

正是在这样的机制下,海尔 HOPE 平台及背后的开放式创新理念得到了充分的彰显,在前端不断进行多元的、持续的创新输入,在后端诞生一款又一款直击用户痛点、叫好又叫座的产品,提供更多样全面的服务。在输入端,海尔 HOPE 平台汇聚了超过 2 万名来自各行业的专家和创新实践者,可以触及 380 万家全球一流的资源节点,平均每年产生超过 6000 个产品创意,平均每年孵化项目超过 200 个。海尔 HOPE 平台也有许多专业人员,他们通过相互合作及与海尔全球研发中心的合作,进行全球专家和创新网络的开拓和维护,并通过线上线下的运营活动促进沟通和交流。目前,海尔 HOPE 平台不仅服务海尔的各条产品线,同时也为其他行业的公司、科研机构、产业园和创业公司等提供服务。通过与公司内外各个维度的交互和沟通,海尔 HOPE 平台慢慢演化为一个大的开放式创新平台,汇聚全球的优秀资源,不仅服务海尔集团内部,也成为创新服务的输出方。

(资料来源:黄震. 开放式创新:中国式创新实践指南[M]. 杭州:浙江大学出版社; 2020.)

创新是创业活动的基础。缺乏创新,企业很难开发出真正具有市场潜质和产品差异化特征的项目;对于创业的学习,离不开对创新基础的掌握。本章对创新进行介绍,主要包括创新的内涵、创新的体系、创新的分类和创新与创业的关系。

2.1 创 新 的 内 涵

2.1.1 创新的基本概念

经济学家熊彼特最早从经济学角度系统地提出创新理论。他认为,创新是指把一个从来没有过的关于"生产要素的新组合"引入生产体系。创新的目的在于获取潜在利润。熊彼特理论认为只有企业经营中的产品创新、生产技术创新、企业经营方式创新以及市场的创新才能够真正创造出新的市场竞争力。该理论重点在于创新并不只是技术和生产力的创新,还包括企业管理和经营以及营销方面的创新。

创新的最初含义主要以技术创新为主,是指创造新技术并把它引入产品、工艺或商业系统之中,或者创造全新的产品和工艺以及对现有产品和工艺的重大技术改进,并且产品被投放市场,新生产工艺得到运用。

随着经济全球化的发展和跨国企业快速发展,在现代商业社会中新的消费需求和商业模式不断涌现。创新开始被理论界和实践界关注,被广泛运用到各个领域。创新开始强调利用现有的思维模式来获得与普通人不同的见解,即创造新事物、新方法、新元素、新路径和新环境并取得某些积极效果的过程。创新具有高风险、高回报和高交互的基本特点。

(1) 高风险。创新型企业虽然以技术创新为主要基础,但是这种形式的创新易受制于人们固有的思维、行为习惯等因素,让企业遭遇无法被市场接受的困境,因而这种创新面临的风险往往比传统型创新要高得多。

(2) 高回报。创新主要是改进现有的技术、产品和服务，以便合理地利用和分配企业现有的资源，从而给企业带来最大的价值，给企业创造出更多的竞争优势和更高的绩效，为今后发展铺平道路。

(3) 高交互。创新从本质上是一种把创新作为基石开展的创业活动，创业同时也是创新带来的结果。创新和创业是相互依存的，存在一定的联系。创新在一定程度上促进了创业，创业也带动了创新的发展。

随着现代生产要素的改变，创新理念被赋予了更多内容。人力资源领域注重人才质量和人才构成的多元化；知识经济不断在商业中创新发展，同时高新科技和航空领域人才需求带动更多创新行业的发展；人工智能和互联网经济的不断融合要求企业根据消费者需求做出改变。总的来说，创新在经济学领域是一个极其丰富内涵的理念。创新的三大要素包括在特定的领域具有专长和本领、创新思维技巧和内在的热情。

(1) 在特定的领域具有专长和本领。创新是一个过程，其特征是具有新思维、新发明和新描述。根据自己的专业或特长来选择创新领域，更容易在已有知识积累的基础上实现突破。

(2) 创新思维技巧。创新思维是创造性实践的前提，是企业竞争的法宝，对培养高素质人才有非常重要的作用。正所谓思路决定出路，格局决定结局。创造性思维能够突破传统思维的界限，以超常规甚至非常规的方式思考问题，并提出清晰的解决方案，得到新颖、独特且具有社会意义的思维成果。

(3) 内在的热情。对工作的热情是创新的种子。黑格尔说："如果没有热情，世界上任何伟大的事业都不会成功。"在将创新活动付诸实践之前，必须将所有个人行为的驱动力通过头脑转化为美好的愿景，才能更好地促使其实现。

2.1.2　创新的源头

从创新的驱动主体来看，创新主要源自顾客、竞争者、分销商、政府、企业等。其中，顾客需求直接影响了创新的方向，只有当创新符合潜在顾客需求时，新产品才能被市场接受。竞争对手的产品和服务是创新的重要参照，企业可根据市场现有的产品和服务的优势与不足进行创新；各级分销商虽然不是产品的终端消费者，但因其更熟悉市场的潜在需求，其建议或想法有助于创新的产生与识别；政府政策及官方专利数据是创新灵感的重要来源；企业研发活动是产生创新最主要、最重要的源头。

(1) 顾客。顾客是企业新产品或新服务的终端消费者。创业者应密切关注顾客的现实与潜在需求，从而产生能够满足这些需求的创新。一般而言，创业者可以采取以下两种方式捕捉顾客需求：一是通过非正式方法追踪顾客潜在的创意和需求；二是安排一些正式场合让顾客发表意见。值得注意的是，通过顾客发掘的创意必须具有足够大的市场需求，才能够支持新创企业的生存和发展。

(2) 竞争对手。竞争对手现有的产品和服务也是创业者创新时需要捕捉的重要信息。通过评价分析市场上已有产品和服务，探索产品与服务的改进方法，从而产生更具有市场吸引力的新产品或新服务，以扩大销售额，挖掘潜在利润。

(3) 分销商。分销商直接接触市场，掌握了大量顾客需求信息，因此更易洞察到真正的市场需求。分销商已成为企业获取创意的主要渠道，目前大多数企业将分销商视为搜集顾客潜在需求的重要途径。

(4) 政府。政府也是重要的创新灵感来源，主要包括两个途径：一是政府发布的官方专利文件和数据能有效激发许多新产品创意的产生，新创意并不是来自于对专利的直接应用而是受到专利的启发，产生更符合市场需求的新产品创意；二是政府规章制度、创业政策也能有效促进新创意的产生。中央政府和地方政府颁布的一些鼓励创业的政策和法案通常会促进新创意的产生。例如国家鼓励军工企业从事民品生产，鼓励员工积极地以现有资源为基础开发新产品和寻求新项目，从而促进了许多民品企业的创立。

(5) 企业。顾客、竞争对手、分销商和政府是驱动新创意产生的外部主体，而企业研发活动则是新创意的重要内部来源。正式的研发活动或非正式的实验都可能激发新创意的产生。创业者在新创意形成过程中要充分重视对顾客需求、竞争者产品与服务、分销商建议与想法、政府政策和官方专利数据等信息进行系统搜集、整理和分析，从中寻找更优秀的创意。同时，创业者也要重视企业研究开发活动对新创意产生的直接驱动作用。

2.1.3　创新能力的培养

创新能力是人最重要、最难得的综合性能力，一般包含创新实践能力和创新思维能力两种。创新能力与人其他的能力一样，可以通过培训和锻炼提升。如何提升创新实践能力和创新思维能力是本书需要思考的问题。创新实践能力是指动手操作能力、实验技术能力和创新性成果的语言表达、呈现能力等，这些创新能力的发挥和运用都离不开实际的活动；创新思维能力是指个体在思维活动中不被某些旧模式和框架束缚，具有丰富的想象力的一种能力。创新思维能力的培养普遍是在实践中产生的，换言之，实践活动对创新思维能力具有推动作用，具体体现在以下三个方面：

(1) 实践是认识的动力。认识世界是为了改造世界，改造世界是为了满足人们在实践中产生的需要。自人类出现以来，认识活动总是在实践需要的推动下发生、发展的。人们在一定时期里的认识集中在哪些方面，朝着什么方向发展，主要取决于当时的实践需要。

(2) 实践是创新能力发展的动力。实践是人创新能力发展的动力，人类生存越文明，越是要依靠更多的实践活动去形成新的生活方式，这是人类进化和发展的基本规律。

(3) 实践是创新能力形成的唯一途径。一切认识都是从直接经验开始的，而直接经验则是人们在实践中亲身接触了某种对象，从而使它作用于人们的感觉器官才产生的。这并非说明人们的理解和认识只能从他们自己的直接经验出发。新时代的知识观念就认为，即便我们从社会上学习到的大多为间接经验，也必须要通过亲身的实践活动来深入地去了解和掌握。唯有在经过自身的实践后所内化形成的能够作为自身知识框架中不可分离的那些知识，才是真正属于自己的知识。

2.2　创新的体系与方法

2.2.1　创新的体系

创新的真正内涵可以理解为创新的运用，创新实施的对象和创新的来源。熊彼特理论对于创新进行了比较完整的诠释，认为创新的综合要素可以细分为商业发展的理念创新、商业理论研究的创新、企业经营模式创新、生产技术创新和企业管理制度的创新。随着西方经济学的不断发展，特别是综合商业社会中技术创新带来的盈利模式变化，学者指出，一味地创新并非总是带来利润的增长，还可能由于市场需求的不匹配导致商业发展的竞争力下降。创新在管理上被认为是如何更好地进行集中管理以提高企业经营效益，创新也在于如何更合理地应对社会资源的再创造能力。

由于创新覆盖的内容比较宽泛，因此从以下几个方面进行具体分析：

(1) 观念创新。创新属于一种认知，对于世界的观察和思考，尤其来自于市场发展前景的洞察和预测。创新往往是在累积过去失败的经验基础上，在不断试错的过程中出现的一种新的思考和认知。创新往往取决于一个人的文化素养和阅历，是通过一定的思想创造而产生出来的观念和想法。

(2) 技术创新。技术是生产力变革的基础要素，技术的创新能够带来产品生产效率的提高，改变企业经营成本。新的技术出现可以带动新的商业崛起。因此技术创新是商业社会发展最重要的创新。

(3) 制度创新。企业的构成有固定的组织模式，按照一定的组织架构形成的企业制度并非一成不变的。不同企业文化和核心理念决定了企业制度的运行，制度的创新也意味着企业文化的创新。

(4) 市场创新。商业活动的基础是市场需求，创新理念应该顺应市场发展，市场发展变化又影响企业创新的方向。市场创新以提高经营效益为最终目的，因此需要加强对市场创新的重视。

(5) 管理创新。管理创新的目的是对各要素之间的关系进行协调和整合，使之形成一种合力。只有这样，才能做到整体大于部分之和。

2.2.2 创新的基本方法

1. 组合创新法

组合创新法是将已有知识作为媒介，把不同的知识或技术要素组合到一起，或者巧妙地将不同功能产品结合起来的创新方法。它包括以下三种方法。

(1) 优点组合创新法。优点组合创新法就是将各种产品的优点集中起来进行创新的方法。以电火锅的发明为例，中国台北的陈浩林将中国常使用的火锅形状和构造予以改良，即在中国式火锅放炭的地方接根电热丝，然后卖给日本著名的三菱电机公司，得到了 120 万日元的报酬。三菱电机公司将其命名为"三菱电器火锅"并推向市场，成为三菱电机公司最畅销的产品，也获得了可观的利润。

(2) 多功能组合创新法。追求多功能是一条重要的创新捷径。多功能是相对于过去功能单一的老产品而言的，但功能的增加又不一定是由于原有产品或经营方式有明显缺陷。它主要是从组合创新的思路出发，有意识地提出新的要求，能够启发其他创新想法。使用组合创新法对产品进行创新可以有很多想法：产品材料，产品颜色，产品功能等。基于产品功能，从增加功能的角度来看，就可以产生许多功能组合创新的想法。

(3) 主体附加创新法。这是一种使用特定对象作为主体，然后替换或添加其他附加元素进行创新的方法。主体附加创新法常用两种方式：一是不改变主体的要素与结构，采用纯粹的附加。例如电脑屏幕前的保护屏，摩托车上的里程表、后视镜、车筐等，每附加一种相关设计，同时也就增加了一些辅助功能或相关功能。二是添加附件前，主体内部结构要适当加以改变，以便使主体、附加物之间协调紧凑。如将盆景与壁灯的功能赋予一种新的结构，发明了盆景式壁灯。又如，某品牌台灯具有照明、播放音乐、收听广播、计算器、温度计等多项功能。

2. 模仿创新法

模仿式创新是指研发人员掌握产品设计、工艺和创造的原理，从成功的经验和失败中学习，购买或破解市场领导者的核心技术，然后在此基础上应用技术创新来改善产品性能或结构，提高产品质量，降低产品成本，从而确立竞争优势。开发一种全新的产品往往要耗费巨大的人力、物力和财力，而采用模仿创新则可以用最小的代价获得最大的收益。因为它无需研究开发，无需市场调研，因此具有投资小、风险小的特点。典型案例是微型相机，徕卡相机数十年来一直是市场领导者。但日本制造商佳能和尼康，通过模仿和改进技术，极大降低了成本，形成了后来者居上的局面；而徕卡相机却止步不前，没有随着市场的变化进行创新，最终只落得做配角的结局。

3. 移花接木创新法

移花接木创新法是指在产品设计中借鉴其他产品的设计并转而用之。在我国现代化的工业生产过程中，常运用这种移花接木的手段来推动企业产品和技术水平的提高。例如，面包发酵后变得柔软多孔，这在食品生产中很常见。但是一家橡胶厂的老板将该方法转移到橡胶工业中，以制造柔软且多孔的泡沫橡胶。该产品一上市便获得了成功。再如海绵橡胶问世后，另一家企业从中得到启发，如法炮制出质坚而轻的"发泡水泥"，这种多孔水泥内含空气，是理想的隔热、隔音材料。"发泡"原理还一再被移接到其他物件上，每移接一次，都创造一种新的物品。用这样的方式来创新一个产品，可以从以下三个方面进行分析。

(1) 原理移植。把某些事物的基本工作原理运用到其他事物上。比如，内科看病常做验血检查，根据血液组织的变化就可以诊断病情。这样验血原理移植到工业生产上，便产生了一种机器"验油"的新技术。这种新技术不必将汽车、机床全部拆卸，只需从车中取出少量润滑油，然后经过光谱分析，根据油的各种成分变化即可断定设备的磨损程度。

(2) 方法移植。将军事上的"微波"技术移植到民用品，便产生了微波炉；将飞机"黑匣子"技术直接运用到列车、轮船和汽车上，就创造出了一种能将交通状况进行实时记录的新装置。

(3) 结构移植。把一个物体的形状结构转移到另一个物体中，例如，根据积木结构，人们发明创造出组合式的厨房等。如果将桥梁结构移植到屋顶，就会形成一个大型无梁殿堂。

4. 联想创新法

联想创新法主要有类比联想创新法和功能变异联想创新法。类比联想创新法，即通过触类旁通、举一反三的类比联想进行创新的方法。常见的类比联想创新方法有两种：一是直接进行类比，指的是在现实的自然界或者已经发现的研究结果中去寻找和创造其他相类似的东西。如用模拟实验仿生学的原理设计了飞机的外壳、潜艇的体形，仿效蝙蝠超声波而提出超声波定向等。二是象征类比，就是用具体的事物去描述和表达某种抽象的概念，在建筑设计领域应用较为广泛。功能变异联想创新法是指通过打破功能界限，对现有产品和服务的功能进行变异性联想，并根据实际情况和具体需要加以适当的调整、改造、完善，从而构成一种有别于以往设计的创造性联想。如应用"氧气顶吹"技术对普通的电烤箱进行改造，使烤箱中食品和热源的位置颠倒，从而可以解决食品油脂下滴、电热丝使用寿命短的问题。

2.3　创　新　流　程

创新流程大致可以分为创意阶段、市场调研阶段和组织运作阶段。

1. 创意阶段

创意阶段是新产品开发过程的第一个阶段，其主要工作是生成创意并选择具有发展潜力的新创意。只有当新创意具备市场需求且能够为企业带来收益时，进一步将该创意转化为新产品才是有意义的。为了准确评价新产品的潜在市场需求，创业者往往需要考虑需求类型、需求时机、竞争方式、风险与收益、产品性价比、市场结构及规模和经济状况等因素。而分析新创意对企业价值的贡献时，创业者也需要对一些财务指标，如现金流出、现金流入、对利润的贡献和投资回报等因素进行评估，同时每一个创意的评估要与其他的投资机会进行比较，以便做出最优选择。

2. 市场调研阶段

市场调研阶段的主要工作是提出新产品构思，以及新产品的原理、结构、功能、材料和工艺等方面的开发设想和总体方案。

没有调查就没有发言权，任何创新企业想要取得成功，都必须进行细致深入的市场调研。市场调研一般分为直接和间接两种方式。直接调研主要针对目标市场和消费者，从需求端获取突破，了解市场上其他竞品的品质、价位、功能等信息，分析这些信息对消费者有利与不利的影响，从而获得潜在消费者的市场需求，并为新产品提供思路。间接调研主要针对市场经销商和业务员开展，获取其有效反馈，并对反馈的信息如销售数据、市场占有数据和消费者态度等进行整理汇总。

3. 组织运作阶段

组织运作阶段通常包含以下环节：

(1) 产品构思。产品构思可来源于客户、销售者和相关科技研究者，甚至于竞争对手。产品构思一般需要考虑产品的使用环境、需要具备的功能以及制造的大致方法等。

(2) 筛选。对产品构思的筛选，一般需要考虑两个重要因素：① 构思的新产品是否符合企业发展目标，能否为企业带来收益；② 目前企业是否有能力将构思的新产品实实在在地开发出来。简而言之，就是经济和技术两方面是否有足够的积累。

(3) 设计。抽象的产品构思具体化需要设计作支撑。这需要从产品属性和功能视角对筛选出的构思进行可见的设计，以达到产品构思所提出的目标。

(4) 可行性研究。对新产品方案进行可行性研究，是决定新产品取舍的重要环节。

(5) 试制和鉴定。到达这一步的产品已经基本具备构思所提出的要求，需要对新产品在技术上的可行性和商业价值进行测试和鉴定。

(6) 试销。试销是指对新产品进行少量生产，按照所指定的销售策略进行小范围市场投放，收集客户的使用反馈，获取市场反应信息，从而为产品改进提供建议。该步骤一般会长期反复进行，以保证产品的领先力。

(7) 正式投产和上市。经过试销能够取得良好的市场反馈后，企业就可以批量地建立生产线进行正式投产，这时候需要大量资金的投入。

2.4　创新与创业的关系

2.4.1　创新与创业的区别

长期以来，创新与创业被划分为两个学科，从而导致创业更关注小企业，创新则主要关注新产品的开发。创业属于在新的领域开辟新的产品，就是创新理念的一次实践。新媒体的出现极大地推动了原有商业运作的创新。微信平台的运营催生了大批自媒体运营公众号，使得更多新兴创业模式出现；支付宝这样的支付手段改变原有的商业交易，使得商业与互联网有着更加紧密的结合。创新与创业的区别如下。

(1) 创业着眼于商业模式的开发和执行，属于商业经营，是一个企业创立和成长的过程。创新属于一种理念，融合在创业和商业发展的各个方面，两者并非同一个领域。创新可以是创业的指导思想、启动的推进力量，但是创业必须有实际的经营和运作，是一个合理的完整的商业创意的实践过程。

(2) 创业需要在一个未知的空间中去实现商业理念，创新也是区别于原有的观念或者实践，但是创业必须以创造商业利益为追求目标，经济学研究的创新从更高层面去挖掘商业发展中创新带来的改变。创新也可能带来商业发展的倒退，包括消费者需求和商业发展的不匹配。因此理解创新带来的真正意义，才能更好地把创新融入创业过程中，带来更多商业成功。

随着互联网时代的到来，伴随着信息技术的快速发展，公司实现可持续发展的能力取决于其创新能力。而公司的创新能力则主要取决于其创新意识，这反映了公司在技术和管理等层面的创新。同时，创新是公司能够适应瞬息万变的市场环境的有力工具。创新包含以下两方面。

(1) 创新性的产品。一方面，产品创新不仅可以促使公司进一步加速新工艺技术和新型原材料在公司产品制造过程中的推广和应用，提高公司的产品质量，而且便于依照市场上客户的需求来设计定制公司产品的功能，增强公司产品的市场竞争力，从而改变客户的价值观念，不断改善公司现有的市场环境和条件。另一方面，当企业的科学技术创新可以运用到商业化的新型产品时，它会给其带来新的消费者，开拓新的消费市场，让企业有机会在更大的市场中做出合理的决策。

(2) 工艺的创新。在寻找新的工艺中，大型企业为降低企业成本、提高生产率，需要进行更深入的产品设计或研究开发新工艺以及新技术等。如减少产品的生产周期寿命消耗、节约原材料、缩短生产周期、生产出更多的产品或减少生产相同数量产品的时间等。通过工艺创新使公司的产品开发具备了良好的研发基础，可以增强其研究工作的能力，提升其基本素质。

简而言之，从公司生存和发展实践的角度来看，创新具有非常重要的理论意义和实践意义。企业家需要不断研究和实施管理创新，以帮助公司保持竞争优势。依照当前我国市场经济发展的情况来看，国内已经出现了大批的高科技型公司，这些公司之所以能创业成功，主要来自于对创新型产品研发和新技术的开发。这样能够使这些公司在国内和国际市场上处于屹立不倒的地位。

2.4.2　创新与创业的联系

创新与创业之间有着千丝万缕的内在密切联系，主要体现在以下几个方面。

(1) 两者是双生关系，具有直接的同一性。

理论上来讲，创新与新创的企业之间是一种双生共存关系。由于两者紧密地相互联系着，因此成为一个无法分割的整体。从总体上来看，创新和创业之间存在着直接的同一性，换而言之，就是没有了创新就不会有创业。与此同时，没有了创业就不会有创新。因此，创业离不开创新，而成功的创新也通常在创业的过程中诞生。

(2) 二者之间相互依赖、彼此制约、相互促进。

一方面，创新是实现创业目标的根基。首先，创新是进行创业的基础。在我们的创业过程中，新技术产品的研究与开发、新材料的选择与运用、新管理模式的探索与实施等，都应该坚持以创新作为行动指南，这样才能创业成功。经济学家熊彼特认为，创业精神包括敢于尝试从未挑战过的事物。企业家们在创新过程中产生新想法、新创意、新方案，只有把不断地进行创新的思维融入创业整个过程中，才富有意义，因此他们需要持续在创业活动中寻找新的模式、新的方法和竞争优势。其次，创新是进行创业的根本有效手段。创新是企业开展创业活动的主旋律，而创业的过程就是一个持续的过程。我们通过研究当今那些成功的企业家，比如华为集团的任正非，还有李彦宏、马云、马化腾、雷军、刘强东等，他们都是在创新基础上进行创业的企业家。缺少了创新性的企业，也就是把创业停留在了过去的传统创业过程中，这样是没有发展前景的。因此，只有包含了创新理念的创业，才能称得上是真正的创业，这样的创业才能够给企业带来巨大的发展潜力。最后，创新是企业进行创业的先导。"创新精神"一词被加在企业家精神之前，即企业家应不断探索尝试、发现新的可能性，改善企业的运营，实现企业的长期发展。

另一方面，创业被认为是创新的内容载体，是创新的实践信息来源和判断标准。首先，创业应该成为创新的主要载体，创新的核心价值主要包含了创业精神。一定意义上来看，创新把知识、技术和潜在的商业机会都转化为真正的经济生产力，而这也是创新的意义和价值所在，这样的转化过程实际上就是创业。企业家往往是推动创新的积极参与者或者行为实施主体，因此创业者需要有能力去挖掘商业机会并承担风险。同时，创新活动不一定都是通过企业家进行的，但它提供的产品往往是由企业家进行销售，最终转化成为实际的经济生产力。其次，创业精神也是进行自主创新的事实之所在。许多创新行为本质上是一种基于积累的创业实践和经验实现质的飞越。这种质的突破不但可以看作是科学技术研究、技术发明创造以及企业家精神等共同作用的结果，也是成千上万企业家进行了不断实践和探索后所得到的成果。最后，创业是为创新提供服务的。在"创新"二字后加上了"创业"这个词，由此明确规定了创新的具体应用属性。创新是面向创业的技术革命，重在应用的创新，要想达到的目的是推动创新成果的市场化和产业化。若是创新所带来的社会经济收益无法通过商业化、工业化而获得价值，那么这种创新便会偏离最初想要达到的目标。创新与创业主要是泛指在科学技术、产品、商业模式、管理等方面，以一个或几个创新节点作为主要依据而开展的创业活动。同时，这些都是创新型企业发展的根本目的。创新创业活动是一种坚持以创新驱动发展为主要基础的创业活动，以此与普通的企业区分开来。创新强调的是先锋性和冒险性，而创业则强调通过具体实践从中受益。因此，从创新和创业的概念中可以得出，创新是创业的基础和前提，而创业是创新的具体表现和不断延伸。

◇　本　章　要　点　◇

1. 创新是指将新的创意和想法付诸实践，变成有价值的新产品、新服务或核心流程。	3. 创新流程大致可以分为创意阶段、市场调研阶段和组织运作阶段。
2. 在创业过程中，创新扮演着重要角色。成功的创业是以创新活动为基础的	4. 创新是创业的基础和前提，而创业是创新的具体表现和不断延伸

讨论案例　　露露乐檬的异军崛起

Lululemon 是来自加拿大的一个瑜伽服装品牌，中文名叫露露乐檬。露露乐檬从 1998 年在温哥华创立以来，一直秉承着传递"热汗"的理念。通过不同的瑜伽和瑜伽以外的方式，与社群内的会员进行真正的交流，分享品牌的核心价值和文化，让大家更有意义地达到人生的目的。当然露露乐檬的发展也并非一帆风顺，在露露乐檬公司 24 年的发展历程中，大致经历了 4 个阶段。

(1) 初创阶段(1998—2006 年)。

Chip Wilson 于 1998 年于加拿大温哥华创立了露露乐檬。其是一家以健康生活方式为灵感的经营运动服饰与配件的公司。创立初期，露露乐檬聚焦瑜伽运动，成为功能性瑜伽裤的先驱。1999 年 1 月，露露乐檬于温哥华开设第一家门店。在萌芽期， Chip Wilson 及团队为露露乐檬注入了一种 love the individual 的文化。Chip Wilson 以焦点小组的形式进行早期决策，包括品牌的名称、商标的决定，以及产品风格的界定。Chip Wilson 推崇里程碑教育，以发掘员工的潜力为导向，孕育了露露乐檬的企业文化，并定位于运动休闲领域，目标群体是新一代的 Super Girls，产品以高科技功能性为导向。同时，Chip Wilson 同瑜伽教练 Fiona Stang 合作，建立了社群营销的雏形。露露乐檬早期就坚定了垂直零售模式的决心。Chip Wilson 参与终端门店的设计，店内陈设呈功能性布局，整合了店内瑜伽、销售区和裁剪设计区。2003 年，露露乐檬进入美国市场。到 2006 年，露露乐檬拥有 41 家自营门店和 10 家加盟店。

(2) 高速发展阶段(2007—2012 年)。

2007 年 7 月,露露乐檬登陆纳斯达克全球精选市场和多伦多证券交易所。公司在 2007 年上市以后便迅速拓展市场。在那一年,总共开设 113 个分店(61 个在美国,42 个在加拿大),公司的业务重心从加拿大转向美国。2007 年,公司营业收入 3.53 亿美元,较上年同期增加 85.66%,净利润 3084 万美元。露露乐檬关闭了原与 Descente 合资开设于日本的 4 家直营店,同时在香港首次试水展厅(Showroom)。2009 年,露露乐檬进一步关闭了效益不佳的环保子品牌 oqoqo,同年推出女童品牌 ivivva,并利用电子商务网站开启 DTC 业务。金融危机为露露乐檬创造了夯实基础的契机,使 2009 年与 2010 年成为露露乐檬发展的黄金时期。2010 年,露露乐檬收缩加盟店规模,将澳大利亚门店转为直营门店,并通过展厅形式继续进入澳大利亚新的城市。

(3) 困境阶段(2013 年—2017 年)。

产品问题和管理层动荡,导致露露乐檬错失瑜伽市场高速发展的机会窗口期。北美瑜伽市场一片向好,然而,该公司在 2013 年和 2015 年经历了两次重大质量事故,对公司的品牌声誉和业务风格产生了重大影响。此外,大量关键员工在管理层调整后相继离开公司,公司也因自身原因错过了北美瑜伽市场的黄金增长期。2013—2017 期间利润大幅下滑。

(4) 全面扩张阶段(2018 年至今)。

从 2018 年开始,得益于以下几个变革策略的落地,露露乐檬重回高发展通道:① 稳定管理层,新任 CEO Calvin Mcdonald 履职后大力进行管理层打造;② 加强供应链管理,引入新的供方合作,降低成本且提升质量,提升供应链响应时效,对外投资拓展产品品类,助力面料研发;③ 运动全品类+全球化,升级多品类运动服饰国际品牌。

经过二十多年的发展,露露乐檬不但成为鼓舞人们实现美好人生的精神之源,更将其"热汗"的人生理念,与更多的社会伙伴共享,一起开创健康、积极、时尚的运动生活,迎接生命的无限可能。露露乐檬的主要产品是女性和男性运动服装和用品,其中包括瑜伽、跑步等运动服装,短裤、袜子和内裤,以及包袋、水壶、瑜伽垫、发带等。此系列产品可根据不同场景建立起产品壁垒。露露乐檬的快速崛起主要可以归结为以下几个原因:

(1) 全球瑜伽市场的兴起。当今世界上大约有 3 亿人在练瑜伽。瑜伽起源于印度,是一种古老的身体、心理和精神实践,是肉体和精神的统一。鉴于瑜伽有着广阔的应用前景,联合国于 2013 年 12 月 11 日通过了一项决议,该决议将北半球的夏季日 6 月 21 日定为国际性的瑜伽节。根据联合国的宣传,瑜伽对人体和心理都有很大的好处。在全球范围内,愈来愈多的人通过瑜伽来保持健康,恢复活力,对抗孤独与沮丧。随着新冠病毒的暴发,居家锻炼越来越频繁,全球瑜伽垫的网上搜寻数量以 323%的速度增长,成为全球排名第 4 的家居产品。

(2) 品牌独有的 Super Girls 文化。Ath-leisure 的运动型休闲装超过 300 亿美金,为高级 Super Girls 提供了一条护城河。Grand View Research 指出,目前的运动型休闲装市场已经超过了 3000 亿美金,露露乐檬已经进军了超过 2000 亿美金的体育产业,在各大主要市场中都占据着领先地位。在多品牌对比中,露露乐檬的品牌核心是追求舒适、共赢而不是竞争,以其线上购物中的高端商品为主导,与其他品牌区分开来。该公司的创立者在书中表示,自 20 世纪末,北美妇女接受过更多的教育,她们的经济状况得到改善,生活质量得到提高，她们对高档商品的需求也越来越强烈。露露乐檬的第一批顾客，就是一批喜欢运动和生活的人，他们的穿着舒适，就像"Super Girls"一样。

(3) 坚持直营。业内领军者露露乐檬的品牌成功之路在于：通过对连锁加盟店的精准运营，实现人、货、场的重构，打开品牌发展的极限。自成立以来，坚持在线上开设分店，这也是品牌在品类、人群、场景等方面取得成功的一个重要因素。与过去的零售业相比，直销在人员、创新、营销等各个方面都进行了创新。定位高品质的门店，高素质店员的互动体验，成功让社区运动 KOL 的社群营销进行，由此形成"热汗"式的社区联系，从而进一步拓展品牌的影响。消费者情境与使用情境的交叠增加了对商品的感知效果。在产品壁垒、优质渠道和品牌意象的三重作用下，产品拓展的类别得到了极大的提高。与此同时，由于体育行业的纵向发展，从体育馆到家居，各个行业都有很大的发展空间。公司的盈利能力和业务能力都得到了很大的提高，这也说明了公司的整体业务拓展取得了很大的成效。

(资料来源：根据网上公开资料汇总整理。)

◇ 启发思考题 ◇

1. 结合案例分析露露乐檬的产品创新是如何做到的。
2. 在创业的不同阶段，创新的重要性是否发生变化？
3. 从一家名不见经传的小公司到成为一家行业翘楚企业，你认为露露乐檬的奥秘是什么？

◇ 本章参考文献 ◇

[1] 陈劲，郑刚. 创新管理：赢得持续竞争优势[M]. 北京：北京大学出版社，2016.

[2] 黄亚生，张世伟，余典范，等. MIT 创新课：麻省理工模式对中国创新创业的启迪[M]. 北京：中信出版社，2015.

[3] 罗杰斯. 创新的扩散[M]. 5 版. 北京：电子工业出版社，2016.

[4] 焦豪，李倩，杨季枫. 企业技术创新管理：研究现状与关键科学问题[J]. 管理学报，2022，19(07)：947-955.

[5] 柳卸林，王倩. 创新管理研究的新范式：创新生态系统管理[J]. 科学学与科学技术管理，2021，42(10)：20-33.

[6] 刘洋，董久钰，魏江. 数字创新管理：理论框架与未来研究[J]. 管理世界，2020，36(07)：198-217，219.

第3章　创新思维

学习目标

- 理解创新思维的概念与特征
- 掌握创新思维的主要来源方式
- 了解创新思维的开发方法

导入案例

爱迪生电灯：从发明到创造过程中的创新思维

19世纪80年代的英国，天空中弥漫着浓浓的雾气，就算是白天也显得有些昏暗。一批批科学家正在为人类挣脱黑暗而努力。

这一天，法庭刚刚宣判一桩并不引人注目的官司。一个叫斯旺的人控告爱迪生侵犯了他的电灯专利，而且，这个斯旺还获得了胜利。斯旺，何许人也？此人乃英国物理学家，早在1850年就开始研究电灯，28年后他以真空下用碳丝通电的灯泡得到英国的专利，并开始在英国建立公司，在各个家庭安装电灯。

相比之下，爱迪生绝对是后来者。他1875年才购买加拿大两名电气技师的一项电灯专利，尝试改良使用的灯丝，于是便有了家喻户晓的"爱迪生发明电灯"这个故事。事实上，爱迪生只是第23位发明电灯的人，而且在他发明电灯的几十年前灯泡发明就已经出现。

在美国，爱迪生的专利亦受到挑战，美国专利局曾判决他的发明已有前例，属于无效。面对官司的落败，爱迪生一时有些沮丧，但他后来还是同意斯旺加入自己在英国的电灯公司，让这个"敌人"成为合伙人。从技术上看，斯旺发明的灯泡更优秀。爱迪生并没有让自己围于技术发明的得失，他有更大的图谋，他购买了斯旺的专利，用于自己的灯泡生产。实际上，灯泡中只有钨丝确实是爱迪生的贡献，但正是这项技术上的"微创新"，为爱迪生赚取了真金白银和流传百年的美誉。

从电光能量转换上来说，铂金等材料似乎更适合做发光材料。但是那样的电灯不是昂贵，就是低寿，只能照亮城市大道和一些富贵人家的宅邸，却照不进寻常百姓的屋子。爱迪生经过千万次艰辛的试验，终于找到钨丝这一最佳的发热材料，既经济又实用。

爱迪生坚持以变革家庭和办公照明方式为使命，生产出了优质廉价的灯泡，并得到广泛应用；而其他灯泡都过于笨重，温度容易升高，不适合家庭和办公普遍使用。

这个一心想用发明赚钱的"发明大王"并没有止步于此。他想到了更多，电灯要发挥功效自然需要能源供给，于是他发明了一整套电力照明系统。1882年，他在曼哈顿安装了世界上第一个商用电力系统。这才是电灯应用成功的关键，也是比电灯更伟大的创新。爱迪生还在引入风险资本、筹措资金和借助新闻媒体推动电灯向社会普及方面也卓有成效。他还很有远见地提前获得了灯泡用户的接线权，使他的灯泡客户可以享用到电。

其中值得一提的是爱迪生设计的一套完整可行的电力输送与照明系统。在其中，爱迪生运用了大量当时已有的不同领域的设计理念。例如，他对灯泡螺纹后座的设计是取自传统油灯瓶口的设计概念，而输电网络的设计原理又与先前的电报系统极为相似。尽管从表面看来，爱迪生只是完成了将以往分散的知识整合成一个"系统"的工作，但作为电灯在商业化过程中最关键的一步，这一"整合"工作需要设计者根据当时的市场需求，对已经成熟或即将成熟的技术进行摘选，同时仔细斟酌在实际应用过程中可能会遇到的每一个问题，并通过解决这些问题，将这些既有知识合为一体。为了让电灯在与煤气灯的竞争中获得更多的优势，爱迪生还考虑了电灯的市场定价问题。他认为，灯泡的售价不能超过 40 美分，而纽约克白炽灯厂生产的第一批灯泡，生产成本约为每只 1.25 美元。如果要按 40 美分的价格出售，那么他必须对灯泡生产保持控制权，并努力把生产成本降至有利可图的水平，同时还必须承担起亏损的风险。还必须通过不断改进工艺及设计，同时扩大生产规模，将电灯的生产成本不断地降低，使灯泡成为一个家家买得起的产品。

当爱迪生计划在纽约城里率先推广他的电灯系统时，他先进行了一系列宣传活动和市场调查。他让几百个年轻人头戴用灯泡点缀起来的盔形帽组成电灯表演方阵，进行"电灯大游行"；他邀请纽约市的参议员到实验室观看电灯表演，以说服他们赞成在纽约街道下铺设电线。同时，他还派人到城里去调查了解哪些煤气灯的用户愿意改用电灯，并在地图上一一作出标记。工人们据此开掘地沟，开始铺设新型的馈电系统。为了计算各家各户以及整个地区的照明用煤气消耗量，爱迪生还雇人 24 小时监控街上点燃的煤气灯盏数。

为什么斯旺只能苦苦寻思谁会对他的技术成就感兴趣，而爱迪生却可以名利双收？问题在于爱迪生将创造的精神带到了商业应用，而不仅仅是产品。这成就了爱迪生作为企业家的特有价值。

(资料来源：陈金波. 看爱迪生微创新造出了什么[J]. 中国机电工业，2011(06): 24.)

3.1　思维概述

3.1.1　思维的概念

思维是人脑对现实中客观存在的事物的一种概括性和间接性的反映，表现为空间逻辑思维和时间结构思维，其利用抽象、演绎、归纳、分析等方式揭示事物的本质特征和内部规律。思维本质上是一种意识和精神，它与存在是相对的，是人的一种理性认识过程，是认识的高级形式。

一般来说，感知是思维的基础，但思维又比感知的界限更宽泛，它涉及更多的认知和智力活动，是一种复杂的心智操作过程，将新信息与脑内原有信息进行融合与逻辑推理，对未知事物进行探测，是一种人类所特有的高级认识活动。思维的间接性是指借助于一些媒介进行反映，如言语、肢体语言等，人们利用已有的知识和经验及其他已知条件推断客观事物的过程，并进行间接的认识；思维的概括性是指能够对同一类事物共同的本质特征进行反映而摒弃其非本质属性过程，并在概括本质属性的基础上反映事物的发展规律和相互联系；思维的客观性则是指思维是对客观存在的事物进行的一种反映，是在社会实践的基础上产生的。

3.1.2　思维的分类

事实上，思维就是思考、思索，是人们大脑关于某类任务的全方位、全过程的思考活动。思维的分类形式有多种，下面主要介绍常见的思维的分类形式。

1. 根据思维的形式分类

根据思维的形式可将思维分为感性具象思维、理性具象思维和抽象逻辑思维。感性具象思维是指在接触外界事物时感官直接感受到具体事物的直觉表现，如对物体形状、颜色、重量的感知。理性具象思维与感性具象思维相对应，它是在感性的基础上对事物进行客观的分析和综合，以对事物属性和本质进行更好的把握。理性具象思维的具体过程由抽象的逻辑为起点，经过一些媒介的传导，将抽象上升至具体，这类思维的支柱是客观事物的具体形象。就目前而言，抽象逻辑思维是被最广泛使用的一种思维方式，也是人类最基本的思维方式；虽然人人具备此项能力，但是会有高低之分。它主要利用客观事物的概念、个人的主观判断和推理能力进行思考，以抽象的概念为主要表现形式，这类思维的支柱是客观事物的概念。

2. 根据思维的目的分类

从思维目的的角度出发，可将思维分为上升性思维、求解性思维和决断性思维。其中上升性思维是指通过日常实践活动所总结出的个别性经验，不具备普遍的导向性；上升性思维通过某种途径转变为具有共性的认识，并在实践中不断接受检验。求解性思维始于问题导向，其核心是解决问题，借助现有知识体系与问题建立联系，并给出具体求解思路和结果的思维方式。如在解决数学题时，通常是先阅读题目，找出已知条件，分析问题，概括问题与已知条件互相联系的地方，再由已知条件去推理解答问题。决断性思维模式的主要目标是将实验过程进行规范化，或者对取得的效果进行预测。通过调查与研究，结合具体的实际情况，确定要解决的目标，设定多个具有可行性的解决方案，再通过运用一些规则和标准，最终确定最佳行动方案。

3. 根据思维的智力品质分类

人们外在能力的高低，很大程度上取决于思维能力的强弱，而思维的基本要素之一即是智力品质。按照智力品质，思维可以划分为再现思维和创造思维，其中再现思维是指大脑使用过去储存的知识和记忆进行思考与决策。例如，将已经具有的知识直接搬用，在此过程中不加更新。而创造思维能够做到将原有的知识经验不断融合和更新，形成另外一种全新的概括和经验。例如，历史上的各类发明，多是运用这类思维模式。

4. 根据思维的形态分类

根据思维的形态，可将思维分为动作思维、形象思维与抽象思维。动作思维是指以具体的、实际的动作为支柱实施思维过程。此类思维的目的性非常具体和直观，人们思考、思索方式中的动作是动作思维的核心。这类思维产生于逻辑思维之前，属于人类发展早期的一种思维方式。例如，小孩子在学会简单的算术之前，都会本能地掐着手指头数数来进行简单的加减运算，这就属于动作思维。人们在认识事物的过程中，需要对其本质进行理性的分析和认识，主要通过观察事物的直观表象，使问题得以解决，这种思维被称为形象思维，是人们在对事物的表象进行取舍的过程中形成的。抽象思维也可以称作词语逻辑思维，这类思维属于理性认识的阶段，人们经常运用事物的概念进行判断和推理。在哲学范畴中，这是一种系统化和理论化的世界观，充分体现了世界观和方法论的有机统一，将自然知识、社会知识和思维知识进行合理的概括和总结，在形式上追求世界的本源、本质、共性或绝对的形而上者。

5. 根据思维探索结果的方向分类

根据思维探索结果的方向，可将思维划分为聚合式思维和发散式思维。聚合式思维又称作求同思维、集中思维、辐合思维或同一思维等。相对于发散式思维，聚合式思维是一种具有收敛性质的思维方式，具有过程性、条理性和范围性。聚合式思维从不同的源头、材料、层次中寻找出正确答案，将发散的思路聚集成为明显的焦点，在已有经验基础上产生结论。在具有多种选择的情况下要迅速做出正确的判断，聚合式思维就显得非常重要。例如，在考试中，一个选择题有好几个选项，我们需要通过已有的知识结合实际问题选择出一个最具有代表性的正确答案。发散式思维也叫求异思维、分散思维，是指在解决问题的过程中，为了找到多种不同的答案，人们的思维向各种方向扩散，这个扩散的过程是从已知的条件中搜寻出更多的信息，而不是仅限于一个途径和一种方法。生活中常见这方面的例子，比如一个题会有多种解法，一个词语会表达多种不同的意思。平行思维也是发散思维的一种表现形式，从不同的方向寻找几种互相不产生冲突和干扰的方法来解决问题。

6. 根据思维的技巧性分类

基于思维的技巧性，可将思维分为集中思维、分解思维、跳跃思维、虚拟思维、幻想思维、灵感思维等。集中思维是指在多种杂乱的资料中，挖掘其中存在的逻辑关系，根据这些逻辑关系推导出结论，其本质是将多种解决途径进行比较，找出其中解决办法的一种思维方式。分解思维根据一定的规律将问题进行分解，在分解出来的各组成部分中寻找联系，推敲问题的结果。跳跃思维注重对结果的把控，在处理问题时可以适当忽略次要的环节，通过最直接的方法解决问题。虚拟思维是以自我核心为实点参照，以大脑为初始虚拟折射平台，以网络信息为外部虚拟折射平台的现实思维过程。幻想思维的最大特点就是与现实脱离，它可以在毫无现实意义可言的情况下向各个方向辐射，在某种程度上也促进了创造性思维的产生。但是脱离实际的幻想往往会更容易产生错误的结果，不过只要用现实将其进行合理适当的检验，就能发现并改正错误。灵感思维是思维的一种突破，富有极强的创造性，在人们进行创作的过程中常常会通过"一闪念"的形式产生，使创作达到高潮，它是由人类大脑中各种显性意识和隐性意识进行多次的交合冲击所形成的。

7. 根据思维的创新程度分类

根据思维的创新程度，可将思维分为常规思维和创造性思维。常规思维也称为再造性思维，指人们对已经获得的知识经验按照既定方案和程序，用经常使用的方法和固定的思维模式来使问题得以解决的思维方式。创造性思维是指通过对现有的知识进行整合分析，然后开拓新的知识领域，得到新的认识，并创造出新的成果的一种思维方式。创造性思维对知识进行了更新和升级，主要表现为发明新技术、形成新观念、提出新方案和决策，创建新理论。它不仅仅表现为一种新的发明和发现，还强调了在思考的方法和技巧上的创新，常常与联想、想象、直觉等思维活动相联系，敢于冲破原有框架的束缚，从而取得突破性的成绩。

3.1.3　思维的特性

1. 深刻性

人类的思维是一种抽象性的理性认识，其深刻性涉及人类思维活动的广度、难度与深度，反映的是思维活动的一种抽象程度和逻辑水平，在对感性事物认识的基础上，取其精华、去其糟粕，透过现象看到事物内在本质和逻辑关系，从而总结出事物的规律性。在进行深入研究与思考智力活动时，个体之间会表现出深刻性上的差异，主要体现在归纳概括能力上，是否善于从事物的本质出发总结规律，进行系统性的思索，能否很好地预见事物的发展进程。例如，智力较高的人通常被形容为抽象概括能力很高，而智力较低的人则对抽象事物的概括能力停留在直观水平上。

2. 灵活性

思维的灵活性，顾名思义就是灵活程度，其特点主要表现如下：

(1) 起点灵活。思维可以多角度、多方位运用多种方法去解决问题。

(2) 过程灵活。思维能够进行非常全面且灵活的综合分析，可塑性强。

(3) 思维具有非常强的概括和迁移能力，能够自觉地运用各种规律。

(4) 思维的结果有质又有量，是多种合理而灵活结论的综合。思维灵活性足够强的人，则比较擅长运用多角度思考问题，更加全面合理地分析和解决问题。

3. 独创性

独创性主要是指思维的创造性，它源于思维主体对自身积累的知识经验或者思维材料进行高度的概括，然后将其进行集中的、系统的迁移，再进行新的组合分析，找出其中新颖的结合点。对思维活动的概括性越高、系统性越强、知识积累越丰厚、注意力越集中、弹性越大、迁移越灵活，思维活动的独创性就越突出。人类历史的发展和科学的进步，都与思维的独创性品质息息相关。

4. 批判性

批判性是针对思维活动中的发现所进行的批判程度。思维的批判性注重在进行思维活动的过程中要独立思考和提出合理的质疑，自觉地从各个角度和环节进行适当的校正与调整，切勿墨守成规、人云亦云。批判性强调思维的分析性、策略性、全面性、独立性和正确性。人类通过思维的批判性加强对思维本身的自我认识，在认识客体的同时也认识主体，不仅能改造客观世界，还能影响主观世界。

3.2　创新思维的概念与特征

3.2.1　创新思维的概念

创新思维也称作创造性思维，是一种具有开拓性意义的思维方式，是根据一定的内在逻辑对现有的信息资源进行整合与推理，寻找解决问题、认识事物的新方法与新途径的思维活动。

美国心理学家科勒斯涅克指出，创新思维是打破常规、另辟蹊径，探索发现事物的新规律，运用某种新方法以表达和解决某项事物，使结果更具有创造性和独特性的思维。一般情况下，创新思维是没有有效方法可供直接使用，且不存在既定规则可以遵循的一类思维。这类思维可以产生创造性成果，同时在思维过程中使用新的方法、形式和角度，这也是使思维结果具有创造性的前提和基础。创新思维及其引发的结果都具有创造性。在人们的日常生活中，遇到新鲜的事物、现象和问题时，不仅要利用已有的知识积累，还要善于寻找新的解决方法。因此，创新思维是每个具有独立思考能力的人都应该具有的思维品质。

3.2.2　创新思维的特征

创新思维与一般性思维不同，它强调突破常规，将现有的知识经验进行系统的重组，创造出新的、独特的方法解决问题。创新思维不局限于某种思维模式，是一种灵活多变的、富于探索性的、以不断变化的现实为标准的思维形式。掌握创新思维的基本特征，有助于加深对思维方式的理解和运用，促使自己在日常的工作和生活中打破固定思维的约束，锻炼和提高自身的创新思维能力。从创新性的内涵可以看出，创新思维具有以下几种基本特征：

(1) 求异性。求异性又可称作新颖性、原创性和突破性，是指人们在认识事物的过程中，重点关注于发现客观事物之间存在的区别、具象与本质之间的差异以及相对于客观事实而言现有知识的局限性等，要求人们对已有的认识保持一种怀疑的、批判的意识，在此前提下寻求符合事实的客观规律的过程。换而言之，要求人们学会用新眼光去看待问题，突破思维的惯性。例如，在原料、结构、性能、材料、外形、色彩、包装乃至加工方法上找到新的方法去突破原有的产品功能与外观。

(2) 突发性。突发性又称偶然性、意外性、非逻辑性。创新思维呈现非逻辑性的特征，在时间上常表现为一种突然呈现的情景，标志着思维获得某种突破性的成果。固然，创造性成果的产生是研究者长期观察、研究、思考的结果，是创新思维活动过程的产物，在量的不断积累基础上实现质的突破。然而不可否认的是，在这一过程中，创新思维的突发性对形成创造性成果有关键性、决定性作用。山穷水尽时突然 "柳暗花明"，这种突发性往往表现在，新思想的出现毫无征兆，伴随着非常强的随机性。

(3) 突破性。突破性最重要的是突破思维的惯性。当新的想法理念产生时，受定势思维和旧想法的阻碍，新事物的发展就会受到限制，因此，创新必然需要付出代价，敢于突破，在创新的过程中要有足够的胆识和勇气。创新思维打破常规、另辟蹊径，创造出新的方式方法，发现事物间的新联系、新规律，进行知识、观念、信念的升华与总结。突破性主要体现在两个方面：首先在思维层面，打破传统思维模式的束缚，克服思维定势的干扰，进行大脑创造潜力的激活；其次在实践结果方面，对人类既存的物质文明和精神文明成果的超越。这些发现与发明都意味着对原有理论、学术等精神文明成果的突破，抑或是对已有工具、设备、技术、产品等物质文明成果的超越。

(4) 新颖性。创新思维是立足于现有知识经验基础上，以追求独特和新颖为目标，或在思考的方式上或在探索的结果上，具有创新之处的一类思维模式，在一定范围内具有开创性、开拓性。人们在进行科技发明、文艺创作、理论研究、制度改革、产品革新等各个方面都不会被传统观念和迷信所拘束，也绝不会盲目从众，而是要求在时间、空间、观念与方法等各个角度实现突破和超越。

(5) 灵活性。创新思维的视角能不断摆脱思维定势的不利影响，随着实际情形的变化而改变，思维的程序、方法、路径都无现成的框架可遵循。进行创新性思维活动的人员对同一问题能够从不同的角度去思索，从一种思路转向另一种思路，从一种情景转向另一种情景，全方位、多角度地思考解决问题的方法，最终获得不同的结果方案。创新思维的灵活性还体现在人们思维的自由发挥与选择。

(6) 综合性。创新思维必须是建立在前人的研究成果基础上的。科技发展的历史表明，在科学技术领域能够获得更多的贡献、取得胜利成果的研究者，往往是能够高度综合前人思维成果的人。创新思维的综合能力通常表现在三个方面：一是创新思维的辨析能力，以辨析能力为前提条件，对现有的资料进行分析和综合；二是创新思维的统摄能力，即把现有的大量事实、数据进行统计，对其进行系统的分析整理，使其形成科学合理的概念的能力；三是创新思维和智慧的交合能力，取前人研究成果的精华，发挥创新思维的特点，使二者巧妙结合，形成新的成果的能力。

3.3 创新思维的主要来源

创新思维是建立在熟练掌握并灵活运用创新思维方法基础上的。创新思维并非凭空产生，它主要来源于想象思维、联想思维、灵感思维、直觉思维等几个方面。

3.3.1 想象思维

1. 想象思维的概念

想象是指人在大脑中对过去未曾接触过的事物进行塑造，或者将未来才有可能实现的物体开展形象设定的思维方法。它能够为人类的思想插上理想的翅膀，超越现有知识和经验积累的束缚，达到思想的新境界。心理学上认为，想象往往是一种心理过程，对头脑中已经储存事物的表象进行深度加工和系统的排列组合，从而建立起新的表象。

想象是一种人类积极主动自觉进行的心理现象，具有形象组合性、时空跨越性、高度自由性等特点。例如，许多发明者在发明新鲜事物之前，都会首先假想与发明物融为一体，在设定各种假设条件下尽情地发挥无限的遐想，若自身就是发明物则会作何感受和反应；抑或是，发明者把自己假设为某一发明物的使用者，从这个角度出发想象使用者的各类需求。

2. 想象思维的创新作用

想象具有创新作用，主要体现于帮助人们提出新的科学假说，塑造新的科学具象，进而探索未知事物的一般规律与内在逻辑。因此，想象对人类创新活动具有重要的作用。人们通过想象创造新的研究计划，在想象力的帮助下，进行思维或概念进一步的再抽象，产生新的形式和方式，事物被赋予新的形象。想象对创新的作用具体有以下几方面：

首先，想象能够有效提高人们发现问题的效率。在创新性思维的初级准备阶段，主要依赖于想象对各类事物的概括作用，创新者可以大胆地塑造新概念或设想。例如，"黑洞""万有引力""虚拟技术"等先进科学概念的提出，在很大程度上都与想象思维息息相关。

其次，总结科学理论提出的规律不难发现，在创建新科学理论时几乎所有科学家都会使用"假说"方法，而所有的科学假说都是人类想象力发挥作用的结果，想象能够弥补思维的局限性，最终使科学假说实现质的飞跃而成为科学理论。除此之外，理想实验也是依赖于想象而完成的，它是发挥想象"理想先驱"作用的突出表现形式。

最后，想象帮助人们在过去和未来之间搭建桥梁。想象在历史、考古、古生物、地质等学科研究领域发挥着重要作用。想象也以科学预测的形式帮助人们展望未来，"预测学"或"未来学"准确把握时代发展的脉搏；或者针对人类近期、中期和远期的发展情景，以科学幻想的形式进行预测性描述，称为科学幻想。

3. 想象思维的分类

想象可以分为有意想象和无意想象。有意想象也称为积极想象，主要包括再造想象、创造想象和幻想，是一种有目的、自觉的想象。其中再造想象是一种心理过程，针对某一特定的事物，通过语言和文字的描述，在脑海中形成一种新的模式和印象。例如，技术人员根据某人描述的某产品外形与功能，想象产品基本原理及内部大致构造；电影演员根据剧本剧情、对白及导演启示，想象出该角色当时的心理状态；警察根据受害人的陈述想象出犯罪嫌疑人的长相特征等。创造想象是指在一个新事物产生之前，创造者就利用其丰富的想象力在心里提前构造出该事物的形象，这个想象的心理过程是有目的和任务的。幻想是特殊形式的创造想象，它与每个人对生活和未来的期望有关系，不与目前行动直接联系，而是指向未来的活动。幻想中所创造的形象总是体现个人的愿望，是想象者所向往的事物。幻想是人脑对现实的一种虚幻反映形式。无意想象又称为消极想象，是指没有预定目的、不自主的想象，如做梦、走神等。虽然在现实生活中，这类想象我们本身无法控制，但偶尔也会产生一定的积极影响，例如有的难题在"梦"中得到灵感而被解决。

4. 想象思维的方法

在科学技术飞速发展的今天，人们在进行发明创造活动时，往往并不缺乏科技理论和具体的技术手段，而是缺乏想象。世界上每一项优秀的发明，都是由想象做先导，然后再去实现它。想象是衡量一个人创新水平的重要标志。想象的具体实施方法有以下几种：

(1) 组合想象思维方法。组合想象是指对大脑中已有客观存在的事物抽取某些组成部分，依据个人需要做出改变，再将这些改变后的部分系统性地构成具有自身特色并能独立存在的特定事物形象。组合想象体现在生活中的方方面面，例如儿童积木等。正是利用组合想象思维，才创造出千姿百态的世界。组合想象可以将本无联系的事物组合成为新的事物形象，并将其付诸实现。

(2) 补白填充想象思维方法。补白填充想象也是一种重要的创新思维来源，为使事物更具完整性，在对整个事物进行周密思考的基础上，引入"想象"对其进行补白填充。例如，考古学家根据某些古物的残骸推测出其年代、历史意义和地位等；医生根据病人某些肉眼观察的病症就能通过想象和推理病人的其他症状；警察通过犯罪现场的证据和目击者的描述大致想象出罪犯的体征等。由于受到时间和空间的各种限制，人们得到的事物往往只是客观物体的某一部分，所以就需要发挥补白填充想象来推理得知事物的全貌。另外，模型在补白填充想象中起着重要作用，模型是原型的替代品，只有将事物残缺的部分运用填充按照一定模型框架进行探索，才能使其更加真实和精确。

(3) 纯化想象思维方法。纯化想象是指将问题中不重要的部分删除，保留需要重点考察的内容，从而更清晰地反映事物本质与规律的思维方法。纯化想象具有简单化和理想化的特征。

(4) 取代想象思维方法。取代想象通常是指换位思考，即人们通过仔细揣摩领悟他人的思想，从而寻找解决问题的办法或灵感或启示等。例如，在捕捉消费者的需求时，设计师和工作人员擅长揣摩消费者的心理需求，而这是在进行创新的过程中不可或缺的环节，亦即要善于取代想象。

(5) 预示想象思维方法。预示想象是产生创新思维的一种常用方法，是在现有形象、知识经验积累基础上，在大脑中构成未来可能产生的某种事物形象的过程。人们在改变客观现实的实践活动中，一般都需要通过预示、想象展望自己各项活动的前景，设想会带来的后果，预见可能遇到的种种困难，然后采取相应的行动。对希望产生的事物，努力创造其产生的条件；对不希望产生的现象，则尽力避免其出现。预示想象对人的实践活动能起到一种先导作用，或促进和激励人们采取有益、正确的行动，或抑制和防止人们采取有害、错误的行动。无论是科学研究，还是从事其他实际工作，借助于一定的预示想象，都是很重要的。因为预示想象总和已有的知识经验密不可分。同时也需要防止过高估计预示想象的作用。人们由于受主客观条件的限制和受自身某种强烈感情倾向的负面影响，许多预示想象的思维成果，即使最终能够在现实生活中得到实现，也往往需要加以修正和补充。人们头脑中预示想象的成果，能够原封不动地完全成为现实事物的情况是很少的。要提高预示想象的合理性和实现率，除了必须具有丰富的知识和经验、思维能力强等基本素质外，还要对所思考问题有正确的了解，具有较充分的相关材料以及较丰富的形象积累。

3.3.2 联想思维

1. 联想思维的含义

顾名思义，联想是指由某种事物想到另一种事物，是思维由此及彼的连接，是由一种事物概念和形象的刺激而想到另外一种事物的心理过程。例如，由"鱼"想到"猫"，由"停电"想到"蜡烛"再想到"应急灯"等。

产生联想的原理是由于很多事物或者现象出现时往往是交替的或相互的，又或者几者之间存在着某种对应关系，当这些相互联系的事物反复在大脑中闪现时，大脑就会以一些特定的记忆表象结构将其存储在大脑中，一旦下次再遇到类似情况，大脑就会自动搜寻与其类似的记忆，从而想起不在眼前或者未发生的事物或现象，在此基础之上，就可能产生新的创造性想法。因此，联想是每位正常思考的人所具有的思维能力，也是创新性思维产生的另一个重要来源。

2. 联想思维的创新作用

联想的过程就是在大脑记忆库中搜寻与输入信息相关联信息的一种过程，类似于情景再现，同时搜寻形成的信息可能形成具有现实意义的创新构想，从而产生许多创新性成果。例如，美国发明家莫尔斯通过邮局的马匹驿站联想到电报信号的中继站，从而实现了越洋电报信号的传输，完成了信息海陆空的快速传送，推动了全球通信技术的快速发展；美国一位制瓶工人偶尔见女友穿一条漂亮裙子，裙子的膝盖以上部分较窄，显得腰部线条更优美，这位工人联想到玻璃瓶子，而设计出别开生面的可口可乐瓶；吊桥的创意就来源于蜘蛛吐丝结网。这些生活中的一系列发明创造均来源于联想思维。

联想思维是每个人都具有的本能，但因为不同的人在知识面、认知水平、记忆能力、阅历经验等方面各不相同，导致联想的深度、广度、速度等不同，从而每个人通过联想进行的发明创造成果有所差异。联想思维作为思索未知现象的一种创新性思维，是关于事物之间存在联系的具体应用。事物之间不发生客观联系，联系思维也就无用武之地。

3. 联想思维的分类

(1) 相似联想。相似联想是指由客观存在的某种事物或者现象引起刺激，从而想到与其类似的事物或现象，这些类似事物在空间、时间或者形态等方面有着千丝万缕的联系。相似联想可以把不同事物联系起来，联系的关键纽带在不同事物之间的共通点或相似之处。换而言之，相似联想是一种类推性联想，由一种事物的性质、特征或功能联系到另一事物。例如：美术生常用嘴吹纸上的一滴墨水，由此形成的图形而联想到梅花、树枝等这些现实存在的事物；一想到"秋天"，脑海里便会映出"落叶"，这是因为它们二者不仅仅在时空上常常伴随出现，而且二者还有一定的因果关系。

(2) 因果联想。因果联想的特点是由一种事物联想到另一种与它有因果关系的事物，或者由事物的结果而联想到它的起因等，能够做到由因思果，由果索因。例如，古代诗词中的"落红不是无情物，化作春泥更护花"，由春花联想到秋实，这是由因到果的联想。

(3) 对称联想。对称联想是指由一个事物或现象的刺激而想到与它在时间、空间和各种属性上对称的事物或现象的联想。例如，由极昼联想到极夜，由北半球联想到南半球，由炎热的夏天联想到寒冷的冬天，这都属于对称联想。

(4) 仿生联想。仿生联想就是一种相似联想，是通过生物的生理机能和结构特征产生的思维方式。仿生联想是对事物形状的联想，多用于产品外形设计上。为了美化城市绿地，有人设计了手形椅(突破过去传统的木板椅和石头椅)。通过仿生联想，人们创造了许多事物，如天空中飞翔的鸟相对气流阻力小，由此发明者根据鸟的外形制造出了飞机以减小气流阻力；核潜艇的外形则是根据鱼的形象做出来的，目的就是减少水的浮力影响；人们通过仿蝙蝠发、收超声波的原理，发明了雷达等。

4. 联想思维的作用

随着人们对创新性思维的认识不断加深，尤其在对创新能力的培育过程中，人们发现联想思维的作用非常重要，它不仅能够改善和提高人的记忆力，而且还能强化人的创新意识，开发人的创新潜能。自 20 世纪创新理论被提出，联想思维就成为创新理论的重要研究对象，并被纳入创新性思维来源中。联想思维的创造性功能早已在社会的各个领域中得到充分体现，对催化创新起着不可替代的作用。

(1) 在两个或者两个以上的事物之间建立联系。世界上的万事万物都存在着一定的联系，通过联想，可以将毫无关联的两个事物联系到一起。著名的心理学家哥洛万斯和斯塔林茨曾经用试验证明了"通过联想只需要四五个步骤便可在两个或者两个以上的事物之间建立联系"。通过一定的规律和诱因，联想思维也可以在有相似特征的事物之间建立联系，通过它们之间的属性激发灵感启示自己，在未知的领域进一步探索，从而获得更多创新成果。

(2) 扩展创新性思维空间。人脑在进行创新性思维时是特别活跃的，有如波涛澎湃的大海，但起伏的"波涛"并非凭空而起，是因联想思维由此及彼、触类旁通的特征，将思维引向更加广阔的领域，可以多角度、多渠道、多方面地思考问题，使其达到想象或新联想思维的形成，甚至能够产生灵感，从而寻求多种途径解决问题。联想思维如同创新思维的"万花筒"，人们在思考中每进行一次联想，就像万花筒转动了一次，可以得到丰富多彩、质量较高的新图案，促使人们的创新思维空间更广阔。

(3) 为想象思维提供基础。联想思维一般不能直接产生有价值的新形象，但是它可以将记忆的信息进行"串联"，然后融合于具有一定形象或概念的"链条"之内，将其有序地存储于大脑，为想象思维提供基础表象，正因为有了储存于大脑中丰富的表象，人们能够在想象的过程中迅速从大脑中检索出需要的信息。例如，在智力激励法中，参加会议的每一个人，在听到别人发言以后会产生许多联想，而某些联想正是产生创新性思维的起点。

(4) 有利于信息的储存和检索。把知识信息按照一定的规则储存在信息系统中，在需要时将其迅速检索出，这是思维操作系统的重要功能，而联想思维则是思维操作系统的一种重要操作方式。

3.3.3　灵感思维

1. 灵感思维的含义

灵感带有一种神秘的色彩，在古希腊语中灵感的意思是"神的气息"，唯物主义者将它比喻成人与神之间的沟通，也叫顿悟。创造新事物的过程是非常曲折的，往往会遇到各种技术难题和思维问题，创新者常苦思冥想却找不到有效的解决方法。在偶然某一个时刻，因为一些事物或信息的启发，突然找到了解决问题的关键方法，这种现象被称为灵感。

科学研究证明，灵感是人脑思维发展到高级阶段才会产生的一种高阶感知能力，它的出现具有偶然性和短暂性，与逻辑思维和形象思维有很大的区别，逻辑思维和形象思维具有持续性的特点。美国科学家曾经针对 100 多位优秀的学者做过一项调查研究，调查结果显示有 80% 的人都曾借助灵感获得成功。

2. 灵感的特点

灵感产生于大量艰苦的思维创造活动之后。灵感思维的基础在于创造性活动，如果没有创造性活动，也就不会有灵感。创造性活动使大脑的神经绷紧，思维能力达到了突破的边缘，故一旦有一个诱因，即自己需要的信息刚涌现，立即引起大脑神经的强烈共鸣，灵感就此产生。在进行创造性活动的过程中，不断地在头脑中输入大量信息，也是产生灵感的前提之一。例如，阅读相关资料、上网搜索、请教专家等都是信息输入的过程。

(1) 突发性。灵感的来临是偶然的、突然的、无法预测的。

(2) 瞬间性。灵感的出现具有短暂性的特点，在脑海中突然闪过，转瞬即逝。

(3) 情感性。保持良好的精神状态更有助于灵感的产生，而在灵感产生的一瞬间往往伴随着创造者愉悦的心情，甚至进入忘我的精神境界。

3. 灵感思维的培养

灵感的产生是偶然和无法预测的，往往一闪而过，但只要有解决问题的强烈愿望和执着追求，高度集中注意力，在充分研究和实践的基础上，保持良好的精神状态，灵感就会到来。

灵感具有创造性，能够为创造者提供创新性思维，突破解决难题障碍，创造出新的机遇和事物。在产生创新性思维的过程中可通过灵感的作用实现思维的新提升。灵感的出现具有突发性和短暂性，人的意志不能完全控制它，但是可以通过一些途径去培养它，提高它出现的次数与频率，如在生活中通过积累感性思维信息、探索未知领域、放松情绪、触发灵感等。

(1) 积累感性思维信息。灵感的闪现与人们自身长期的知识储备密不可分。在工作和生活中，人们通过积累大量的感性思维信息扩大认知领域，将大量储备的信息进行思维转化，以期达到理性的质变，加速灵感的产生。

(2) 探索未知领域。受制于自身强烈的爱好与欲望，集中精力专注于相关的信息以探索未知的领域。

(3) 放松情绪。心理学上有这样一个观点，在长期紧张思考而获得思维短暂的松弛时，有利于激发大脑皮层的潜意识，而灵感的出现往往与潜意识密切相关。因此，当创新性思维处于中断状态或者陷入困境时，可以选择先中止一下，让大脑处于一种轻松的思考氛围中，让大脑潜意识的紧张程度降低，发挥潜意识的作用诱发灵感的产生。

(4) 触发灵感。通过探索各种创意思维方式使思路开阔畅通，在生活中锻炼创意思维，以便触发创意阶段的灵感。通过启发联想、实践激发灵感、激情冲动触发灵感，形成创造性认识。

3.3.4　直觉思维

直觉思维是指针对某一问题由于外界的刺激，能够直接给出答案，而不再需要基于现有的信息进行分析与推理的思维方式。直觉思维的本质体现出创造性这一特征，在对某一事物进行反应时，大脑以现有经验为基础，将思维过程进一步简化与压缩，并实现一定程度上的突破，最终达到对问题解决方法的闪电顿悟状态。

直觉在创新过程中起着动力和加速的作用，帮助人们做出最佳选择。许多创新成果的产生，在前期都要准备很多方案供选择，而直觉思维就可以帮助我们筛选出最佳方案，为创新成果的产生奠定扎实的基础，这条原理被许多创新者所采用。创新者拥有非凡的直觉思维，能够在复杂的信息中洞察出某类事物或思想所隐含的重大意义，预测在这方面未来会创造出什么新的事物和成果。

直觉思维有以下几个典型特征：

(1) 结论的突发性。直觉思维产生的结论往往毫无征兆和预判，速度快到连思维的主体都意识不到这一迅速反应的过程，找不出产生这一结论的原因，因为直觉思维本身就具有无意识性和不自觉性的特点，对问题的理解是一瞬间的事情。

(2) 结构的跳跃性。结构的跳跃性是指直觉思维具有非逻辑性，毫无章法可言，不能循序渐进，也不连贯，跳跃性非常大，甚至会从起点直接跳跃到终点。

(3) 思维的或然性。直觉思维的推论形成的是一些猜想和假说，是根据经验形成的判断，直觉思维的一个明显特征就是不成熟性，由此形成的结论还需要运用科学的方式方法加以验证，才能更具可行性和可信度。正如纽约大学心理学教授詹·布鲁斯指出的那样："直觉可以把你带入真理的殿堂，但如果你只是停留在直觉上，也可以使你陷入死角。"

3.4　创新思维技能与开发方法

3.4.1　创新思维技能的内涵

创新思维技能是指产生创新性经验与技巧、方法的统称，能够将创新原理、技巧及方法三者融合并加以运用。产生创新性思维方法的基础是创新性思维的本质和规律，通过搜集整理、归纳分析、总结创新的成功经验、案例、发明的原理，进而得出创造新事物的技巧和方法。创新性思维技能可以帮助人们利用创新的原理解决创新过程中出现的问题，使创新成果取得明显的成效。

学者们把创新思维技能称为创造技法、发明技法等。在创新活动中，创新思维技能起着重要作用。创新思维技能可以启发人们的创造性思维，拓展创新思维的深度与广度；能够缩短创新探索的过程，直接产生创新成果；能培养和提高人们的创新能力，促进创新创造成果的实现与转化。

3.4.2　创新思维技能的特征

1. 应用性

应用性是指创新思维技能具有一定的引导性和操作性。创新思维技能多数比较具体。有步骤、有技巧地运用创新技法，可有效引导创新思维进一步深入，也能够把创新理论和创新实践对接，从而促使创新思维向创新成果转化。

2. 技巧性

技巧属于方法概念的范畴，主要是指掌握并灵活运用生活或工作中的方法，是一种与学习训练相关的活动。创新思维技能在运用时需要丰富的经验、技巧等因素的参与。因此，创新思维技能的掌握需要多实践、多运用、多练习。

3. 程序化

虽然创新思维方法主要是应用于创新过程中，但作为一种方法、技巧，必须遵循一定的程序，具有明确的实施步骤。从创造发明中凝练出来的方法，更加具有逻辑性。创新思维技能的程序化主要体现在思想方法系统化、模式化。

4. 多样性

多样性是创新思维技能的显著特点。在人类创新的历程中，不同领域的创新思维有所差异，不同阶段的创新思维也有所变化，相应的创新思维技能也多种多样。需因地制宜，采用动态的方法应用创新思维技能，了解创新规律并指导创新活动，因此，创新思维技能的种类越来越丰富、多样。

3.4.3　创新思维技能的分类

1. 按照创新活动的范围分类

按照创新活动的范围分类，创新思维技能可分为以下两种。

(1) 工艺创新思维技能：从成功的创新经验中总结出来，并用于实践且得到进一步证实的方法，多应用于某些部门或者某项创新过程，具有一定的特殊性。

(2) 能力创新思维技能：注重对创新主体的创新能力进行开发与培养，是对创新活动的方法指导，具有普遍意义和广泛的应用价值。

2. 按照创新活动过程分类

按照创新活动的过程分类，创新思维技能分为以下两种。

(1) 问题提出思维技能：通过设问法、列举法等创新思维技能，帮助找到有价值的创新点，即创新是什么。

(2) 问题解决思维技能：这是创新活动的核心部分，也是充分展现主体创新能力的部分，即怎样创新，主要包括组合法、逆向转换法、联想法及 TRIZ 理论等。

3. 按照创新活动的主体分类

按照创新活动的主体分类，创新思维技能分为以下两种。

(1) 个人创新思维技能：创新活动主体为个人时，即可采用缺点列举法、自由联想法、卡片法等创新技法。

(2) 团队创新思维技能：由两人以上的群体共同进行创新发明活动采用的创新方法，如头脑风暴法、635 法、综摄法、TEAM 法等。

事实上，各类创新思维技能在运用过程中并无绝对界限，而是相互交叉、互为补充的。工艺创造过程中也会用到能力创新思维技能，许多个人创新思维技能也可采用团队的形式开展，运用解决创新问题思维技能时也可以运用设问法和列举法。学习创新思维技能的目标是进行创新，因此，在运用创新思维技能时要注意灵活运用的原则，不为方法所局限。当某些方法成为创新的阻碍时，要勇于突破现有方法。

3.4.4　创新思维的类型

创新能力的生物基础是以大脑为核心的发达的神经系统，没有这个条件，创新能力就是无源之水、无本之木。人类通过实践认识和改造世界，掌握客观规律，继而才能进行创新。毫无疑问，身心素质、环境和实践是人类创新能力形成的三大必要条件。但是，仅仅具备这三个条件还是远远不够的。

人类创新活动的灵魂或核心是什么呢？通过对古今中外的创新活动考察分析就会发现：没有创新思维，就没有创新活动。人类从事科学研究，探求科学发现，需要创新思维；人类从事技术工作，做出技术发明，也需要创新思维；人类从事文学艺术活动，塑造文学艺术形象，还是需要创新思维；人类在学习时，更离不开创新思维。创新思维活动是人的创新活动的核心。创新思维能力是人的创新能力的核心。

1. 创新思维对创新能力形成的作用

创新能力与创新思维有着直接的关系。没有创新思维，就没有创新活动。创新思维的本质在于由感性到理性的飞跃。这个飞跃，从科学研究角度看，是从经验事实到科学原理的飞跃，是问题的澄清和解决；从艺术方向说，是从素材积累到艺术形象的飞跃。因此，可以说创新思维是创新活动的灵魂或核心。

2. 创新思维的方法

创新思维一共有13种方法，分别是直觉思维、形象思维、求异思维、逆向思维、迂回思维、机遇思维、童稚思维、发散思维、模糊思维、灵感思维、跟踪思维、质疑思维和梦中思维。

1) 直觉思维

直觉思维指的是对事物进行认真考量后，明白事物的本质规律从而做出判断。其实这种断定中还存在猜想的因素。

2) 形象思维

形象思维包括预示想象创新思维方法、导引想象创新思维方法、取代想象创新思维方法、充填想象创新思维方法、飞跃联想创新思维方法、对比联想创新思维方法、相似联想创新思维方法、连锁联想创新思维方法、组合想象创新思维方法和纯化想象创新思维方法。

(1) 预示想象创新思维方法是指将积累的知识、经验想象为已经存在的清晰形象。

(2) 导引想象创新思维方法是指通过预想到事物成功后的场景，从而引导自身潜力的形成去顺利完成任务。

(3) 取代想象创新思维方法是指通过设想自己处于某种人或某个人的位置，或处于某种情境中，通过揣摩其思维情感或处理思维，以谋求获得顺利解决某一问题的新办法或启示。

(4) 充填想象创新思维方法是指将已知的事物组成部分，通过联系想象加以补充形成完整的一套事物形象的发展过程。

(5) 飞跃联想创新思维方法是在思考问题时联想到与之毫无关联的另一个事物形象，思维活动实现大跨度跳跃，从而获得某种新的认识或引发出某种新的设想。

(6) 对比联想创新思维方法是指对事物各方面属性进行差异对比，引发出新的设想。

(7) 相似联想创新思维方法是指对事物各方面属性进行求同联系，引发出新的设想。

(8) 连锁联想创新思维方法是指将事物的一环一环紧紧联系在一起形成连续的思维，从而引发新的设想。

(9) 组合想象创新思维方法是指将事物的整体与部分进行整体组合思考，从而产生新的设想。

(10) 纯化想象创新思维方法是指去掉不重要的因素保留最重要的因素，以构成反映事物本质的思维方法。

3) 求异思维

求异思维包括寻找新视角创新思维方法、要素变换创新思维方法、问题转换创新思维方法、标新立异创新思维方法和出奇制胜创新思维方法。

(1) 寻找新视角创新思维方法是指通过转变思考问题的角度，从其他各种不同的角度去思考问题，不局限于自身或常规的惯性思维中，从而产生新想法。

(2) 要素变换创新思维方法是指从解决某一问题的实际需要出发，思考如何通过改变事物所包含的某些要素，使事物发生符合人的某种需要的变化。

(3) 问题转换创新思维方法是指在思维过程中，将不易解决的难题转为简单易懂的问题，从而获得恰当可行的途径去处理问题。

(4) 标新立异创新思维方法是指有意识地主动打破传统，有意识地去树立独树一帜的新想法，力求形成与其他观点和看法不同的方法。

(5) 出奇制胜创新思维方法是指在所思考的问题上力求提升标新立异的程度，使所标的"新"和所立的"异"达到"出奇"的高度，不仅要使人感到出乎意料，而且要令人惊奇失措，从而在某个方面实现某种突破，获得某种成果。

4) 逆向思维

逆向思维包括条件颠倒创新思维方法、方式颠倒创新思维方法、过程颠倒创新思维方法、位置颠倒创新思维方法、结果颠倒创新思维方法和观点颠倒创新思维方法。

(1) 条件颠倒创新思维方法是指一切事物的存在都依赖于一定的条件，当其中的某个重要条件发生颠倒或重大变化时，必然会引起整个事物发生相应的变化。如果将事物的某个重要条件倒过来思考，则有可能获得对事物的新认识，想出解决问题的新办法。

(2) 方式颠倒创新思维方法是指事物之间彼此相互依赖、相互影响，处理事物的方式如果发生颠倒，必然会引起事物本身产生相应的某种变化。在创新思维过程中，可以从处理事物起相反作用的方式思考，从而引发某种新设想和新创造。

(3) 过程颠倒创新思维方法是指事物发展过程发生变化，人们的认识和态度便会相应地有所改变。我们从事物发展过程的相反方向思考，可以引发新的创新设想，萌生新的创意和办法。

(4) 位置颠倒创新思维方法是指从不同的位置看一个事物，看它与另一个事物之间的关系，往往会得出不同的认识，有可能形成新的看法，产生新的设想。

(5) 结果颠倒创新思维方法是指对具有因果关系的事物，可从结果出发，倒回去思考事物的原因，往往能获得新的认识和设想。

(6) 观点颠倒创新思维方法是指创新思维不仅对客观事物可以倒过来思考，对反映客观事物及其发展规律的思想观点也可以倒过来思考。通过从反方向思考，有可能从中获得新的认识，形成新的见解。

5) 迂回思维

迂回思维包括绕道而行创新思维方法、间接中的创新思维方法、以进为退创新思维方法和以退为进创新思维方法。

(1) 绕道而行创新思维方法是指当遇到困难无法克服时，可以选择其他办法解决，有意识地避开思维障碍。

(2) 间接中的创新思维方法是指直接绕开无法解决的问题，选择其他可以影响到该问题或者减弱该问题影响的办法。

(3) 以进为退创新思维方法是指在需要我们做出妥协退让时，反而进一步主动地推进使态势得以扭转的方法。

(4) 以退为进创新思维方法是指当我们面临的问题无法直接解决时，应考虑顾全大局，采取退一步来获得养精蓄锐的机会，待做好准备后再将其解决的方法。

6) 机遇思维

机遇思维包括高瞻远瞩创新思维方法、把握时机创新思维方法、乘虚而入创新思维方法、顺藤摸瓜创新思维方法、顺手牵羊创新思维方法、将错就错创新思维方法、因祸得福创新思维方法、种瓜得豆创新思维方法、歪打正着创新思维方法、随机应变创新思维方法和借助激愤创新思维方法。

(1) 高瞻远瞩创新思维方法是指要全局在胸，目光远大，善于捕捉和利用机遇，不是只盯着眼前狭小范围，而是通过思考预判，预感到将要面临的机遇、各事物之间的有形与无形的联系以及发展趋势与远景。

(2) 把握时机创新思维方法是指机遇的出现往往带有偶然性、意外性和短暂性等特点，面对出现的机遇要尽快判明其意义与价值，当机立断，并采取果断的措施，尽力避免迟疑犹豫，以免与机遇擦肩而过，失之交臂。

(3) 乘虚而入创新思维方法是指对人们还没有注意或未重视的某个领域的空白、冷门或薄弱环节能敏锐地发现，并能见缝插针、对症下药，有效地加以利用，以达到预期效果。

(4) 顺藤摸瓜创新思维方法是指当对某一事物有了新的解决办法时，可再思考如何沿着这一"藤条"乘胜前进，扩大战绩，以求获得更多的或一系列的相关成果。

(5) 顺手牵羊创新思维方法是指在思考和着手解决某个问题的过程中，要注意是否有可能同时获得解决另外某个问题的办法或启示。

(6) 将错就错创新思维方法是指通过认真思考事物的发展过程，寻找将自己或别人所造成的错误加以利用的契机，力争使其转化为一种有价值的成果。

(7) 因祸得福创新思维方法是指当企业遇到各种不利条件时，换个角度看，这些不利条件其实在无形中形成了一个边界，为其指明未来发展的蓝海。

(8) 种瓜得豆创新思维方法是指在致力于解决某个问题时，如果未达到预期的结果，需要考虑和注意是否已经获得了其他非预期的成果。

(9) 歪打正着创新思维方法是指当发现所采取的解决某个问题的做法已步入歧途时，需要考虑和注意是否意外地解决了另一个问题，或为解决另一个问题提供了有价值的线索。

(10) 随机应变创新思维方法是指当客观现实突然出现某一未预先料到的重要情况，或陡然发生某种逆转或巨变时，既不可慌乱失措，也不可呆滞僵化，须适应新情况的客观需要，头脑急转弯，做法大改变，从而恰当及时地应付和解决所面临的问题。

(11) 借助激愤创新思维方法是指自觉地利用在某个偶然情景下所产生的强烈感情，使之成为坚持不懈地思考如何解决某一问题的强大动力，以最终求得问题的解决。

7) 童稚思维

童稚思维包括挖掘荒唐创新思维方法和返老还童创新思维方法。

(1) 挖掘荒唐创新思维方法是指注意留心和思考幽默滑稽、荒唐悖理的笑谈，并能从中寻觅具有创新价值和启发作用的因素，从而启发自己的思路，产生奇思妙计。

(2) 返老还童创新思维方法是指在思考有待创新的问题时，不要轻易否定和抛弃那些自己头脑中产生的或他人提出来的"幼稚可笑"的想法，要像儿童那样，有强烈的好奇心，追根问底，不受一切条条框框的约束，不在乎别人的议论和讥笑，勇敢地提出自己的疑问，发表别出心裁的看法。

8) 发散思维

发散思维包括多向发散创新思维方法和头脑风暴创新思维方法。

(1) 多向发散创新思维方法是指以所思考的问题为原点，让思维活动向多个方向发散思考，寻找大量富有价值的新颖独特的设想。

(2) 头脑风暴创新思维方法是指集体运用辐射思维的一种创新思维方法，通过召开 8～10 人参加的轻松愉快的小型会议，在遵守不许评论、自由设想等规则的前提下，力求使与会者无拘无束地提出尽可能多的解决所思考问题的新设想。

9) 模糊思维

模糊对待是模糊思维的一种创新思维方法，它是指在思考某些问题或某一问题的某阶段(或环节)时，为了能对尚未准确掌握的客观事物作出及时、灵活的反应，或为了能提高思维的速度与效率，可以不要求或暂不要求做到认识的精确化，只给出模糊、笼统、大概的定位。

10) 灵感思维

灵感思维包括自发灵感创新思维方法、诱发灵感创新思维方法、触发灵感创新思维方法和逼发灵感创新思维方法。

(1) 自发灵感创新思维方法是指在对某个问题已进行较长时间反复思考的探索过程中，要随时注意，解决问题的某种答案或启示有可能某一时刻在头脑中突然闪现。

(2) 诱发灵感创新思维方法是指创新者为获取思维灵感，改变外部环境来满足自身的喜好，有意地激发创意的产生从而获得灵感。

(3) 触发灵感创新思维方法是指在对问题的解决中需注意有些不相关的事物可能带来解决所面临问题的答案，而这种一闪而过的答案很容易被忽略。

(4) 逼发灵感创新思维方法是指在任何紧急情况都保持冷静，谋求对策。情急能生智，此时体内的"自动调节装置"能释放出巨大的智力与体力的潜能，使解决所面临问题的某种答案或启示有可能在头脑中突然闪现。

11) 跟踪思维

跟踪思维包括紧跟目标创新思维方法和力避眩惑创新思维方法。

(1) 紧跟目标创新思维方法是指思考一个复杂的问题时，从开始就要掌握相关信息和材料，要弄清楚面临的究竟是一个什么样的问题，要紧紧盯住和跟踪目标的发展趋势，探究其本质。

(2) 力避眩惑创新思维方法是指在思考复杂问题时，要排除某些客观或主观因素的干扰，以免引起心理上的眩晕迷惑，影响正常的思维活动，要看清问题的真实面貌。

12) 质疑思维

质疑思维包括审视传统创新思维方法、验证书本创新思维方法、鉴别经验创新思维方法、琢磨名言创新思维方法、慎对从众创新思维方法、警惕麻木创新思维方法和排除自设创新思维方法。

(1) 审视传统创新思维方法是指思考需要创新的问题时，要认真审视哪些是妨碍和束缚创新思维的因素，要跳出传统观念或传统做法的框框，寻找新的思路、方法，从而促进创新思维的发生。

(2) 验证书本创新思维方法是指在接受书本知识理论指导的同时，要防止由于书本知识存在的缺陷、错误，妨碍我们的创新思维。在创新思维过程中应用书本知识，特别是对所思考问题起关键作用的书本知识，都要加以验证，以免影响我们正确创新思维的形成。

(3) 鉴别经验创新思维方法是指他人或自己以往所取得的经验都具有一定的参考借鉴意义，同时，这种经验只适用于某些特定的时间和场合，具有局限性。在思考问题时，要对以往的经验是否会妨碍、束缚创新探索加以鉴别。

(4) 琢磨名言创新思维方法是指不要把一些名言警句和名人发言认为一定是完全正确的。在创新思维过程中，对所思考的问题涉及有关的名言谚语究竟能起何种作用，需要细加琢磨，认真分析。

(5) 慎对从众创新思维方法是指要警惕从众心理，避免妨碍创新思维过程。我们既要相信群众的智慧，又要谨慎地看待在所思考的问题上众人的心理与看法，不要受干扰，要独立思考，勇于另辟蹊径。

(6) 警惕麻木创新思维方法是指因不重视、大意等错失好的发现创新点的机会。因此，在创新思维建立过程中必须对创新者自身有必要的要求，要能够克服不良情绪等带来的干扰。

(7) 排除自设创新思维方法是指人们常会对问题按照惯性思维去进行解答，同时产生一些自我的设想，这是不利于创新思维发展的，应首先设法排除。

13) 梦中思维

梦中思维包括自发梦悟创新思维方法和自觉梦悟创新思维方法。

(1) 自发梦悟创新思维方法是指在对某个问题进行较长时间反复执着的思考和探索过程中，要留心和警觉睡梦中或睡后醒来，有可能解决问题的某种答案或启示就会出现。

(2) 自觉梦悟创新思维方法是指有意识地将反复思考而尚未解决的问题留待在睡梦中继续思考，并采取一定的措施，力求在睡梦中或睡后醒来获得解决问题的某种答案或启示。

3.4.5　创新思维的开发方法

1. 头脑风暴法

头脑风暴一词最开始被用于精神病理学，最早由美国创造学家 A. F. 奥斯本提出。此方法又被称为脑力激荡法、智力激励法、BS 法、自由思考法等，主要是指通过不加限制的自由联想和激烈讨论，激发参与者的创新意识，产生新的方法和观念。这种思维方法具有激发性，经过各国创造学者的研究与实践，在头脑风暴法的基础上衍生出奥斯本智力激励法、默写式和卡片式智力激励法等。

简而言之，头脑风暴就是指将特定群体放在一定情境中，针对某个感兴趣的领域或话题展开讨论，各抒己见，没有规则的约束，给参与者提供一个自由和轻松的讨论环境，参与者能够及时地将自身想法大胆地表达出来并与他人进行积极讨论，从而促进各类新的思想和观点的产生，帮助参与者进入新的思想领域和研究领域。每位参与者提出的新观点都会被专门记录下来，所有观点无关对错，也不能将其展开评判。在讨论结束之后，参与者将记录的各种观点进行评估考量。

头脑风暴法的特点是群体决策、集体开发，将众多参与者集中起来，各抒己见，畅所欲言，各种想法和观念碰撞与摩擦，从而激发起参与者的创造性。

1) 激发原理

(1) 联想反应。通过联想可以产生新想法和新观念，让参与者置身于集体讨论中，每个人提出的任一新想法都可能引起其他人的联想，从而促使新理念产生。当同类观念趋多时，就能够为新事物的产生提供支持。

(2) 热情感染。头脑风暴法强调在集体讨论过程中没有规则，任何问题的提出都不受限制，参与者积极讨论，畅所欲言，在轻松自由的环境中更能使彼此受到影响和感染，打破陈旧观念的束缚，更有利于创新思维的激发。

(3) 竞争意识。参与者置身于集体讨论的情境下，即使没有任何规则的限制，每个人也会有一定的竞争意识，想力争做到见解独到和观点新奇，在这种竞争意识下，有助于增强人的有效心理活动。

(4) 个人欲望。在集体决策的环境下，每个人都有自由发言的权利，而且针对参与者表达的观点，其他与会人员不得进行批评或者表现出任何质疑，因为头脑风暴强调让每个参与者都能畅所欲言，对现有观点的批评不仅占用时间和脑力资源，也会使与会人员发言更谨慎，阻碍新思想的产生。

2) 操作程序

(1) 准备阶段。在头脑风暴会议开始之前，策划与设计的负责人首先对讨论主题进行研究，找出问题关键点，明晰问题的实质，设置问题解决需达成的目标。在准备阶段，还需确定主持人与参与者，人数最好控制在 5～10 人；然后将会议的时间、地点、所要解决的问题、可供参考的资料和设想、需要达到的目标等事项一并提前通知与会人员，以便参与人做好会议的准备工作。

(2) 热身阶段。在热身阶段，主持人要充分发挥作用，可以选择运用询问的方法找到有趣的话题，营造一个自由、宽松、轻松愉悦的氛围，将大家快速带入放松、无拘无束的状态中。主持人宣布会议开始后，要充分调动参与者的积极性，鼓励大家踊跃发言。这个时间宜控制在 5～10 分钟内。

(3) 明确问题。在热身环节过后，主持人首先宣布此次头脑风暴会议的基本原则，将会议问题进行简明的介绍，帮助参与者及时准确地理解议题，让接下来的思考讨论更具针对性。在介绍问题的过程中，主持人不能对任何解决方法提出质疑或设置障碍，不能过多地限制和干涉参与者的思维创新和想象力，要给与会者一种信念，相信没有什么是不可能的。

(4) 重新表述问题。在经过一个阶段的激烈讨论之后，参与者会对议题的了解程度更加深入。此时，为了引导与会者充分对议题进行新角度、新思维的考量，专业的记录员要对每个人的发言进行详细的记录和整理，主持人负责找出具有创意性和启发性的观点与想法，为与会者进入下一环节的畅谈奠定基础。

(5) 畅谈阶段。畅谈是头脑风暴法的创意阶段。此阶段进入头脑风暴会议的核心，会议的成功与否由此决定。该阶段会提出大量有价值的创造性设想，为使大家能够畅所欲言，除要遵守基本的原则外，还要遵守以下规定：

第一，强调独立思考，任何参会者不能干涉别人的思维模式和观点。

第二，强调畅所欲言，各抒己见，没有规则没有约束，尽情发挥，观念越有启发性和创新性越好。

第三，强调人人平等，详细完整地记录与会者提出的想法。

第四，强调团队合作、集体意识，不论个人成绩，要提供一个和谐民主的环境。

主持人在这个阶段一定要注意掌控会议的进度，对大家起引导作用，而且要特别注意避免冷场。

(6) 整理筛选。讨论会议结束后，记录员要负责将与会者提出的设想进行整理和筛选，并加以补充；同时将整理的结果交给经验丰富的专家进行筛选评价。经过多次反复比较，选出具有可行性的方案。论证过程要充分考虑紧迫性、效益性、创造性等。

3) 需要注意的问题

头脑风暴法常被运用于企业的管理实践，但由于其实施的主体是人，尤其在错综复杂的情况下，使用头脑风暴法时需要注意以下问题：

(1) 压力。影响头脑风暴会议正常进行的压力包括上下级压力和环境压力。在开展头脑风暴会议时，参与者有上级，有下级，迫于上级的压力，下级很难积极主动地参与会议。环境对人的影响也是非常大的，头脑风暴会议一般在会议室进行，参与者一进会议室，就会产生会议的感觉，这会对人们的思维造成影响。

(2) 批评指责。在企业中施行头脑风暴法时，难免会触碰一些部门的利益，如果有人提出有损自己部门利益的想法，就会有人提出质疑或者反对，这种负面的引导会对大家畅所欲言产生一定的阻碍。

(3) 缺乏创造性思维。头脑风暴法顺利实施并取得预期效果的关键在于参与人员要具有创造性思维能力，在会议进行过程中，主持人要不断引导和启发，以激发与会者的创造能力。

(4) 主题问题。头脑风暴法虽然鼓励畅所欲言，但并不是天马行空地胡编乱造，讨论问题要紧扣会议主题。因此，开展头脑风暴会议时，负责人要事先公布主题，让参与者提前思考，不至于使其思维偏离主题。

(5) 案例分析。头脑风暴会议能够集合各类不同见解的方案，要使方案运用于实践，还须对提出的设想进行梳理和归纳，找出最优方案。

4) 优点及局限性

(1) 优点。

① 头脑风暴法的组织形式和基本原则，消除了妨碍自由想象的障碍，在平等、自由、愉悦的氛围中联想，有助于更多创新设想的涌现。

② 集体讨论能够拉近人与人之间的交往距离，不仅能够提升工作质量，同时也是社交

的一种需要。身处集体当中，个体更容易产生参与的热情，提高对问题的关注度和积极性。在相同的时间内，集体能够产生比个体更多的创新设想，从而更可能产生高质量的问题解决方案。

③ 集体的优势更凸显。成员之间相互启发、相互补充，更有利于产生大量有价值的创新设想，体现集体的智慧。

(2) 局限性。

① 实施规则不适合所有的头脑风暴群体。按照对象来讲，参与者的领域、背景不同，活动的效果是截然不同的，甚至可能达不到预期的效果。例如，对学校 100 名学生和对企业 20 名职员分别组织头脑风暴会议，就不能沿用相同的方式和规则，而需要结合特定的环境、参与群体、人员数量，对活动规则进行相应的调整，包括主题调整，将人员较多的活动形式改成分批或分组进行等。

② 突发性问题影响活动效果。在集体活动中，不可避免地会受到人为因素的影响，如成员间的矛盾，强势人员对会议的支配，专家或权威人员的潜在压力，违背延迟评价后的消极影响等。在头脑风暴过程中可能产生的突发事件都会对创意的产生、创新设计质量造成影响。

③ 效率不高。由于是集体讨论的形式，参与人员多，将耗费大量的时间和精力，而且存在意见取舍的选择难度，因此在处理比较紧急的问题时，头脑风暴法并不适用。

尽管在头脑风暴法实施的过程中还存在一些问题，但这些可以通过加强主持人的控制能力、选择与会人员等方式予以避免。而作为一种愉悦的、集体的活动和集思广益的方法，头脑风暴法能让人们敞开思想、畅所欲言，适于解决产品创意、市场创意、营销创意、销售方法等开放性问题，有效地实现信息刺激和信息增值，从而被人们普遍接受并重视。

其他适合团队创新的创新思维技能还有 635 法、菲利普斯 66 法、戈登法、KJ 法、集思广益法、德尔菲法、卡片法等，它们都是头脑风暴法的变形。

2. 综摄法

综摄法由麻省理工学院戈登(William Gordon)教授首次提出。综摄法又称类比思考法，该方法旨在开发人的潜在创造力，将已知的信息作为媒介，将无关联的知识和其他要素结合起来，打开未知世界的门扉，激发创造潜力，产生具有创造性的新想法，强调在启发灵感进行思考的时候要注意运用外部事物。综摄法将外部事物进行有规律的划分，对具有突出特点的元素进行深入研究，并对研究结果加以运用，以此来激发创造的潜力，解决在发明创造的过程中遇到的疑难杂症。

1) 基本原则

(1) 异质同化。异质同化是指将陌生事物进行思想转换，把它作为最熟悉的事物对待。在创造新事物的过程中，很多发明对创造者来说都是非常陌生的，异质同化原则要求创造者在遇到这类问题时，要充分运用以往的经验技术、知识储备等进行分析和比较，由此得出结论用以解决问题。

(2) 同质异化。同质异化与异质同化相反，是指对现有的各种发明，运用新知识或新角度交替观察、分析和处理，启迪出新的创造性设想，从新的角度和理念出发，冲破原有观念的束缚，打破陈规，产生新构想，发明新事物。

2) 类比方法

综摄法的关键是进行类比。类比法指对本无任何关联的事物，挖掘其存在的隐形关联，并加以整合与利用，发现解决问题的途径。类比法通常分为以下两种：

(1) 拟人类比法：在创造新事物时，创造者经常将创造对象进行拟人化。

(2) 直接类比法：在以往的研究成果中找寻与所要创造事物类似的东西，然后将相似的技术、知识、经验等运用到创新成果中。

3) 模拟技巧

戈登基于异质同化、同质异化的原则，提出了四类模拟技巧，即人格性模拟、直接性模拟、想象模拟、象征性模拟等技巧。其显著特点是具有实践性和具体性，目的是激发创造者更大的潜能。

4) 综摄法的基本规则

为了帮助人们开阔思路，摆脱原有框架的束缚，综摄法提出在进行创造性思考时，要花费很长时间去抛开原本想要彻底解决的难点，通过对类比式的探索获得灵感。因此，综摄法可以看作是一个变熟悉为陌生和变陌生为熟悉的创造性思维过程。

规则一：变熟悉为陌生。

变熟悉为陌生是指将早已熟悉的东西或事物，用新视角或者运用新知识和方法进行观察与探索，使人们摆脱原有固定看法，产生具有创造力的新想法，即将熟悉的东西转化为陌生事物去重新认识。

规则二：变陌生为熟悉。

变陌生为熟悉是指将看不懂的事物当作已了如指掌来看待。在遇到完全陌生的问题时，运用已有的经验、知识对其进行分析和比较，并根据这些结果，认真思考采取什么样的方法，以达到目标。

5) 综摄法的实施

综摄法的实施要点如下：

(1) 参与者的基本素养：经常学习，熟练掌握不同的类比逻辑思维和运用基础知识的能力，年龄最好控制在 25~40 岁，须具有企业团队合作意识，拥有一定的抽象和概括表达能力，有对整个组织或企业发展目标的忠诚。

(2) 要求的规模和人数：理想人数 5~8 人，其中包含主持人 1 名，与讨论问题密切相关的技术专家 1 名，科学技术领域的专业人员 3~6 名。

① 主持人。主持人的选取至关重要。主持人必须具备相当丰富的知识、技巧和策略，要尽可能地使所有成员的综合能力得到完全展现。在专家产生顿悟时，主持人应向专家进一步阐述问题，以帮助其产生积极思考。主持期间主持人不得介入交流过程，仅负责把控整个主持进度，努力成为一个好的倾听者，能够充分调动其他成员工作积极性，使成员们尽可能地集中注意力。

② 专家。团队中至少需要 1 名技术专家。专家的具体职责包含讲述问题，让全体成员理解问题的历史背景和现状，与主持人配合研究如何实现预定目标，同时也广泛听取小组成员的建议。在确定好目标后，专家从小组成员们提出的思路和设想中汲取一些具有启迪和引导作用的要素，激发自己的思路和创意。最后专家在小组成员的协作和帮助下提出新创意。

　　综摄法的目的是解决问题，因此要求整个团队中的专家必须具有一定的专业能力和权威，能够把整个小组成员集思广益所获得的解决方案付诸实施，这样成员们才会对这项工作成果产生一种满足感、成就感。与此同时，在整个活动过程中，专家应该始终清楚地明确活动目标。

　　③ 其他成员。其他成员可以选择各个社会领域的人士参与进来，打破思维束缚。其目的是成员们可以应用不同领域和专业的知识来思考并提出想法，相互启发，有助于团队的思路更开阔，达到事半功倍的效果。

　　团队成员之间应该做到互相鼓励、彼此支持，可以在合适的时机给予表扬，这将提升整个团队的实际工作成果。

　　(3) 综摄法的实施步骤。综摄法的实施步骤如图 3-1 所示。

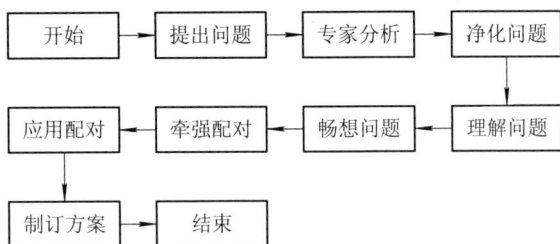

图 3-1　综摄法流程图

具体步骤说明如下：

　　① 提出问题，即提出待解决的问题。

　　② 专家分析，即由专家对问题进行简单阐述。

　　③ 净化问题。首先，团队成员有序向专家提交对问题的看法。其次，专家对组员提出的看法一一分析，指出不合适的判断并进行剔除。最后，由专家总结，将具有创新性的看法和观点进行整理，做好记录。

　　④ 理解问题。参与者就问题先理解，然后就一种或多种分析写出见解，以产生对问题的新期望和新设想。

　　⑤ 畅想问题。该步骤是综摄法的重点。首先，主持人提出需要进行类比的问题。其次，组员们使用直接类比、因果类比、幻想类比等类比法进行思考创新，提出多条具体想法。最后，主持人选择一条想法进行详细阐述和分析。此时选择哪一种类比是关键，比较典型的是根据对类比方法的熟悉程度和兴趣以及与此相关的知识储备来进行遴选，这需要主持人熟悉组员的知识背景。

　　⑥ 牵强配对。通常有两种方法选择。第一种方法是戈登教授提出的将第④步与第⑤步进行配对，可以激发创新性的想法。第二种方法是把不同的元素牵强地进行匹配，幻想将二者建立起联系。无论采用以上哪一种方法，团队都必须为了解决问题开展必要的讨论。

　　⑦ 应用配对。在此阶段，要结合解决问题目标，对之前开发的类比案例进行深入研究，从类比的案例中找出更明确、详尽的方法。

　　⑧ 制订方案。充分发挥专家的作用，把创意构思转化为对问题的解决方案，最终形成对问题的新观点和解决方法，制订完整的解决方案。

6) 综摄法的适用范围

(1) 有寻求创新的意愿，且目标是获得具体的创新方案。

(2) 适用于新产品开发，尤其在技术创新层面的新发明。

(3) 适用于社会公共领域。例如，美国产业界与学术界就曾使用综摄法来探讨怎样分配政府预算的课题。

总之，综摄法作为一种创意构思方法，已得到了广泛的应用。

3. "六项思考帽"法

1) 六项思考帽法的内涵

"六项思考帽"是由英国著名的学者爱德华·德·博诺(Edward de Bono)研究和开发的一种全方位思维培养和训练的模型。顾名思义，"六项思考帽"是指用六种不同颜色的帽子代表六种不同的思维模式。"六项思考帽"是每个人都具备的思维方式。

(1) 白色思考帽。白色思考帽代表十分客观中立的人，他们最关注的是客观事实和数据。

(2) 绿色思考帽。绿色思考帽代表具有创造性思考、头脑风暴、求异思维的人。

(3) 黄色思考帽。黄色思考帽代表价值与肯定，从正面表达乐观的、满怀希望的、建设性的观点。

(4) 黑色思考帽。黑色思考帽通常运用否定、怀疑、质疑的看法，合乎逻辑地进行批判，尽情发表负面的意见，找出逻辑上的错误。

(5) 红色思考帽。红色思考帽以表现自己的情绪为主要出发点。

(6) 蓝色思考帽。蓝色思考帽代表控制其他思考帽的使用顺序，它规划和管理整个思考过程，并负责做出结论。

六项思考帽法简单、可操作，且经历过反复实践。该工具的使用可以提升人们创新过程中的热情和创造力，具体包括：

(1) 提出具有建设性的观点。

(2) 聆听别人的观点。

(3) 多角度思考问题。

(4) 以"平行"取代批判式和垂直思维。

(5) 提高团队成员集思广益的能力。

2) 应用步骤

"六项思考帽"法的应用步骤如下：

(1) 运用"白色思考帽"来进行基础阶段的数据收集、信息获取，发现各部门存在的问题。

(2) "绿色思考帽"代表用创新思维来考虑这些问题。"绿色思考帽"是要动员各层管理者都参与到创新思维思考的过程中，共同提出新的解决办法和建议，而不只是一个人去思考，无论提出的方法对与不对，只要是新的思考方式都是创新思维的运用，都值得表扬。

(3) 分别戴上"黄色思考帽"和"黑色思考帽"，对所有创新思维产生的"点子"分别从好与坏两个方面去评价，逐个逐点地剖析，对每一种不同思考方式的观念从潜在危险与存在优势两个方面进行评价，找出最优的思考契合点。

(4) 戴上"红色思考帽"，从主观的经验、直觉上对已经初步产生的结论进行分析筛选，做出选择。

(5) 在思考过程中，还应随时运用"蓝色思考帽"对思考的顺序进行调整和控制，甚至有时还要刹车。

4．七何分析法(5W2H 分析法)

七何分析法也称为 5W2H 分析法，是 What、Why、When、Where、Who 和 How、How much 的缩写。对上述七个问题的思考与回答可作为发现与识别新创意的重要来源。七何分析法具有简单、方便、易于理解等特点，有助于管理者抓住事件的本质，并及时发现不足和开展弥补，进一步提出改进的有效方法。七何分析法现已被广泛用于企业的日常经营和管理活动中。

1) 七何分析法的具体内容

(1) What——是什么？目的是什么？做什么工作？

(2) How——如何做？怎样增效？怎样实施？

(3) Why——为什么？原因是什么？造成这样的结果为什么？

(4) When——何时？多久完成？

(5) Where——何处？在哪里做？从哪里入手？

(6) Who——谁？由谁来承担？谁来完成？谁负责？

(7) How much——做多少？做到什么程度？花费为多少？

2) 七何分析法的应用程序

下面以检查产品的合理性为例，简要说明七何分析法的应用程序。

(1) 为什么(Why)？

为什么要用这个作为参数计算？为什么会出现这个红色提示？为什么要用看似复杂的流程代替原本简单的流程？为什么一定要这样做？为什么不那样做？

(2) 做什么(What)？

要做的目的是什么？关联方是什么？有什么效果？具体要做的内容是什么？

(3) 谁(Who)？

谁能够做好？谁是目标客户？谁是原材料采购方？谁是负责人？谁可以受益或受损？

(4) 何时(When)？

什么节点完成？什么时候落地？什么时候最适合？什么时候不能做？

(5) 何地(Where)？

在什么地点适合？在什么地方成本低？在什么地方采购？在什么地方宣传？

(6) 怎样(How)？

怎么做省时？怎么做省力？怎么提升效率？怎么改进方案？怎么获得消费者肯定？

(7) 多少(How much)？

销售多少？获利多少？费用多少？效率多少？

依照七何分析法的思维模式，在做每一项产品工作时都能够产生清晰的概念，避免失误，就更容易发现当前产品的缺点，从而掌握产品改进的方向。

◇   本 章 要 点   ◇

1. 创新思维是对现有的信息资源进行整合与推理，寻找解决问题、认识事物的新方法与新途径的思维活动。	3. 创新思维技能是指产生创新性经验与技巧、方法的统称，能够将创新原理、技巧及方法三者融合并加以运用。
2. 创新思维主要有想象思维、联想思维、灵感思维和直觉思维四个来源方式	4. 创新思维开发方式主要有头脑风暴法、综摄法和"六项思考帽"法

讨论案例   英特尔：科技巨头内的"斜杠青年"

英特尔中国从 2013 年起在全公司开展了创新项目——I2R 项目，全称是 Idea to Reality，意为"从理想到现实"。最初的 I2R 项目只征集创意和想法，并给予那些被筛选出的优秀的创新项目以资金和测试资源支持。这个项目引起了员工的积极响应及踊跃参与，英特尔中国希望从 12R 项目的平台上找到一些可以成为未来增长点的产品，并且将它们尽快推向市场。2015 年，I2R 项目在英特尔中国全面开展，英特尔中国也开始邀请外部导师，向入选项目的成员提供技术和业务两方面的培训与指导。

2017 年，英特尔中国推出了 StartupX 项目，并且让入围团队离开高大上的研发中心、办公楼，直接进入创业者扎堆的创新加速器 xNode。每个月，入围团队的全体成员都会来到 xNode，接受外部导师的培训和指导，同时在加速器内同其他创业者一起交流互动，探讨问题。

目前，英特尔中国的 12R 项目已经形成了较为清晰的流程，整体分为两个阶段：孵化和加速。在孵化阶段，任何英特尔中国的员工都可以在线提交自己的创新想法，这些创新想法经过评估委员会审核认可之后，提出这些创新想法的团队就可以接受培训，完善产品原型，深度思考顾客需求、价值提供、盈利模式及竞争力等问题，并提交商业计划，在选拔日(Selection Day)进行集中评选。

从 2018 年起，选拔日开始在外部创新加速器中进行，并且呈现出很强的 pitching(pitch 意为投售，一般指初创企业利用简报的方式向投资人或听众介绍并销售"创业想法和计划")风格，入选团队的领导者如同初创企业创始人一般，在 5 分钟的时间内快速并完整地阐述创意和商业模式，并且在之后的 3 分钟内对 8 位来自英特尔各部门资深专家提出的问题进行快速回答。

之后，选拔日的优胜企业(每年一般 5~7 支队伍)会进入为期 6 个月的加速阶段，并在最终的演示日(Demo Day)进行公开展示。在这个阶段，英特尔中国会根据项目的前景，给予项目团队在技术、资金、培训、市场与公关等方面的全方位支持，帮助创新项目进行市场落地。

在过去的两年，通过 12R 项目，英特尔中国已经收集了超过 600 个创新想法，同时有约 50 个加速器项目脱颖而出，成功实现产品落地。仅仅 2018 年，这些项目就创造了 1600

万美元的增收。

近几年来，开放式创新和内部创业也开始产生越来越多的连接。目前的实践中，开放式创新和内部创业的结合点主要在于创意启迪及项目培训两方面。业内也在思考如何让企业外部创新生态系统的成员更多地融入企业的内部创业项目之中。

在创意启迪方面，企业内部创业团队需要阶段性甚至永久性入驻外部创新空间或者孵化器。例如，英特尔中国的 12R 项目就和上海著名创新加速器 XNode 合作，在其创新空间内设立专属的办公室。入选 12R 项目的团队都可以预约入驻，在创新空间内进行项目讨论或者外部会议。在 xNode 的创新空间内还有诸多其他创业企业及其他大企业的创新团队，英特尔中国的创新团队可以在这样的环境中和其他创新者、创业者共同交流碰撞，启迪灵感。

在项目培训方面，越来越多的创业者或者具有创业经验的顾问等受邀成为内部创业的导师，给予内部创业团队指导和培训，帮助他们加速产品落地。例如，英特尔中国邀请了诸多国内外具有创业经验的资深导师，导师们会根据项目的进度，提供有针对性的指导和驻场培训，帮助内部创业者完善产品原型，并且学会从顾客角度出发，思考价值提供、盈利模式及产品竞争力。在后期还会给予项目推介、融资与市场活动方面的指导。通过专题讲授及驻场指导，原本专注于技术的研发人员，也开始从客户、从市场的角度出发来思考问题，开始关注产品功能甚至商业模式等。

(资料来源：黄露. 开放式创新：中国式创新实践指南[M]. 杭州：浙江大学出版社，2020.)

◇　启 发 思 考 题　◇

1. 英特尔是如何促进内部员工进行创新创业活动的？
2. 通过案例，分析个人如何形成创造性思维方式。

◇　本 章 参 考 文 献　◇

[1] 张玉利，杨俊. 创业管理：行动版[M]. 北京：机械工业出版社，2017.

[2] 刘玉军. 论大学生创新思维的培养方式[J]. 创新创业理论研究与实践，2018,，1(06)：106-108.

[3] 于雷. 逻辑思维训练 500 题[M]. 北京：清华大学出版社，2018.

[4] 段媛，徐慧远. 5 分钟思维训练：逻辑与创意思考法[M]. 北京：北京大学出版社，2020.

[5] 师保国，罗劲. 如何培养学生的创新思维[J]. 人民教育，2019(09)：40-43.

[6] 陈劲，赵炎，邵云飞，等. 创新思维[M]. 北京：清华大学出版社，2021.

[7] 罗玲玲，武清艳，代岩岩，等. 创新思维与创新方法[M]. 北京：机械工业出版社，2020.

第4章 创业机会

学习目标

- 掌握创业机会识别和判断的基本方法
- 熟悉创业机会识别能力的提升
- 掌握创业机会评价的办法
- 了解创业风险

导入案例

江小白：一瓶青春小酒的社会化营销

说起江小白，相信大部分人的第一反应就是江小白的文案很好。广告策划者绞尽脑汁想学它的文案精髓；消费者看到它的文案默默流泪，"为什么一款酒竟然能比人更懂我呢？"对于产品来说，只有外在的颜值而没有内涵，只能换来一次性消费。而江小白不仅拥有符合年轻人审美的外包装，在和年轻人的对话与交流上也是一直被称道和夸赞的。

江小白从开始不被看好到取得如今的成绩，除了做好一个品牌应该完善的部分，它在塑造自己人格化方面，在品牌界是数一数二的。

首先，品牌人格化。在品牌成立之初，江小白就为自己设定了人物形象——一个系着围巾、戴着眼镜的文艺青年。和大多数都市年轻白领一样，江小白有着年轻人追求美好生活的文艺气质，又会在不如意的时候找几位好友一诉衷肠。更多时候，江小白像一个年轻人的解忧杂货铺，虽然不能完全像感性的人一样为他们排忧解难，但是江小白所传递出的个人情绪、生活哲理能时不时戳中年轻人的心。现在的年轻人需要的并不是母亲式的唠叨，而是一种共情能力，江小白恰好有这种能力。在读懂年轻人的同时不把自己的观点强加给他们，这种点到即止的情感交流正是年轻人所急需的，也正是整个充满浮躁和压力的社会所欠缺的。

如今的80、90后都是在相对优渥的环境中成长起来的，从小备受父母关照，在逐渐进入社会的过程中难免遭遇各种烦心事，抗压抗挫能力不那么强的他们就需要一个宣泄口。江小白像他们一样会对生活进行思考、会对烦恼吐槽牢骚，一句话、一段文字就能吐露情绪。江小白把自己的苦闷说了出来，被那些不知道或者不太会表达自己的年轻人看到了，突然觉得自己也正面临着这种境遇，这种情绪就像他乡遇故知一般让人感到亲切，江小白这个朋友他们交定了。江小白此时就是一个人，他懂年轻人，他生产年轻人喜欢的产品，他吐露能与年轻人产生共鸣的产品，年轻人自然就会反过来喜欢江小白，这种喜欢是相互的，是基于情感和三观都契合的默契。

其次，营销场景化。江小白拥有了 80、90 后的年轻形象，拥有了都市年轻白领一样的性格特征，从颜值到内涵的装扮，都成为了目标群众的知心一员。但是要拥有一批忠实的拥趸者，光靠这些是远远不够的。这种低度酒酒体接近伏特加，更好入口，这种酒体特征，还给有活力的年轻一族留下了发挥空间，兑点牛奶、橙汁混着喝也不成问题，还挺好玩。江小白不但要让喝酒变得好玩、有趣，还要让喝酒这件事变得有画面感，也就是场景化。江小白聚焦于四种消费场景：小聚、小饮、小时刻和小心情。要改变传统白酒消费场景在人们心中根深蒂固的形象，江小白就靠自己营造出了新的消费场景，把一个个消费场景印在消费者的脑子里。

所谓小聚指的是三五个同事、朋友以及同学之间的非商务应酬。小饮，就是不拼酒，点到为止，讲究适度。小时刻，指的是时刻的经常性与偶然性；小心情，是指酒这个产品是和心情，情绪挂钩的，而不仅仅是满足功能性需求。

把这些情景再现，消费者自然而然就想到了江小白。如果说江小白的酒体本身是满足年轻消费者的口腹之欲，那么江小白传递出来的价值观则是为了给消费者带来更加难得的愉悦的精神体验。对于一家酒企而言，酒很珍贵，但更珍贵的是人。

(资料来源：那些江小白的营销案例，99%都没有讲透. 搜狐网[2018-7-26].
https://www.sohu.com/a/243245315_99952303)

江小白诞生于白酒行业的危难之际，此时传统白酒行业面临着互联网大潮侵袭和政策束缚的双重挑战。但江小白通过花样百出的社会化营销方式，实现了异军突起。环境的变化会给各行各业带来良机，人们透过这些变化就会发现新的前景。创业者要善于抓住好机会，把握住每个稍纵即逝的创业机会。那么，究竟什么是创业机会，它有着怎样的内涵特点？怎样发现、识别和评估创业机会？创业机会是否与风险并存，如何评估和防范这些风险？对于创业者，特别是大学生创业者来说，找到这些问题的答案就显得尤为重要。

4.1 创业机会的内涵及特点

4.1.1 创业机会的内涵

学者从不同角度对创业机会的定义和内涵进行了阐述。创业管理专家蒂蒙斯教授认为，创业过程始于创业机会。创业者发现创业机会，然后考虑如何用这个机会去为企业盈利，在这个过程中创业者必须思考能否配置到必要的资源来开发这个创业机会。对于创业者而言，相比于资金、团队的智慧、才能或可获得的资源这些而言，更加重要的应该是找到一个好的创业机会。国内创业学者张玉利教授强调，创业机会本质上是一种能带来新价值创造的"目的-手段"关系。所谓"目的"指的是创业者计划服务的市场或要满足的需求，表现为最终产品或服务；所谓"手段"指的是服务市场或满足需求的方式，表现为用于供给市场最终产品或服务的价值创造活动要素、流程和系统。还有学者从价值创造的角度出发，可以为购买者或使用者创造或增加价值的产品或服务，它具有吸引力、持久性和适时性的特点。还有学者认为创业机会主要是指具有较强吸引力的、较为持久的、能取得创业成功的商业机会，创业者抓住这样的机会之后能为客户提供更多高价值的产品，并同时使创业者自身获益。

综上所述，创业机会是市场经济的产物，就是在经济活动中形成的会对企业经营提供辅助作用的因素，也是一种引起经营者重视与利用的契机，具有较强的偶发性。

4.1.2　商业机会与创业机会

商业机会是指存在于某种特定的经营环境条件下，企业可以通过一定的商业活动发现、分析、选择、利用，并为企业创造利润和价值的市场需求。而创业机会主要是指具有较强吸引力的、较为持久的有利于创业的商业机会，创业者据此为客户提供有价值的产品或服务，并同时使创业者自身获益。创业机会是一种新的"目的-手段关系"，它是为经济活动引入新产品、新服务、新原材料和新组织方式，并能以高于成本价出售的市场情况。

创业机会属于商业机会，它是一种特殊的商业机会，两者密不可分。一般商业机会注重改善现有利润水平，而寻找创业机会的主要目的是为企业带来持续超额的经济利润，是孕育商业机会的源泉。所以有的商业机会同样也能够创业，其差别在于把握创业机会的创业活动的风险更高，相应的回报也更高。在创业活动中，大部分创业者都是把握一般商业机会从而成功创业的。

4.1.3　创意与创业机会

创意是一种思想、概念或想法，创意来源于对趋势的把握、需要解决的问题以及闲置的资源，创业者能在较短的时间之内将创意发展为可以在市场上进行检验的商业概念。创业机会是一种有利环境，在这样的环境中能对新产品、服务、业务等产生需求。有潜力的创意具备如下特征：① 新颖而独特，不容易被模仿；② 客观、真实、可以操作；③ 具备对用户的价值与对创业者的价值。

创意不能完全等同于创业机会，要善于把创意转化为创业机会，不能因为有了好的创意就认为一定能在市场获得机会，有了创意以后，创业者仍需进行市场研究，对机会进行辨别和筛选，只有对好创意进行正确的认识，才能抓住机会，创业机会必须能够真正为企业带来价值。创业机会虽然常常来自一些富有想象力的创意或企业想法，但并不是每一个创意或企业想法都能带来投资回报，并能成为创业机会。创业机会就是一个在市场环境中可以行得通的创意。这个创意要提供的产品或服务不但能给某些人带来实际的好处和用处——他们肯买，而且他们付的价钱使你可以得到利润。

4.1.4　创业机会的类型

1. 从创业机会的来源分类

从创业机会的来源上，创业机会可分为技术机会、市场机会、产业链机会和政策机会。

(1) 技术机会。这种机会是伴随着生产技术的升级、科技的发展而产生的。一般而言，出现了一种新技术或是把几项技术组合到一起，都能使当前的市场环境有所改变，由此拥有新能量，创业者就能获得创业机会。这个时候就需要创业者迅速抓住机会并且详细了解这些新技术或技术组合带来的改变，并能够将技术应用于某个领域，创造更高的价值。

(2) 市场机会。这种机会是伴随着市场变化而产生的，主要包括如下几种情况：市场中出现的某种新需求与经济发展有关；某一时间段内市场供给暴露出不足；发达国家产业转移；国外市场出现的新动向为国内新兴市场的发展提供了机会；对国内外进行对比，从差距中获得机会。

(3) 产业链机会。这种机会是与企业息息相关的各个环节的变化带来的创业机会。这些环节包括上游供应商、下游分销商和终端用户。供应商如果在原材料上有所变化或为企业提供更加新型的替代材料，这不失为企业产品开发的一种创业机会。分销商知道用户和市场的需求和新的变化，所以他们对产品的看法可以帮助创业者研发出新的受市场欢迎的产品。用户是产业链的终端，一切生产经营活动都是以用户为导向进行的。因此，用户那些未被满足的需求都有可能带来创业机会。

(4) 政策机会。政府执行新政策导致多个因素发生改变，这赐予创业者创业机会。随着时代的进步以及技术的不断创新，政府的政策也在与时俱进地进行一些修正与完善。政府的政策不仅包括政府管制，同样也包括政府政策支持，这两方面都包含着巨大的创业机会。政府是一双有形的手，不断地引导创业活动的方向。在政府政策的推动和引导下，创业机会便应运而生。如我国政府对养老政策的支持，使民间资本纷纷进入养老产业，推动养老产业的不断发展。

2. 从目的-手段关系分类

从目的-手段关系的明确程度，可分为识别型机会、发现型机会和创造型机会。

(1) 识别型机会。当市场中的目的-手段关系十分明显，比如市场明显供不应求，或根本无法满足需求时，创业者可通过目的-手段关系的有效连接来辨识机会。目标市场明确，且具备满足目标市场的能力(方法、资源、设备、技术等)，扩大生产或进入已有行业，填补市场需求即可。

(2) 发现型机会。当目的或手段任意一方的状况未知，需要创业者去进行机会发掘。比如，美国人切斯特·卡尔逊 1938 年就成功地试制出了第一个静电复印图像，当他向包括 IBM 和通用电气在内的 20 多家公司推荐复印技术时，被婉言拒绝，这些大企业根本不相信在已经拥有碳素复写纸的市场上，笨重复杂的复印机能创造更多的价值。直到 1948 年，哈罗德公司(今天的施乐公司)才正式向市场推出了复印机产品。

(3) 创造型机会。当目的和手段皆不明朗时，需要创业者比他人更具先见之明，才能创造出有价值的市场机会。这种机会开发难度大，对创业者的各方面能力要求较高，但往往能为创业者带来巨额利润。

3. 从创业机会的表现分类

从创业机会的表现上，可分为隐性机会、显性机会和突发机会。

(1) 隐性机会。现有的产品种类未能满足人们的需求，在产品开发上尚存在一些不是很明显的、实际又存在的、尚未被人们意识到的潜在市场需求，这种潜在的市场需求就是隐性机会。隐性机会不容易被人们发现和识别，搜索和识别难度较大，因此，需要创业者具有敏锐的观察力和丰富的行业经验。另外，隐性机会是通过识别信号而来的，创业者要能在变化的因素中捕捉信号，将信号抽象为创意再转变为机会。一般而言，能识别、抓住并利用这种机会的创业者较少，因而机会效益高。

(2) 显性机会。市场上存在明显而又没有被满足的现实需求，就是显性机会。显性机会很容易被识别和发现，但这种机会如果很快消失的话，它也有可能是一种陷阱。判断这种机会，要看这种显性机会是否具有持续性、长久性和排他性。显性机会由于显而易见、容易识别，许多创业者都抓住了这种机会；但由于机会易于获取，无法体现出机会效益，不能在他人之前进入市场而获得较高的利润。如果实现显性机会的资源、能力和环境等各项条件都具备的话，那就是天赐良机。

(3) 突发机会。由市场上的突发变化带来的机会，就是突发机会。这种机会往往是意外发生的，出现之前没有任何征兆，但是这种机会往往也是转瞬即逝的，比较难以把握。淘宝的成功便来源于马云 2003 年在"非典"时期对突发机会的把握，一跃成为中国第一大 C2C 购物网站。真正能把握突发机会的人较少，它需要创业者具备敏锐的洞察力，能当机立断；一旦把握这种机会便可以化"危"为"机"，逆转形势，获得极大的超额利润。

4. 根据经营领域分类

根据经营领域的不同，可以分为行业性机会和边缘性机会。

(1) 行业性机会。企业所处的行业或领域中形成了机会，称为行业性机会。通常而言，企业会以多种方式从整个行业环境中寻找机会，因为如果能把握住这样的机会，自己在资源与经验两方面都占有优势。虽然这种机会易于识别，但往往也会伴随行业内的激烈竞争，从而失去或减弱机会效益。行业性机会因其易发现、易识别和易利用的特点，所以带来的收益也较小；如果做得不够好，还容易招致在位厂商的排挤。

(2) 边缘性机会。各个行业在发展的过程中会出现一定的交叉与结合，由此形成的机会即为边缘性机会。对于多数企业而言，极易忽略自己的行业与其他行业之间的边缘地带，难以满足边缘地带消费者的需求。然而，正是在这些区域之中，还会出现新的消费需求。这类商业机会大都比较隐蔽，进入壁垒也比较小，因此带来机会效益的可能性也大。但寻找和识别边缘性机会的难度较大，需要创业者具有广博的知识面、丰富的想象力和旺盛持久的创新精神。

5. 根据机会出现的时间分类

根据机会出现的时间，可分为当前机会与未来机会。

(1) 当前机会。当前机会就是指在目前的市场环境中，消费者已经产生的却没有得到满足的需求。这种机会客观存在于市场之中，因此创业者只需直接在市场中进行搜索即可获得。但是当前机会由于可识别度较高，很容易被搜索和利用，进入的人较多，带来的机会收益较少。

(2) 未来机会。时间的推移、环境的变化，市场在下一阶段的发展中会出现新需求，这就是未来机会。未来机会是建立在当前机会的基础之上，这种机会只是局限于市场中的少数消费者，但在日后的某段时间之内，其有可能成为大多数消费者的需求。由于未来变化的不确定性，因此未来机会本身也隐含了一定的风险，然而，风险越大所带来的收益越丰厚。对于创业者来讲，如果能够寻找到并正确评价未来市场机会，提前开发产品或服务，并在机会到来时迅速将其推向市场，最易于取得行业领先地位和竞争优势。

4.1.5 创业机会的特点

创业机会是具有较强吸引力、较为持久的商业机会，使创业者可以为客户提供有价值的产品或服务，同时从中获益。创业机会属于创意的一种，能体现出较高的商业价值，是一种特殊的组合关系。创业机会是能够产生投资回报的市场机会，它通常表现为具有商业价值的创意。一个好的创业机会往往具有高需求性、未开发性、可获得性以及高收益性四个特质。

创业机会具有以下几个基本特点：

(1) 创业机会的可行性。

看到机会，产生创意并发展成清晰的商业概念意味着创业者识别到机会。一些未经系统论证调查的或偶然发现的机会给人们带来了初步的创业想法，但要对机会是否可行进行论证，进一步分析新生成的商业概念是否具有投资开发的必要，这样的创业机会是否能产生较高的价值，这些问题都应该关注到。

(2) 创业机会的"机会窗口"特性。

机会窗口是指市场中存在的、能够使创业者在一定时段创立企业，并获得投资回报的时间空间。创业者必须善于识别并准确把握机会窗口。若竞争者已经有了同样的思想，并把产品已推向市场，那么机会之窗也就关闭了。由于创业机会存在于一个动态的、发展变化的背景下，因此创业机会通常被形象地比作"窗口"，这说明了创业机会的适时性很重要，窗户打开的时间长度有限，能否在窗户关闭之前把握和抓住机会同样很重要。创业机会是一个移动的目标，表现为一个时间窗口。如图 4-1 所示，第一个阶段市场规模较小，商机出现的概率较小，机会窗口尚未开启；第二个阶段市场高速增长，商机越来越多，机会窗口开启，但过一段时间，市场趋于成熟，商机锐减，机会窗口就会关闭；第三个阶段市场已基本成熟，机会窗口基本关闭。

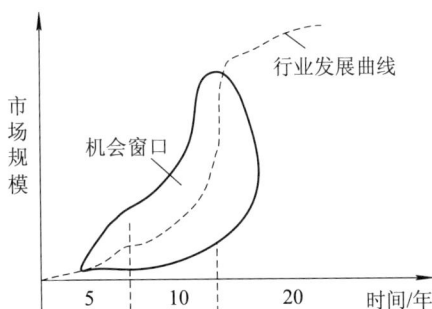

图 4-1 机会窗口

"机会窗口"对创业者主要有三点启示。一是创业者在"机会窗口"的哪个阶段进入市场，在很大程度上决定了创业的成败，创业者最好在"机会窗口"敞开时开展创业活动，这能够增加创业成功的可能性。二是市场规模和"机会窗口"敞开时间的长短对于创业成功有关键作用。通常情况下，市场的成长性与市场规模、特定机会时间跨度有关，而且与这两大要素形成了正相关关系。三是创业者需要具备前瞻性的市场判断能力。如果创业者一定要等到"天时、地利、人和"各种条件都具备的时候再开展创业实践，之前的商机可能已经不复存在。适度的前瞻性以及对市场趋势的判断力是创业者必备的素质。

(3) 创业者具有相关的创业资源。

创业机会能否被成功地开发出来，进而形成创业实践活动，通常取决于创业者掌握和能整合到的资源，以及对资源的利用能力。创业者的资源可分为外部资源和内部资源两种。内部资源主要是创业者个人的能力，包括自身的专业知识、技能、职业资格、社会声誉等资源。创业者的外部资源主要是指人脉资源，即创业者拥有的社会人际网络或社会资本。

综合起来，创业机会有以下三个方面的特点：首先是创业机会应具有基本的商业可行性，即创业机会能在当前或不久的将来的商业环境中行得通；其次是创业机会需要在机会窗口存在的期间被实施；最后是创业者需要具备相应的资源，包括人、财、物、信息、时间和技能等，这是将创业机会转化为现实生产力的基础。

4.2 创业机会的识别

创业机会识别是创业领域的关键问题之一。从创业过程的角度来说，机会识别是创业的起点。创业过程就是围绕着机会进行识别、开发、利用的过程。识别正确的创业机会是创业者应当具备的重要技能。创业机会以不同形式出现，许多好的创业机会并不是突然出现的，而是对于"一个有准备的头脑"的一种"回报"。在机会识别阶段，创业者需要弄清楚机会在哪里和怎样去寻找。创业机会的识别可以聚焦于以下几个方面：

(1) 现有机会和潜在机会。现有机会就是指一些客观存在于市场之中却没有得到满足的需求，往往发现者多，进入者也多，竞争势必激烈。潜在机会就是指一些当前没有得到满足却能被挖掘、得到释放的市场需求。潜在机会不易被发现，识别难度大，往往蕴藏着极大的机会效益。

(2) 行业机会与边缘机会。行业机会，就是指存在于某一行业之中的机会，发现和识别的难度系数较小，但竞争激烈成功的几率低。边缘机会存在于各个行业的交叉与重合区域之内，这一区域会被交叉行业所忽略，成为"真空地带"，只有具备较强的开拓精神、丰富的想象力，才能从这样的"夹缝"之中识别机会，但只要这样的机会具有较高的开发价值，就能获得成功。

(3) 目前机会与未来机会。目前机会就是指现阶段由于环境变化而带来的机会，未来机会则是指经由市场研究和预测分析它将在未来某一时期内实现的市场机会。若创业者提前预测到某种机会会出现，就可以在这种市场机会到来前做准备，争取下好先手棋。

(4) 全面机会与局部机会。全面机会，是指市场中有大量需求没有得到满足，这就需要对市场进行细致分析，从局部或细微之处找到发展机会，以拾遗补漏的方式取得成功。如果局部机会具有较强的可开发性，企业就能开辟一个新的目标市场，以积极、主动的方式进入这一市场之中，由此获得成功。局部机会则是指在某一细分市场之中或是市场的某个部分有些需求没有得到满足。

4.2.1　创业机会的来源

1. 技术机会

顾名思义，技术机会就是借助于技术升级与发展获得的机会，是将新技术成功应用于生产的可能性。技术机会是指现存技术的规范或性能有改进的可能性，也包含全新技术的出现和应用，包括技术突破机会、工艺创新机会、技术扩散机会、技术引进和后续开发机会四种类型。

💡 **案例 1**

吉列和他的安全剃须刀

过去用长型剃刀剃须容易刮破脸。吉列(King C.Gillette)自小就看到父亲剃须时常常刮破脸，长大之后他自己也有同感。他决心创造出一种更加安全、方便的剃须刀。1903 年，吉列创造出世界上第一个可以更换刀片的安全剃须刀。如今的吉列新产品竟有 30 多种功能，20 多项专利技术，年产值达到数十亿美元，市值达 400 多亿美元。

2. 市场机会

市场并非总是明确地存在着属于企业的机会，它需要企业按照正确的方向去探索和寻找。需要创业者发挥想象力，发现事物背后的机会线索，需要创业者用新的观点去理解现实所发生的事物，从新的角度意识到机会的存在。市场机会大致包含四大类型：① 存在于市场之中，是因为经济发展阶段发生了改变而未得到满足的新需求；② 市场供给存在不足，由此带来了商业机会；③ 伴随着发达国家产业转移而出现的市场机会；④ 在国内外对比的基础上，意识到自身与其他国家的差距，这一差距中潜藏着市场机会。

💡 **案例 2**

小胡和小姜的维修店

小胡和小姜二人一直在农村搞家电维修。他们的营业范围都比较窄，只能修电视与收录机。这是两个在性格上大相径庭的人，前者"不安分"，而后者中规中矩。一次，小胡的大脑中突然迸发出一个新想法，即周围的许多村子都通了自来水，他觉得在不久的将来，洗衣机这种家电一定能在农村得到推广，只要越来越多的农村人使用洗衣机，就一定需要维修。于是，他从市场中买来几台大品牌洗衣机，免费给周围的邻居们洗衣服，这种做法的目的就是要让更多农村人了解洗衣机，自己也能对洗衣机的结构研究了解。小胡逐渐掌握了洗衣机保养与维修技术。不到一年，许多农村家庭都购买了洗衣机，村民们的洗衣机出现了故障就来找小胡维修。而小姜则错失了这样的赚钱机会。

3. 环境机会

环境机会包括宏观环境机会，如政策法规调整、经济发展、社会进步、技术进步；地区环境机会；行业环境机会。外部环境对创业者来说是可变的，也是不可控的，既包含创业发展的机遇，也包含可能面临的挑战。创业者要善于发现和把握对自身有利的环境因素，积极利用环境机会。

💡 **案例 3**

李帅的农村创业梦

大学生李帅，毕业后到家乡某村任村主任助理。但是他对农村工作毫无经验，在理想与现实的落差中曾经心理失衡。今年初，镇里成立了大学生创业园，这给了李帅极大的鼓励。李帅向镇里汇报了创业的想法，并主动到当地一个公司推荐自己。该公司正在筹划一个生态养殖项目，听说李帅是学食品专业的，就热情地邀请李帅参加。李帅和镇里的招商分队一起到外地招商，并争取到客商投资 5000 万元合建生态养殖项目。

4. 市场需求和变化

美国凯斯西储大学的谢恩教授在《创业管理：基于过程的观点》一书中提到，创业机会来源于一定的市场需求和变化。包括政治和制度变革、社会和人口结构变革、产业结构变革、技术变革。

4.2.2   识别创业机会的方法

识别创业机会的方法主要有趋势观察法、问题发现法和市场研究法。

1. 趋势观察法

趋势观察法即通过对环境的分析把握机会产生的规律，识别并抓住机会。环境的分析最能反映趋势的变化，包括政治环境、经济环境、技术环境、社会环境以及创业者进入的行业环境和市场环境等。通过对环境的观察，尤其是对环境变化的观察，并分析这些变化，把握环境发展的规律，从规律中发现趋势的征兆。

趋势征兆的发现需要一定的判断能力。有些创业者比另一些创业者更擅长对趋势征兆做出判断，因为他们具有丰富的先前经验、高度的警觉性、良好的社会关系网络资源、较好的认知能力，他们更善于发现趋势的征兆并解释它们。还有一个途径是从独立调查公司购买定制化的预测和市场分析。这可以使创业者有更多的参考，在一些复杂环境中，这种方法更有参考价值。

2. 问题发现法

问题发现法即从问题中识别机会的存在，并找到解决办法。现实中，我们会遇到许多问题，如何注意问题以及评论问题，可以看出我们有没有商业意识和商业创意。所以有人说"每个问题都是一个被精巧掩饰的机会"。大多数真正推动创业成功的问题都是创业者亲身经历中遇到的具体问题，感同身受才会有一种创造性地解决问题的冲动。而具有创业意识的人解决这个问题的同时会将其商业化，让更多的人享受解决方案得到的好处，同时也为创业者自己带来更多的利益。当年莱纳和博萨克希望能够通过邮件互通感情，保持联络，但是他们所在的学院属于不同的网络，所以他们发明了路由器，由此建立思科公司。

创业者如果缺乏先前经验，可以从别人存在的问题以及对问题的解决受到启发。这样可以节约成本，缩短机会识别时间。新事物的出现往往是问题最多的阶段，那么，创业者便可以找出新兴趋势中存在的问题，并将问题转化为机会。比如随着互联网的发展，网络病毒开始泛滥，特别是恶意插件无孔不入，而奇虎 360 公司发现了这一问题，并积极开发出 360 安全卫士以解决这些问题 ，获得市场认可。

3. 市场研究法

市场是创业者进行创新的目的地，包含了各种创业机会和资源。创业者通过对市场的研究及对市场信息的搜集、分析，研究现有市场的规模、行业发展情况和产品的定价策略等，找出市场发展的规律和趋势，挖掘潜在的市场需求，搜索创业机会，识别并利用机会，顺利进入市场。

在创业初期，信息对创业者是非常重要的，创业者拥有信息的数量和质量，决定了创业者对创业机会识别的准确程度，进而影响创业者的创业成功概率。但是，市场规模是巨大的，市场环境是复杂的，市场的变化是莫测的，其中充斥着各种信息的不确定因素，因此对可获得的市场信息要进行评估、甄别和筛选。

4.2.3 创业机会识别的关键因素

创业机会的识别实质是创业者对创业信息进行搜索、处理和利用的过程，因此，创业机会识别的两大核心要素就是创业者自身因素和创业信息。

1. 创业者自身因素

创业者自身因素包括警觉性、先前经验、认知能力和社会关系网络等。

(1) 警觉性。警觉性对机会发现具有关键性影响。作为创业者，总是自发地关注他人忽略的市场环境变化，对机会存在的潜在性保持着敏感、警惕以及洞察力，一旦发现创业机会就会采取相应行动并努力获取利润。由于认知上的偏差和价值观的差异，不同的创业者对于机会可能带来的初始价值判断不同，所以要求创业者在机会识别的过程中要有高度的警觉性和洞察力。可以说，正是创业者对机会的警觉发现使得非均衡的市场过程逐渐趋向于均衡，创业者在由非均衡的市场向均衡市场转变过程中能够发现有利于自己发展的机会。

(2) 先前经验。先前经验是创业者通过先前的工作经历、受教育情况和创业经历，对市场、技术、产品的认知和经验积累。先前经验是识别机会的认知基础，在机会识别过程中有很重要的作用。个体在前期工作中对于如何为市场提供服务、怎样解答客户的疑惑、怎样占领市场等积累了一定的经验，也获得了大量信息，这些都为创业者打造了"知识走廊"。面对这样的机会信息，创业者能敏锐地洞察到背后的机会(Shane，2000)。创业者如果能获得更多有价值的信息，尤其是与产品、顾客需求、市场发展等有关的信息，就能具备更强的识别机会的能力；如果创业者前期有过创业经历，掌握了获取信息的诀窍，特别是能获取更多的隐性信息，就能对机会产生高度警觉性，更容易抓住创业机会。

(3) 认知能力。创业认知能力结构通常由商机、资源、组织、管理、风险和利益等一系列相关因素的结构化知识所组成。创业者的创业认知能力结构一旦建立，就成为其学习新创业知识和感知市场信息的极为重要的能量或基础，从而促进创业者的创业警觉性，使其能敏锐感知到市场的变化，并迅速洞察这种变化所带来的商业价值。

(4) 社会关系网络。通常情况下，如果社会关系网络比较大或者比较深，就更容易识别机会，为创意的生成提供丰沃的土壤。社会关系网络是人们在长期的社会交往中积累的"人脉"，"人脉"会提供许多重要的机会信息和资源，这些信息和资源有利于创业者发现更多的创业机会(Hills等，1997；Aidrich，2003)。张玉利等(2008)认为，社会交往面广、交往对象趋于多样化以及与高地位个体形成了紧密联系的创业者，通常能获得更多的创业机会。这一影响机制会受到创业者自身经验的影响，创业者经验越丰富，就越能与更多的人保持良好关系，构建高密度的网络结构，能识别创业机会。可见，创业者能否识别机会，与其自身所拥有的社会网络的广度、密度、强度有关。尤其是社会关系网络中的弱关系，是创业机会信息的主要来源之一，也是影响机会识别的关键因素。

2. 创业信息

在信息时代，创业信息的类型比较多，例如市场信息、技术信息、行业信息和政策法规信息等。

(1) 市场信息。市场信息是一种重要的经济信息，其中隐藏着大量的创业机会。市场信息包括有关市场商品营销的各类信息，如商品的销售情况、商品的市场规模、商品的增长速度、产品的开发状况、消费者购买情况、企业的口碑等，也包括一些与生产和服务相关的各种信息、情报、数据、资料等。创业者必须要善于搜索、分析和挖掘有效的市场信息，识别出市场信息中所隐藏的创业机会。

(2) 技术信息。技术的进步或关键技术的突破可以带来重大的创业机会。技术升级会对企业的多个方面产生影响，包括原料、生产工艺、服务质量、制造条件、产品类型、营销手段、产品开发技术等。较高科技含量的产品具有较大的吸引力，能带来丰厚的机会收益，也可以为创业者带来有利的竞争优势。因此，创业者应该对所涉及行业的技术变化趋势有所了解和把握，搜集有关信息，并进行实时跟踪，将新技术用于改进生产，或开发一种全新的领域，从而创造出较高的市场价值。

(3) 行业信息。行业信息是对创业者所在行业的现在与未来发展趋势的反映。创业者应该搜索和把握所在行业的全部信息，包括供应商的信息、竞争对手的信息、潜在进入者的信息、替代品的信息，等等。创业者应该综合考虑行业各方面的信息，结合自身的资源、能力、专业等条件发挥优势，尽量扬长避短，把握机会，抢占市场先机，博取市场竞争优势，取得机会收益。

(4) 政策法规信息。政策法规信息是创业的外部支撑条件，创业者应该密切关注国家或地方政府的政策和相关法规变化。政策法规可以为创业者提供一个良好的创业环境和条件，如果国家大力支持某一行业或产业的发展，那么对于创业者来说就是一个良好的创业机会。

4.2.4   创业机会识别的技巧与策略

1. 创业机会识别技巧

结合创业机会识别方法及其影响因素，创业者在识别创业机会的同时还应关注以下几个技巧。

(1) 变化就是机会。每个行业在发展过程中都会因为环境的改变而有所改变，对这些变化进行分析，人们就能对前景产生一定的了解。变化体现在多个方面，类似于技术升级、产业结构调整、政府管制加严、服务改变、主流价值观、人们的生活形态、人口素质、通信革新等，这些变化都会产生创业机会。

(2) 从"低科技"中识别机会。越来越多的人跻身于开发新的技术成果，但创业机会并不只是存在于高科技这一个领域之中，在保健、流通、运输、餐饮等领域也存在着一定的机会，需要识别并利用。例如，电脑诞生于世界并逐渐进入了企业、家庭，带来了一系列创业机会，包括信息服务、网上销售、软件开发、硬件维修、操作技能培训等，即使某人不是电脑的发明者，也有可能销售与推广或电脑有关的产品，由此获得商机。

(3) 密切留意顾客需求就能获得机会。在寻找创业机会的过程中不能"全面撒网"，因为所有顾客身上存在的共同需求容易被自己识别，也容易被其他人识别，无法轻易找到恰当的突破口。人们的需求存在差异，要紧盯着某些人，对他们的生活与工作进行分析，由此找到机会。所以，在识别机会的过程中要把顾客分成不同的类型，例如退休人员、报社编辑、婴幼儿、公务人员、教师、运动员等，对每一种类型客户的需求特征有所把握，就能得到机会。

(4) 从"负面"寻找机会。此处所说的"负面"就是指一些困扰着某一部分人的事情，对他们的生活造成了纷扰，正因如此，人们迫切需要解决此类问题，如果谁能找到解决问题的办法，谁就获得了机会。例如，夫妻双方都忙于工作，没有时间照顾老人，于是有了托老机构；没有时间到餐饮机构就餐，于是有了外卖这一职业。这些都是从"负面"找到机会并获得成功的案例。

2. 创业机会识别策略

创新创业来源众多，机会众多，但并非所有的创业机会都适合创业。因为创业者的个人特质、专业背景、创业经历，以及市场规模、成熟度、行业发展前景、技术等因素，都会影响创业者对创业机会的选择。对于创业者来说，掌握一些创业机会识别策略有助于提高创业者识别有潜在价值的创业机会的能力，从而提升创业者的创业成功率。

(1) 持续学习。知识是创业机会识别的基础。创业机会的识别很大程度上依赖于创业者所拥有的知识，创业者所拥有的创业知识或机会知识越丰富，就越有可能先于别人识别出具有潜在价值的创业机会。因此，不断学习、干中学的持续学习精神有助于创业者的知识积累，提高其对创业机会的识别能力。

(2) 创造知识之间的联系。知识是孤立、分散、静态的存在，它不会主动告诉你创业机会在哪里，何时会出现，未来的结果是什么。因此，当创业者获得知识后，应该积极地将这些孤立、分散的知识联系起来，形成一个相互联系的知识系统。知识结构的内在联系越多，其中的信息就越容易结合起来并发展成新模式，系统的知识比孤立、分散的知识更有利于创业机会的识别。

(3) 拓宽信息渠道。信息是创业者识别创业机会的基础，创业者所拥有的信息越多，就越有可能在机会刚刚出现时就发现它们。创业者的信息来源多种多样，如书本、互联网、社交网络等。信息渠道越宽阔，则信息搜集越便利，信息获取越容易。但是，创业者需要注意的是有关创业机会的信息应该适度，避免信息过量或信息过少。信息过量会增加创业者识别创业机会的成本，信息过少又不利于创业者对创业机会的识别。

(4) 训练实践智能。一个优秀的创业者还需要具有解决日常生活中各种问题的能力，这些能力可以帮助创业者识别创业机会,我们称为实践智能。实践智能并不是生来就有的,也不是固定不变的,创业者可以通过后天的训练培养得到。提高实践智能最好的办法就是,不要接受按思维定势想出来的问题解决方案,而要用创造性思维意识和创新的方法技巧,从多种角度看待问题思考解决方案。这样可以提高创业者的实践智能,进而提高创业者识别创业机会的能力。

4.2.5 大学生创业机会的行业筛选

由于缺乏资金、经验不足、缺乏人脉资源等原因,大学生创业者中败多成少。以下总结的是大学生创业机会选择相对集中的几个行业。

(1) 高科技成果聚集行业。大学既是学科知识的汇聚地,也是科研成果的诞生地,更是人才的集散地,在高精尖科技创新方面独具优势。如果大学生在专业领域之内取得了良好的科研成果,就应该在科研成果的有力支撑下实施科技创业。在高科技领域,大学生可以在新能源技术、互联网应用开发等专业进行创业。大学生科技创业能否成功,关键取决于科技成果是否转化为商品。创业投资者更看重的是创业计划真正的技术含量有多高,在多大程度上是不可复制的,一级市场盈利的潜力有多大。同时应当注意的是,并非所有的大学生都适合在高科技领域开展创业活动,一些研究成果从理论到实际投入生产、包装上市的整个过程中需要投入大量人力和物力,这取决于该项目能否吸引到风险投资和其他一些创业基金的支持。

(2) 智力服务。社会经济的发展,使人们愈发感受到服务业的重要性。大学生在创业过程中,最大的资本就是智力,可以根据自己四年以来在高校学习的专业,向社会提供智力方面的服务,比如广告设计、活动策划、翻译等。对于大学生而言,专业理论知识应该是他们最引以为傲的资本,如果能在自己的专业领域内进行创业,将更容易接近成功,创业目标也更容易实现。

(3) 创新创意产业。创新创意产业就是通过个人的技能、天赋、创造力等进行创业,借助于知识产权获取创业机会并创造更多的财富。在创新创意领域进行创业时,大学生可以尝试进军表演艺术、时尚设计、定制礼品、制作多媒体等,这些产业最典型的特征就是知识较为密集,本身产业的发展就需要得到更多学历高、素质高、创新意识强的从业人员的努力。大学生不仅富有朝气,而且在专业方面有特长,创意激情、创新意识较强,不会受到固定思维的约束,同时接受过高等教育,在科学知识、人文知识等方面都占据优势,正因为这种特征的存在,大学生能为创新创意产业的发展贡献力量。

下面就大学生常见的创业项目进行讲解,阐述大学生把握创业机会过程中所面临的问题与挑战。

创业指导一:选准创业项目,做自己熟悉的事。

创业项目的选择至关重要。要选准创业项目,做自己熟悉的事。几位同学在"戴尔课戴表"项目中,对数码产品有了一定的了解,积累了一定的客户资源。因此,在选择创业项目时,他们想利用已有的技术资源和客户资源。又考虑到同类产品竞争激烈,仅做戴尔产品经营,领域过于狭窄,盈利点不多,自身竞争力也不强。几位同学在经过充分的市场调查和创业指导后,决定以戴尔产品为主打,扩展经营领域,包括产品销售、维修、安装,零配件和二手电脑的销售，手机维修等。销售途径采取直销和网络销售相结合，初期以小成本经营，注册个体工商户，先考虑怎样生存下来，然后寻求发展，争取一步一个脚印地向着目标前进。

创业指导二：合理分工，组建高水平的创业团队。

创业是社会劳动中的一种，具有较强的复杂性，不可能只靠一个或两个人的力量取得成功。在组建创业团队过程中，要考虑每位成员的性格、专长，也要分析公司在不同时期的发展目标，合理分配股权、制订正确的策略等，因为这些问题都关系到企业发展。初期创业者更多的是考虑个人的兴趣、爱好。3C电子的创业团队最初就是由候XX、甘XX、苏XX三位同学组成的。为了进一步增强创业团队的竞争力，他们基于兴趣和爱好，从专业、能力、资源的角度出发，吸收吴XX、李XX加入创业团队，形成优势互补。

创业指导三：有效筹措资金。

大学生创业面临的主要问题就是资金不足。作为在校学生，很少人有足够的资金积累，资金来源主要靠亲朋好友的支持。因此，学生创业者应该坚持"量力而行"的原则，有多少资金做多少事。3C电子创业团队为解决创业资金问题，一方面，争取供货商的支持，请供货商先铺货后结算；另一方面，五位团队成员共同出资，每人出资一万元。同时，在店面装修过程中，通过尽量节约的办法来降低投资成本。

创业指导四：创业要做出长期规划。

大学生要在自己掌握了理论知识、熟悉的领域进行创业。在创业初期可以只尝试着进行小本经营，或是与股东合作，制订合理的创业计划。刚刚建立的企业，最先应该考虑的就是生存下来，然后再分析怎样才能创造利润。创业带头人要在实践中对自身的经营方针、策略等进行调整，与团队成员一起拼搏，逐渐实现发展。3C电子创业团队的最初目标定位是校园和周边客户，先立足校园，获得生存后再谋求发展。

创业指导五：在校生创业要协调好"学业"与"创业"的关系。

大学生在学校的主要目的是学习知识，只有掌握一定的专业知识，才能谈创业。学生创业必然会影响学生专业知识的学习。因此，学生创业时，要合理安排好"学业"与"创业"的关系，在创业的过程中不能忽略学业。作为大学生创业者，除了对专业知识的学习外，还要加强对行业知识的学习和营销能力的培养，掌握创业过程中所必需的各类知识和技能。

大学生大多初涉商场，由于经验不足，资金匮乏，人脉也比较窄，所以创业面临的风险会很大。作为创业大学生，首先要组建一个分工明确、权责分明的创业团队，明确企业的发展目标，形成合力。在项目选择过程中，找准市场需求，利用熟悉的市场和人脉资源，增强企业的核心竞争力，占领行业的制高点，才能获得成功。

4.3　创业机会评估

4.3.1　创业机会的评估准则

充分评价创业机会所需要考虑的几个重要问题：① 机会空间的大小，存在的时间跨度和随时间成长的速度；② 潜在的利润是否足够弥补资本、时间和机会成本的投资，能否带来满意的收益；③ 机会是否开辟了向外的扩张、多样化或综合的创业机会选择；④ 在有可能的障碍面前，收益是否能持久；⑤ 产品或服务是否真正满足了真实的需求。可见，创业机会的评估应该是全方位考量，一般来说，包含以下六个方面。

1. 创业机会的市场评估

(1) 市场基础评估。可由市场定位是否明确、顾客需求分析是否清晰、顾客接触途径是否流畅、产品线是否可以持续延伸等判断创业机会可能创造的市场价值。

(2) 市场结构评估。可以从进入障碍、上游厂商、顾客、渠道商的谈判力量、替代性竞争产品的威胁以及市场内部竞争的激烈程度等方面评估。市场结构评估可以判断创业企业未来的市场定位以及可能的竞争方向。

(3) 市场规模评估。一般而言，市场规模越大，进入障碍越低，市场竞争激烈程度也会越低。此外还要评估市场成熟度。成熟市场纵然市场规模很大，但由于利润缺乏上升空间，因此通常不值得投入。反之，成长中的市场通常充满商机，只要进入时机正确，必然会有获利的空间。对于一个具有市场潜力的创业机会，应尽量在市场需求即将大幅成长之际进入市场。

(4) 市场占有率评估。一般而言，要成为市场领导者需要拥有 20%以上的市场占有率。当评估的市场占有率低于 5%时，说明产品市场竞争力不高，这会削弱创业活动的价值。尤其在高科技产业内，创业产品只有拥有能够成为市场前几名的能力，才比较具有投资价值。

(5) 产品成本结构评估。成本结构可以反映创业前景的好坏。由物料与人工成本所占比重、变动成本与固定成本的比例、达到规模经济的产量大小等，可以判断创业机会能够创造附加价值的幅度以及未来可能的获利空间。

2. 创业机会的效益评估

(1) 净利润评估。一般而言，具有吸引力的创业机会应能够创造 15%以上的税后净利润。如果税后净利润在 5%以下，通常不是一个好的创业机会。

(2) 损益平衡时间评估。合理的损益平衡时间应该在两年以内。如果三年还达不到损益平衡，通常不是一个值得投入的创业机会。不过有的创业机会确实需要经过较长的耕耘时间，通过这些前期投入制造进入障碍，保证自己后期的持续获利。在这种情况下，可以将前期投入视为一种投资，才能容忍较长的损益平衡时间。

(3) 投资回报率评估。考虑到创业活动可能面临的各项风险，合理的投资回报率应该在 25%以上。一般而言，投资回报率在 15%以下的创业机会应慎重选择。

(4) 资本需求评估。资金需求量较低的创业机会一般会受到投资者欢迎。资本需求过高往往不利于创业成功，有时还会带来稀释投资回报率的负面效果。通常，越是知识密集的创业机会，对资金的需求量越低，投资回报率越高。

(5) 毛利率评估。毛利率高的创业机会相对而言风险较低，也比较容易达成损益平衡。反之，利率低的创业机会风险较高，遇到决策失误或市场产生较大变化的时候，企业很容易遭受损失。一般而言，理想的毛利率是 40%。当毛利率低于 20%的时候，创业机会的价值将被大大削弱。

(6) 策略性价值评估。一般而言，策略性价值与产业网络规模、利益机制、竞争程度密切相关，而创业机会对于产业价值链所能创造的增值效果也与所采用的经营策略和经营模式密切相关。

(7) 筹资评估。资本市场额度变化幅度极大，在资本市场活跃的高点时筹资相对容易，而在资本市场低点时，资本投资创业活动的诱因较低，筹资相对困难。不过对投资者而言，资本市场低点时资金成本较低，可能提高投资回报率。

(8) 投资退出机制评估。企业价值一般要由具有客观鉴价能力的交易市场来决定，而这种交易机制的完善程度会影响投资退出机制的弹性。由于退出的困难普遍高于进入，所以一个具有吸引力的创业机会应该要为投资者考虑退出机制以及退出的策略规划。

3. 创业团队评估

(1) 团队组合评估。由专业和能力互补成员组成的创业团队，并且有紧密的组织内聚力和共同价值观，是创业成功的重要保证。因此不可忽视创业团队组合情况以及团队整体能力发挥方面的评估。

(2) 经验与专业背景评估。创业者与他的团队成员对于要投入产业的相关经验与了解程度会影响创业活动的成功概率。一般可以由产业内专家对于创业团队成员的背景经验与专业能力进行评价来获得这些信息。

(3) 人格评估。创业机会与具有良好声誉，重视诚信、正直、无私、公平等基本处事原则的创业者的结合对创业活动的成败具有重要影响。许多很好的创业机会往往因为内部争权夺利而功败垂成。这也凸显领导者人格特质对于创业成功的重要性。

(4) 合作机制评估。一个好的合作机制要求创业者与他的团队成员在各项经营管理与技术专业工作上，能够以理性客观的态度，坦诚面对各项问题，不刻意欺骗客户与投资者，不逃避问题，不否认自己的不足，并且创业团队成员也应该知道如何才能克服自己的缺点。

4. 创业者评估

(1) 与个人目标契合度评估。创业过程中遭遇的困难与风险极大，因此创业者的创业动机与他愿意为创业活动付出的代价程度相关。创业机会与个人目标的契合程度越高，创业者投入意愿与风险承受意愿也越大，创业目标最后获得实现的概率也相对较高。因此，一个具有吸引力的创业机会应能充分与创业者个人目标相契合。

(2) 机会成本评估。创业者为了实现创业机会需要放弃什么吗？可以从中获得什么？得失的评价如何？经由机会成本的客观判断，才可得知创业机会是否对于个人生涯发展具有吸引力。

(3) 失败承受力评估。理性的创业者必须设定承认失败的底线，以便保留东山再起的机会。通常铤而走险与成王败寇的创业机会不是好的创业机会。

(4) 个人偏好评估。考虑创业内容与进行方式是否符合创业者对工作地点、生活习惯、个人嗜好等的需求。每个人的风险承受度不一样，还要评估创业者的风险承受度。一般而言，风险承受度太高或太低均不利于创业活动开展。风险承受度太低会使决策过于保守，而风险承受度太高也会做出孤注一掷的举动。还要评估创业团队的耐压性与负荷承受度。负荷承受度与创业团队成员愿意为创业投入工作量的多寡以及愿意忍受的辛苦程度密切相关。一般来说，负荷承受度较低的创业团队成功概率也较低。

5. 竞争评估

(1) 成本竞争力评估。一个好的创业机会具有能够从物料成本、制造成本、营销成本等多方面持续降低成本来创造竞争优势的空间。

(2) 市场控制力评估。对于市场的产品价格、客户、渠道、零件价格的控制力，攸关企业的竞争优势。如果创业活动对于关键零件来源与价格缺乏控制力，对于经销渠道与经销商也缺乏控制力，同时订单几乎完全依赖少数客户，那么创业面临的经营风险一定很高，持续获利也会非常困难。

(3) 进入壁垒评估。进入壁垒高的市场，创业机会实现难度较高。同样的，实施创业机会也力求通过专利、核心能力、规模经济、商誉、高品质低成本、掌握稀有资源、掌握渠道、快速创新缩短生命周期等方式制造进入壁垒。具有吸引力的创业机会进入的应该是一个壁垒还不太高的新市场，但进去以后就需要具备制造进入壁垒的能力，用来保护自身的市场利益。

6. 特色评估

一个具有吸引力的创业机会通常都具有某些特色，而这些特色往往能够成为未来创业成功的重要原因。可以从以下方面评估创业机会的特色。

(1) 整合效率特色。创业者、创业团队、创业机会、创业资源四者间是否能够形成良好的搭配组合，使人、资源与机会之间的整合效率达到最佳。

(2) 团队运作特色。创业团队的专业能力、产业经验、道德意识、管理能力、决策能力等能否成为成功实施创业机会的有力保障。

(3) 差异化特色。包括向顾客提供差异化服务、合理但有差异的定价策略等。

(4) 柔性特色。在位企业决策缓慢，而新创企业的内部决策速度与弹性相对较快，能够迅速适应时代变化，具备良好的柔性。此外，在实现创业机会时，当实际情况与设想不同时，需要调整创业活动机会。如果创业活动计划对较大幅度调整有较高承受力，则可视为与创业机会相关的创业活动具有较强柔性。

(5) 技术特色。对于创业者而言，与创业机会有关的因素比较多，例如技术专利、技术水平、授权、技术联盟关系等都可能成为创造优势的技术特色。

(6) 市场运营特色。包括选择恰当市场时机实现创业机会、密切注意市场变化对实现创业机会的影响、开拓恰当的销售渠道保证创业机会最终实现商业化利益等。

创业者不能只是满足于识别创业机会，捕捉到创业机会并不代表着马上就要创业，也不表示自己一定能成功。创业活动是创业者与创业机会的结合，并非所有的创业机会都有足够大的价值来填补为把握机会所付出的成本，并非所有机会都适合每个人。对于创业者而言，创业机会稍纵即逝，但这却是最为宝贵的机会，在识别创业机会之后，要对是否创业做出正确决策。

所有的创业行为都来自于绝佳的创业机会，创业团队与投资者均对创业前景给予极高的期待值，创业家更是对创业机会在未来所能带来的丰厚利润满怀信心。但是，时常有悲剧的发生。为了尽可能地避免这样的情况，创业者应该先以比较客观的方式进行评估，评估的准则有两种。一种是市场评估准则，另一种是效益评估准则。

(1) 市场评估准则，包括六个方面：

① 市场定位。评估创业机会的时候，可由市场定位是否明确、顾客需求分析是否清晰、顾客接触通道是否流畅、产品是否持续衍生等，来判断创业机会可能创造的市场价值。创业带给顾客的价值越高，创业成功的机会也越大。

② 市场结构。对创业机会的市场结构进行五项分析：进入障碍，供货商，顾客，经销商的谈判力量，替代性产品的威胁和市场内部竞争的激烈程度，由此可知该企业在未来市场中的地位，以及可能遭遇竞争对手反击的程度。

③ 市场规模。市场规模大者，进入障碍相对比较低，市场竞争激烈程度也会略为下降。若要进入的是一个十分成熟的市场，那么利润空间会很小，不值得再进入；若是一个成长中的市场，只要时机正确，必然会有获利的空间。

④ 市场渗透力。对于一个具有巨大市场潜力的创业机会，市场渗透力评估是非常重要的。应该在最合适的时间节点向市场进军，因为此时的市场需求量会快速增长。

⑤ 市场占有率。据学界研究，要想成为市场领导者，一定要在市场中占有 20% 以上的部分，如果这一指标达不到 5%，则意味着这一企业在整个市场中的竞争力并不强，即使日后企业上市，其价值也会受到影响。这一规律在高科技产业发展中得到了充分验证，因为这一产业形成了赢家通吃的特征。新企业要想具备强大的投资价值，一定要在市场中拔得头筹。

⑥ 产品成本结构。判断一家企业能否创造具有高附加值的产品，分析企业未来可能的获利空间，产品成本结构是一项重要依据。它包括物料、人工成本所占的比重，也包括经济规模、产量高低，还涉及变动与固定两大成本之间的关系等。

(2) 效益评估准则，包括四个方面：

① 合理的税后净利。在对创业机会的吸引力做出评价时，关键要看税后净利能否超出 15%。如果这一指标是在 15% 之下，那么这就不是一个很好的投资机会。

② 达到损益平衡所需的时间。合理的损益平衡时间应该在两年之内达标，如果三年还达不到，恐怕就不是一个值得投入的创业机会。当然，有的创业机会确实需要经过比较长的耕耘时间，通过前期投入，制造进入障碍，保障自己后期的持续获利，这样的情况可将前期投入视为投资，才能容忍较长时间的损益平衡时间。

③ 投资回报率。考虑到创业面临的各种风险，合理的投资回报率应该在 25% 以上，15% 以下的投资回报率是不值得考虑的创业机会。

④ 资本需求。资本需求量较低的创业机会，投资者一般会比较欢迎，资本额过高其实并不利于创业成功，甚至还会带来稀释投资回报率的负面效果。通常，知识越密集的创业机会对资金的需求量较低，投资回报反而会越高。因此在创业开始的时候，不要募集太多资金，最好通过盈余积累的方式来创造资金；而比较低的资本额，将有利于提高每股盈余，并且还可以进一步提高未来上市的价格。

4.3.2 创业机会的评价指标

一般来讲，投资者或创业者评估创业机会时，往往会使用一些评价指标，试图尽可能准确地对创业机会作出判断。下面介绍几个研究者提出的评价指标。

1. Timmons 评价指标

蒂蒙斯教授提出了包含 8 项一级指标、53 项二级指标的评价指标体系，把多项理论涉及的内容全部囊括其中，涉及理想与现实之间的差距、竞争优劣之处、行业发展走势、市场变化情况、经济要素、管理人员、创业缺陷、个人标准等，被认为是目前最为全面的创业机会评价指标体系，具体如表 4-1 所示。

表 4-1 Timmons 评价指标体系

一级指标	二级指标
行业和市场	识别难度不高，能持续获得收入 产品与服务能得到顾客的认同与接纳，顾客愿意支付相关费用 产品有着较高的市场影响力 产品具有较高的附加值 产品有着持久而强大的生命力 项目处于新兴行业之中，这一行业的竞争并不充分 市场规模比较大，至少有 1000 万美元的销售潜力，甚至能达到 10 亿美元 市场成长率最低为 30%，有可能超过 50% 当前市场中各大厂商的生产能力接近于饱和 能用 5 年的时间成为市场中的领导者，市场占有率将超过 20% 供货商成本并不高，能体现出成本优势
经济因素	需要在一年半到两年之内实现盈亏平衡 盈亏平衡点会慢慢保持稳定 有超过 25% 的投资回报率 项目不需要太多的资金，而且能顺利融资 每年的销售额都会以 15% 以上的速度增长 现金流量较为充足，在销售总额中所占的比例最低为 20%，甚至能达到 30% 毛利比较高，至少为 40%，而且能长时间保持 税后利润较为稳定、持久，至少保持在 10% 资产集中度并不高 运营资金并不充足，需求量持续增加 研发工作不需要投入过多资金
收获条件	项目具有较高的附加值，具有战略价值 有既定的退出方式，或是退出方式可以预料 拥有良好的资本市场环境，资本流动性较强
竞争优势	固定与可变动两种成本比较低 能较好地控制成本与价格，也能控制住销量 拥有得到法律保护的专利成果，或是能获得专利保护 竞争对手并不强大，不具备较强的竞争力 在某方面具备独占性或是专利 创建了良好、稳定的关系网络，能争取到更多的合同 有骨干人员、专业化管理团队

一级指标	二 级 指 标
管理团队	创业者团队中吸纳了多名优秀的管理者 行业与技术经验在整个行业中占据优势 管理者正直、廉洁、道德修养高 管理团队明确自身在哪个方面有不足
致命缺陷	不存在这种情况
个人标准	创业活动能促进个人目标的实现 创业者能控制住风险并取得成功 创业者能坦然面对薪水下降之类的不良事件 创业者把创业当成一种生活享受，不只是为了赚钱 创业者具备一定的风险承受力 创业者即使承受压力，仍能保持良好状态
理想与现实的差异	理想与现实保持一致 拥有行业内顶级的管理团队 能把良好的服务理念运用于客户管理、服务等方面 事业与时代发展同行同向 能运用突破性技术，替代品、竞争对手数量较少 适应能力较强，能在短暂的时间内做出取舍 一直在捕捉机会 制定了与市场领先企业相差无几的价格 能拥有现成的风格或新的渠道销售 能承受失败

Timmons 指标体系也有明显的不足：一是指标多而杂乱，没有体现出主次。在对创业机会做出评价时，最大的问题就是不能对各项指标的权重进行合理分配，不能得出综合性较强的分值；二是没有准确而清晰地划分维度，各个维度之间的指标形成了交叉，这会对评价结果造成不良影响；三是该指标体系是站在风险投资商的立场上创建的，并不完全适用于创业者，由此造成了差异。

2．刘常勇创业机会评价指标

刘常勇(2002)以市场和回报两个层面为一级指标，构建了创业机会评价的指标体系，如表 4-2 所示。

表 4-2   刘常勇创业机会评价指标体系

一 级 指 标	二 级 指 标
市场评价	市场定位是否合理，是否关注客户需求，能否给客户创造新价值 依据波特的五力竞争模型进行创业机会评价 分析创业机会能获得何等规模的市场 对创业机会的市场渗透力做出评价 预测可能取得的市场占有率 分析产品成本结构
回报评价	税后利润至少高于 5% 达到盈亏平衡的时间应该在两年以内，超过三年则创业机会是没有价值的 投资回报率应高于 25% 资本需求量较低 毛利率应高于 40% 能否创造新企业在市场上的战略价值 资本市场的活跃程度 退出和收获回报的难易程度

3. 李良智创业机会评价指标

李良智(2007)从产业与市场、资本与获利能力、竞争优势和管理团队问题四个方面为一级指标，构建了创业机会评价指标体系，如表 4-3 所示。

表 4-3   李良智创业机会评价指标体系

一 级 指 标	二 级 指 标	三 级 指 标
产业与市场	市场	需求 消费者 对用户回报 增加或创造的价值 产品生命周期
	结构 规模 增长率 市场份额 五年之内的成本结构	
资本与获利能力	毛利 税后利润 所需时间	损益平衡点 正现金流
	投资回报潜力 价值 资本需求 退出机制	

一级指标	二级指标	三级指标
竞争优势	固定资本和可变成本	生产
		营销
		分配
	控制程度	价格
		成本
		供应渠道
		分配渠道
	进入市场的障碍	财产保障或法律中的有利因素
		对策/领先期
		技术、产品、市场创新
		人员、位置、资源或生产能力的优势
		法律、合同优势
		合同关系与网络、管理团队
		竞争者的倾向和战略
管理团队问题	企业管理队伍致命缺陷	

4.3.3　创业机会的评价办法

创业者要对自己识别的创业机会进行测评，进而把握住其具备怎样的商业价值，可以按上述指标进行评价。Burch(1986)提出了四种创业机会的评价方法。

(1) 标准打分矩阵。

如表 4-4 所示，通过设定对选择行业有重要影响的因素，由专家评审小组对每一个因素进行等级打分，选择得分较高的行业，作为创业项目。

表 4-4　Burch 标准打分矩阵

标准	专门团队评分			加权平均分
	很好(3 分)	好(2 分)	一般(1 分)	
易操作性				
市场接受度				
追加资本的能力				
投资回报				
专利情况				
市场总量				
广告潜力				
质量和便捷维护				

(2) Westinghouse 法。

Westinghouse 法是由美国西屋电气公司制定的，用来给一系列可供选择的投资机会进行评分，并为最后决策提供依据。Westinghouse 法对各个机会进行计算并确定优先级。在计算过程中，按如下公式进行：

机会优先级 = [技术成功率 × 商业成功率 × 平均年销售量 × (价格 − 成本) ×

投资生命周期] ÷ 总成本

该公式中，技术成功率和商业成功率以百分比(0~100%)表示；成本是以单位产品的成本计算；投资生命周期收入是指可以预期的所有收入；总成本包括研究、设计、制造和营销等环节的成本之和。对于不同的创业机会，应将具体数值代入计算，特定机会的优先级越高，该机会就越有可能成功。

举例说明，一个创业的商业、技术两项成功率分别为 60%、80%，预计其投资生命周期为 9 年，平均每年能销售 20000 件产品，净销售价确定为 120 元，而产品的单位成本为 87 元。研发费用 50 万元，设计费用 14 万元，制造费用 23 万元，营销费用 5 万元，则

该创业机会的优先级 = [0.8 × 0.6 × 20 000 × (12 − 87)9 × 9] ÷ (500 000 + 14 000 +

23 000 + 50 000)

≈ 3

(3) Hamnan Potentionmeter 法。

运用这种方法，就是创业者根据各个因素的实际情况提前编制调查问卷，在问卷中要为每个因素设定好权限值，意在能快速确定创业机会具备怎样的成功潜能。每个因素都包括多个选项，分值在 −2 分到 +2 分之间，把每个因素中的每个选项得分相加，即为创业机会的潜力得分值。得分越高，意味着创业机会越能成功，如果得分低于 15 分，则不需要对这一创业机会进行策划，要果断地舍弃这一创业机会。详见表 4-5。

表 4-5　Hamnan Potentionmeter 法

因　　素	分值(−2~+2)
对于税前投资回报水平的贡献 预计年销售额 销售人员产生了怎样的要求 把生命周期进行成长阶段划分 创业后，需要用多长时间能实现销售额快速增长 占有领先者地位的潜力 商业周期 产品高价潜能 进入市场的难度 投资回收期 市场试验时间	

(4) Baty 的选择因素法。

在运用这种方法时，提前设定了 11 个选择因素，根据这些因素判断能否获得创业机会。如果创业机会只具有 6 个因素或更少，这样的创业机会应该被舍弃；如果具有 7 个或更多

的因素，则要对这个创业机会做出下一步策划。详见表 4-6。

表 4-6　Baty 的选择因素法

选 择 因 素	是否符合
从目前情况看，是否只有你一个人识别了这一创业机会？	
能接受初始产品生产成本吗？	
能接受初始市场开发成本吗？	
产品能否获得较高的利润回报？	
能否提前预测产品自进入市场之后需要用多长时间才能实现盈亏平衡？	
是否具备较大的潜在市场？	
在高速成长的产品系列中，自己的产品是否是第一个？	
能否在县城拥有一定数量的初始用户？	
能否对产品开发成本、周期做出预测？	
自身所处的行业是否正在快速成长？	
金融界能不能对你的产品有所理解？顾客对这种产品形成了怎样的需求？	

还有以下三种评估办法：

(1) 定性方法。侧重考虑市场机会的成功需要具备哪些条件；要在整个市场大环境中分析企业具备哪些优势，公司所拥有的竞争优势，与本公司发展方向和目标是否一致。

(2) 定量方法。主要进行商业分析，尤其要把经济效益当成分析重点。初步做出营销规划之后，从财务方面判断创业机会与创业目标是否相符。一般通过量、本、利分析法进行。

(3) 阶段性决策方法。明确要求创业者在机会开发的每个阶段都要进行机会评价，一项不符合标准，则会失去进入下一个阶段的机会，要么对其进行调整，要么将其放弃。

4.3.4　创业机会评价的相关因素

除了参照具体的指标，利用一些科学方法评价创业机会时，还要考虑其他一些方面的因素。Longenecker 对创业机会进行评价时，需要以五项指标为依据：① 能根据市场需求在最恰当的时机推出产品；② 投资项目具有较强的竞争优势，而且这样的优势能持续较长时间；③ 投资能获得较高的回报，允许投资中出现失误；④ 创业者、机会二者能互相适应；⑤ 机会是否具有致命缺陷。

(1) 创业者个人特质与创业机会匹配度评价。

创业者的职业兴趣、专业背景、能力特长等个性特质，影响着创业者对创业机会的选择与决策。人职理论明确表示，差异在不同的个体中客观存在，所有的个体都形成了自己的特征，由于各种职业所处的环境有所不同，也考虑到工作性质，对从业人员的知识、素质、性格、身体、心理等提出了不同的要求。每个人在为自己选择职业时，都要考虑到自己的个性特征，这就是人职匹配。如果能在这方面做得比较好，即个性特质与环境相符，不仅能提高工作效率，而且在职业发展上也能取得成功，否则将会出现相反的情况。细致地进行分析，如果创业者个人特质与创业机会相匹配，创业成功的可能性较高，反之则创业成功的可能性较低。

1973 年，美国职业心理学家霍兰德重点分析了六种人格类型适合选择什么样的职业。

① 实际型。实际型的人在选择工作时，会青睐于一些形成了既定劳动规则或是对如何操作提出了具体要求的工作，但他们的社交能力并不强，不适合从事具有社会性质的职业。可以从事农业工作、维修工作、工程技术工作等，因为这些工作在进行中需要操作器械、工具等，有比较明确的要求。

② 研究型。研究型的人天资聪颖，他们好奇心重，能对事物做出理性评价，具有精确、乐于批判等人格特征，适合从事具有抽象性、独立性的职业。这些职业具有研究特性，但不具备较强的领导能力。例如教师、自然科学研究者、社会科学研究人员、化学工程师、飞行员、冶金技术人员、计算机操作人员、无线电专家等。

③ 艺术型。艺术型的人具有丰富的想象力，他们在处理问题的过程中会凭直觉进行，具有明显的情绪化、理想化特征。虽然创造意识比较强，但他们做事毫无秩序感，不重视实际。他们对具有艺术性质的环境、职业等充满了渴望。这些人不应该选择事务工作，适合从事戏剧表演、音乐创作、舞蹈、歌唱等工作，成为诗人、小说家、剧作家、文艺评论员、电台主持人、杂志社编辑、摄影师、绘画师、雕刻师，还适合在珠宝、艺术、家具等行业担任设计师等。

④ 社会型。这种类型的人为人和善，能友好地与他人相处，在处理问题时较为圆滑，具有较强的语言组织与表达能力，合作意识比较强；对社会问题表示关注，能积极参与社会交往之中，有较强的教导能力，可以选择生活、医疗、教育等服务工作。例如，教师、医生、护士；社会工作人员，包括公关与咨询服务提供人员；福利事业；衣食住行行业的管理者、服务者等。

⑤ 创业型。这种类型的人有着充沛而旺盛的精力，他们具有强烈的竞争意识、探险精神，喜欢过快节奏的生活，有闯劲、乐观积极；具备较强的社交能力，有良好的组织、协调、表达能力；在自己的岗位上有野心，希望能引起他人的注意，希望能拥有更多的权力，愿意在整个团队中成为领导者；做事之前会制订计划，不愿意拖泥带水，会在最短时间内采取行动，带领他人一起完成目标并从中受益。这种类型的人应该从事政治、销售、法律等领域的职业，追求经济与政治两方面的成功。

⑥ 传统型。这种类型的人处事沉稳，容易顺从他人的意见，思想保守、注重实际，做事讲究效率，愿意选择一些条理清晰、系统性强的工作。他们应该从事统计报表、档案管理、图书资料整理之类的科室工作，例如图书馆员；适合担任税务部门、交通部门、外事部门职员；还适合担任出纳、文秘、办公室人员、打字员、审计员、会计、邮递员等。

霍兰德的人格类型理论表明，如果一个人的工作环境刚好与自己的人格类型相符，就能从工作中感受到乐趣，自己的欲求能得到满足，才能将得到发挥。在对创业机会做出评价时，创业者也应当考虑人职匹配问题。通过人职匹配理论，客观分析创业者的职业兴趣、能力特长等个人特质与创业机会的匹配度，尽量选择自己感兴趣、熟悉或者能力相当的领域和职业。此外，根据个人特质与机会特征匹配的理论，创业者还应当分析个人特质、社会资本、资源等情况与创业机会本身特征是否匹配。

(2) 对创业者的评价。

姜彦福等(2004)认为，对创业机会进行评价的人主要是创业者及创业团队和投资人(包括天使投资人、风险投资家和股东)，并提出了八项资深创业者认为重要的指标，详见表 4-7。

实际上，企业在未来发展中，人力资本最重要的两大基础为高素质的员工、强大的创业团队；人力资本对于机会的识别与开发利用有着正相关关系。从资深创业者的重要指标序列可以看出，进行创业机会评价时，人的因素是极为重要的方面，总结起来应该从如下几方面进行分析：创业团队中的成员是否都是优秀管理者；员工与管理团队是否都是顶尖的；在承受压力的前提下，创业者是否能保持良好的心态，在本行业之内是否拥有高水平的行业经验、技术经验；创业活动是否与个人目标相贴切。

表 4-7　姜彦福等创业机会评价指标

指标大类	具体指标
管理团队	创业者团队是一个优秀管理者的结合，行业和技术经验达到了本行业内的最高水平
竞争优势	拥有优秀的员工和管理团队，固定成本和可变成本低
行业与市场	顾客愿意接受该产品或服务
致命缺陷	不存在任何致命缺陷
个人标准	创业者在承担压力的状态下心态良好，个人目标与创业活动相符合
收获条件	机会带来的附加价值具有较高的战略意义
经济因素	能获得持久的税后利润，税后利润率要超过10%
战略性差异	始终在寻找新的机会

(3) 对创业机会本身的评价。

除了采用前述指标和方法来评估创业机会，还可以从如下市场与效益方面，对创业机会做一个大概的判断。

① 具有特定市场定位。创业机会的选择往往与市场分不开，具有巨大市场开发潜力的创业机会，其未来的利润空间较大。创业机会是未被开发的市场潜力，其开发是为了满足日益增长的潜在市场需求，也会带来丰厚的利润。当然，创业者要想拥有新的利润空间，可以创造新的市场需求。

② 市场成熟度。市场的成熟度意味着市场的饱和状态，一般而言，市场越成熟，市场越饱和，开发空间越小，利润也越小。反之，市场正在成长，其开发空间也大，充满了创业机会，只要进入时机适宜，便可以获得丰厚的利润。市场成熟度如何，与市场规模不存在任何联系。即使市场规模比较大，但如果无法继续扩张，就得不到较大的利润空间，那么这个机会就不值得投入。对于创业者来讲，进入市场的最佳时机是在多数人没有醒悟之前就能识别并把握机会，能在"机会窗口"敞开的时间之内扎进去，这样才能拥有广阔的创业空间；但如果"机会窗口"已经快要关闭，此时进去创业，创业者则难以获得较大的创业空间，企业的盈利能力也难以实现增长。

③ 市场规模。市场规模是指商品的市场占有比重。一般而言，前五年的市场规模应当能稳步快速增长，同时还存在创业者可以创造的新增市场或可以占有的远景市场。市场占有率往往代表着该商品的市场竞争力。要想成为市场领导者，市场占有率最低应该为20%，如果这一指标不足5%，则说明这样的创业机会并不具备较强的竞争力。

④ 达到盈亏平衡所需的时间。根据 Timmons 和刘常勇的创业机会评价模型，创业企业最关键的生存期一般在两年左右，合理的盈亏平衡时间应该在两年以内，如果三年还达

不到盈亏平衡，那这样的创业机会难以产生较高的价值。然而，有些创业机会的培育期本身就比较长，这样才能获得后期的持续获利。在这种情况下首先需要谨慎测算可能筹集到的资金总量能否支撑到开始盈利；其次要将前期投入视为一种投资，才能容忍较长的亏损时间。

⑤ 合理的投资回报率和税后净利。并非所有的机会都有足够大的价值潜力来填补为开发利用机会所付出的成本。考虑到创业可能面临的各项风险，具有吸引力的创业机会合理的投资回报率应在25%以上。一般而言，15%以下的投资回报率是不值得考虑的创业机会；至少应该有5%的税后净利，否则这就不是一个好的投资机会。

⑥ 风险承受能力。一般而言，创业机会风险越大，其带来的回报也越大；反之，创业机会风险越小，其带来的回报可能也越小。冒险精神是成功创业者的重要特质之一，创业者一定要分析自身是否有足够的能力抵御创业风险。如果创业者具备这样的能力，往往比不愿意承担创业风险的创业者更容易成功。

(4) 其他创业机会评价因素。

在对创业机会进行评价时，还要分析创业团队的实力、创业环境、创业者性别等。研究表明，由于女性的风险偏好和成就感较男性偏低，女性不太愿意承担风险，因而女性创业偏向于进入风险小、规模小的服务导向型企业。男性不但比女性更愿意承担风险，而且他们的成就感一般也比女性强，他们追求成功，以将企业做大做强作为衡量创业成功与否的标准。相比之下，女企业家宁愿经营小企业，因为这样既不会影响家庭生活，又能够拥有自己创办的企业。相比男性创业者来讲，从事批零贸易、餐饮业和社会服务业的女企业家比重高于男企业家；而从事其他行业的女企业家比重则低于男企业家，其中制造业中女企业家比男企业家数量低9%。另外，不同地域、不同团队成员、不同的环境特征也对创业机会评价和识别产生影响。可见，对创业机会的识别与评价因人而异、因地而异、因环境而异。创业者在机会评价过程中，必须客观分析个人特质、职业兴趣和能力特长，考虑是否与相应的机会特征相匹配。依托自身的优势，通过机会选择、资源整合、创造满足需求的方式，从而使有价值的创意成为可能的创业机会。

4.3.5 有价值的创业机会的特征

Timmons(2014)指出，创业机会能产生较强的吸引力，具有适时、持久等特征，往往潜藏于能给客户带来更高附加值的产品与服务之中。好的创业机会在市场需求、市场空缺、投资收益、未来成长等方面有着更高的要求。一般来说，有价值的创业机会具有普遍性、偶然性、消逝性、价值性、可行性、时效性等基本特征。

(1) 普遍性。凡是有市场、有经营的地方，客观上就存在着创业机会。创业机会普遍存在于各种经营活动过程之中。

(2) 偶然性。对一个企业来说，所有的创业机会都具有偶然性，要具备捕捉机会的敏锐目光。

(3) 消逝性。在特定的时空范围内潜藏着一定的创业机会，伴随着外界因素的改变，或是某个条件发生了变化，创业机会也会消逝。

(4) 价值性。判断一个创业机会是否具有价值，应该首先考虑顾客的感受，是否为顾客创造了新的价值或增加了原有价值，只有对顾客有吸引力的创业机会才同样对创业者有吸引力，才可能有创造超额经济利润的潜力。

(5) 可行性。创业机会是否可行，表现在如果将此项机会投入商业环境中，它是否行得通，是否符合现有市场的大环境和顾客的需求，只有这些前提条件都满足了，创业者才有可能开发和利用这种机会；否则，机会再好，创业者却因条件缺乏(包括必要的资源，如人、财、物、信息、时间和技能)而无法加以利用，这样的市场机会对于特定的创业者不能称为创业机会。

(6) 时效性。创业机会的时效性体现在创业机会是否在机会窗口存续的期间被实施。创业机会窗口存续的期间是创业的时间期限，即时机，所谓"机不可失，时不再来"。一旦新产品市场建立起来，机会窗口就被打开了。机会窗口一般会持续一段时间，不会转瞬即逝，但也不会长久存在。企业在市场的快速发展期进入市场，也能获得一定的利益，市场在后续发展中会在某个时间点变得最为成熟，于是关闭所有的机会窗口。所以，只能从特定的时间段内找到创业机会，创业者务必要把握好这个"黄金时间段"。

4.4 创 业 风 险

4.4.1 创业风险的概念

创业风险就是指在创业期间，由于商业机会不明朗、环境中充满未知，再加上个人与整个团队能力不足，创业企业整体实力的有限性以及创业企业管理的复杂性，导致创业活动偏离预期目标甚至创业失败或给创业者和创业企业带来损失的可能性。

4.4.2 创业风险的分类

创业获得收益和满足的同时还存在一定的风险。寻找"蓝海"是创业的良好开端。创业前对要进入的市场进行调研对创业者来说是必要的。创业者应该根据自身的资源和市场环境条件，寻找创业的"蓝海"市场，要对自己的创业方案进行精心的设计和充分的论证，以降低因个人盲目创业带来的风险。

1. 按风险的主客观性分类

按风险的主客观性分类，可分为主观创业风险和客观创业风险。

主观创业风险，是指在创业阶段，由于创业者的身体与心理素质等主观方面的因素导致创业失败的可能性。客观创业风险，是指在创业阶段，由于客观因素导致创业失败的可能性，如市场的变动、政策的变化、竞争对手的出现、创业资金缺乏等。

2. 按风险来源分类

按风险的来源分类，可分为技术风险、市场风险、财务风险、团队风险、政策法律风险。

技术风险即由高技术创业中技术研发、产品试制、技术整合等方面的探索性导致的不确定性引起的创业失败的可能性。市场风险即在高技术创业的市场实现环节，创业者会遇到这样那样的市场不确定性，由此造成的创业失败的可能性。财务风险即在高技术创业过程中，企业常会因资金链条断裂而陷入困境。团队风险即由于某些原因引发创业团队溃散，进而导致创业活动无法持续下去。政策法律风险即政策法律变化给新创企业带来的风险。

3. 按风险对资金的影响分类

按风险对所投入资金即创业投资的影响程度分类，可分为安全性风险、收益性风险和流动性风险。

安全性风险，是指从创业投资的安全性角度来看，不仅预期实际收益有损失的可能，而且专业投资者与创业者自身投入的其他财产也可能蒙受损失，即投资方财产的安全存在危险。收益性风险，是指创业投资的投资方的资本和其他财产不会蒙受损失，但预期实际收益有损失的可能性。流动性风险，是指投资方的资本、其他财产以及预期实际收益不会蒙受损失，但资金有可能不能按期转移或支付，造成资金运营的停滞，使投资方蒙受损失的可能性。

4. 按风险性质分类

按风险性质分类，可分为系统风险与非系统风险。

系统风险主要是创业者和新创企业本身控制不了的风险，主要是创业环境中的因素，如商品市场风险、资本市场风险等。非系统风险是指创业者和新创企业一定程度上可以控制的风险，主要是创业者自身的风险，诸如技术风险、财务风险、经营风险，以及机会成本风险、健康风险和家庭风险等。

4.4.3 创业风险的评估

在创业可能遇到的各种风险中有些是可以预测的，有些是无法预测的，创业者需要通过创业风险评估，为创业项目选择提供依据。创业者应在创业准备期对创业风险进行评估，将特定创业机会与创业活动结合，分析和判断创业风险的具体来源、发生概率，测算风险损失，预期主要风险因素，测算冒险创业的风险收益，估计自己的风险抵抗能力，进而进行风险决策，提前准备相应的风险管理预案。

4.4.4 创业风险的防范

创业者需要结合对机会风险的估计，努力防范和降低风险。如何防范风险，下面将从系统风险和非系统风险两个方面来分析。

1. 对系统风险的防范

(1) 谨慎分析。创业者应对创业环境进行正确的认识和了解，通过层层细化，逐级分析，熟悉创业的宏观环境、行业环境、地区环境等，以求准确深入地预测创业过程中可能遇到的系统风险。

(2) 正确预测。创业者应运用专业知识和所掌握的资源，采用科学的方法，对那些能够预测的风险进行深入分析。通过和团队成员探讨、请教外部专家等方法来预测创业环境的可能变化，以及变化对创业企业带来的影响，尽量对创业的系统风险做到心中有数，制订相应的应对策略。

(3) 合理应对。由于系统的不可分散性，创业者只能根据以上两个步骤，来分析和预测风险并制订合理的应对措施，巧妙规避并尽可能降低系统风险对企业的影响。

2. 对非系统风险的防范

(1) 人力资源风险的防范。人力资源是创业活动中最重要的资源，由此产生的风险对创业企业来说往往是致命的，所以一定要予以充分关注。创业企业应该对人才的招聘选拔、人才组合、培养提升、物质激励等方面给予更多的重视，并注重人才资源的合理储备与开发，选择并培养高素质人才。

(2) 技术风险的防范。技术风险是创业初期最为突出的一种风险。技术创新能给创业者带来丰厚的回报，但技术创新失败也有可能让创业者的前期成本无法收回。因此，创业者要通过加强自身建设或建立创新联盟等方法减少技术风险发生的可能性。

(3) 管理风险的防范。管理风险是指创业企业因管理不善而引致的风险，通过提高管理者的素质，改善管理和决策的方式可以应对创业企业的管理风险。

(4) 财务风险的防范。创业者要对创业所需资金进行合理估计，避免筹资不足影响企业的健康成长；要建立创业者和创业企业的信用，提高获得资金的概率；在企业的长远发展和目前利益之间进行权衡，设置合理的财务结构；管理好企业的现金流，避免现金断流带来的财务拮据甚至破产。

◇ **本 章 要 点** ◇

1. 寻找创业机会的主要目的是为企业带来持续超额的经济利润，是孕育商业机会的源泉。 2. 创业机会识别的实质是创业者对创业信息进行搜索、处理和利用的过程。因此，创业机会识别的两大核心要素就是创业者自身因素和创业信息	3. 创业风险就是指在创业期间，由于创业机会不明朗、创业团队能力不足以及创业企业管理的复杂性，导致创业活动偏离预期目标，甚至创业失败或给创业者和创业企业带来损失的可能性。 4. 识别创业机会的方法主要有趋势观察法、问题发现法和市场研究法

讨论案例 直播带货何去何从

随着科技进步和互联网直播行业不断发展，2019 年电商直播兴起。常见的电商直播平台包括淘宝、京东、拼多多、抖音和快手等。由于各大平台的疯狂投入，已打造了千亿级的消费市场。直播营销不仅催生了薇娅、李佳琦等直播带货王，实现了一场直播千万人观看，取得上亿元成交额的成绩，也吸引了众多名人明星、政府官员等各界人士加入直播带货的行列。2020 年 4 月 1 日，罗永浩首场直播带货累计观看人数超 4800 万人，销售额超 17 亿元。

直播带货为购物实现了"人货场"的情景整合。直播平台本质上是一个虚拟社区，由很多虚拟社群构成，消费者根据不同需求和兴趣聚集在不同的直播间中，即构建了"社交场"。社交场相当于建立了一个虚拟社群。直播购物并不只是单纯购物，互动交流等体验也满足了消费者社交联结的需求，通过不断参与在线讨论的方式感知对方的存在，产生情感反应，逐步构建社会关系。每个直播间都是一个社群，不同品类的直播间聚集了不同的用户。直播社群营销中的每个成员都拥有发言权，但主播是这个群体的中心，用户根据主播既定的产品上架秒杀活动等流程规则参加活动或是购买产品，虽然主播是社群中心却是弱中心化的。消费者为观看同一主播聚集于直播间这一虚拟社群中。进入同一直播间后，群体成员的注意力迅速集中到与主播的互动中，双方通过视频直播的方式进行内容引导，形成了很强的社会互动关系链接，进而产生"群体团结"。直播间天然的界限形成了一道分隔局外人的屏障，理想状态下直播间内的用户能获得专属于直播间的独特身份标识。这种身份的认同感提高了互动中的参与感，实现群体分享共同的情绪和体验，这张基于社会关系情感的联结而编织的互动式链网将直播间的主播与在场者连在一起，创造情感能量，缩短了情境中的购物决策过程，尤其是直播购物这种有限理性的短期决策。加之在直播间购物过程中，他人购物会对其他消费者产生"社会助长"的影响。因此，直播购物是天然的"群体"购物场景。

"网红带货"无论对电商平台，还是对短视频平台，都是增量。但"网红"不是凭空养成的，而是一点一点成长起来的。网红带货的兴起，究其根本，是因为电商平台对流量的焦虑和渴望，而短视频平台则是用户利益的现实需求。"网红带货"能帮助电商平台以较低成本实现拉新。对短视频平台来讲，是社交属性增加了用户黏性。直播，这个已经存在了十多年的物种，近三年与电商发生了惊人的化学反应，而网红创业者们是催化剂。

对于电商行业来说，与在线直播的结合是一次全新的行业变革，对于改善电商营销环境有着重要意义。直播相较于短视频等其他广告模式，市场定位更为准确，没有过多的加工和抽象表达，而是将产品放了首要地位，便于消费者对产品进行深入了解。

(1) 打造全新用户体验。线上直播与电商的结合有效地改变了以往消费者的购物体验，主播的推荐宣传、即时沟通、使用体验的交流，给了消费者足以匹敌线下的用户体验。电商直播这一模式符合消费者从众心理的需求，在提升用户购物感受的同时，也在不自觉间提升了用户对产品的需求。同时，直播间中主播一般能给出低于平时的价格，符合多数用户追求性价比的心理。有超过 85.5%的用户表示，直播带货能够强烈地激起购买欲望，这背后是电商直播带来的全新消费体验。

(2) 倒逼供应链改革。"内容产品为王"是任何行业发展都不能违背的理念，电商直播也不例外。货品是主播的核心竞争力，大小主播都需要花费很多时间进行产品的组合搭配。目前现状下，谁提供的商品更全面，更能满足粉丝的需要，谁就能留住粉丝。为了发挥产品优势，越来越多的平台和主播选择搭建属于自己的供应链，选择与厂家直接对接，一次性完成制造、销售、物流、售后等整个流程。直播中原本需要多个过程才能完成的供应链正在被逐渐打通，电商领域供应链的改革也在不断推动。

(3) 打造高黏性用户群体。不同于之前广告以品牌为核心，直播电商打破了品牌的桎梏，将营销的重点放在了"人"的身上。明星效应、名人影响的强大带货能力已经不用赘述，但由于明星名人的工作重点并不在此，所以广告代言只能涉及较小的领域，对广大商家来说性价比并不高。但电商直播完美地保留了明星代言的优点，又为它添上了专业化的色彩。电商直播是以"人"为核心的，主播对用户的吸引力在一定程度上要大于商品本身；同时主播专业化的背景也使用户对其信任程度进一步加深。在这样的条件下，明星网红的粉丝效应在购物过程中将会被进一步放大，而这种粉丝效应一旦形成就很难消失。

　　当前电商直播行业发展如日中天、势头难挡，但快速发展之中，行业弊病也在不断显现。李佳琦的不粘锅在直播中粘锅，推荐的大闸蟹被指虚假宣传，这一行业的问题由此可见一斑。缺乏有效的行业规范和监督体系，导致主播对于推荐的产品不负质量责任，为带动更多销量虚假宣传、夸大功效的事件并不少见。

　　回想 2016 年"千播大战"也曾盛况空前，但终究不过昙花一现；在 2022 年，无数的直播平台就此消亡，剩下的巨头们也要面对行业增长疲软的现状。

(资料来源：根据网上公开资料汇总整理。)

◇　启 发 思 考 题　◇

1．通过本案例，探讨直播带货的创业机会和创业风险有哪些。
2．现阶段，还有哪些创业机会适合大学生进行创业？试举例论述。

◇　本 章 参 考 文 献　◇

[1]　杨芳. 创业设计与实务[M]. 北京：机械工业出版社，2016.
[2]　斯晓夫，刘志阳，林嵩，等. 社会创业：理论与实践[M]. 北京：机械工业出版社，2019.
[3]　蔡义茹，蔡莉，陈姿颖，等. 创业机会与创业情境：一个整合研究框架[J]. 外国经济与管理，2022，44(04)：18-33.
[4]　郑可，王燕，王雨林，等. 创业机会的本质与评估框架[J]. 创新与创业教育，2021，12(02)：10-17.
[5]　董延芳，张则月. 中国创业者创业机会识别研究[J]. 经济与管理评论，2019，35(06)：57-67.
[6]　吴兴海，张玉利. 创业机会的开发时机选择研究[J]. 管理学报，2018，15(04)：530-538.

第 5 章 商业模式

学习目标

- 了解商业模式的内涵与逻辑
- 熟悉商业模式的构成要素和设计过程
- 熟悉创业计划书的撰写

导入案例

小米：构建商业系统生态链

小米成立于 2010 年，位于北京市海淀区，拥有核心产品小米手机，以及 MIUI、米聊、小米电视和小米路由器四大自有产品。小米以"投资＋孵化"的方式培养了一批生态链企业，其产品涉及智能、家居等 15 个领域、2700 多细分种类。创业至今，小米成为全球第二大智能手机制造商，拥有全球最大消费级 IoT 平台，连接超过 2.35 亿台智能设备。小米以手机为核心向外圈层辐射孵化超过 290 家生态链企业，合作伙伴超过 400 家。2019 年小米进入世界 500 强，排名第 468 位，2021 年 8 月跃升至第 338 位，成为最年轻的 500 强企业。

2007 年，随着第一部 iPhone 手机的发布，Android 系统的开放以及 HTC、三星等企业的迅速崛起，标志着传统互联网向移动互联网、功能手机向智能手机的转型。2010 年 4 月 6 日，雷军同七位联合创始人正式成立小米，目标群体定位于手机极客发烧友，第一款产品是开放式操作系统——MIUI(Mi User Interface，小米用户界面)。MIUI 根据中国人的操作习惯优化安卓原生系统，作为手机智能部件，具有打电话、发短信、通讯录和桌面四个基本功能，并积累了数十万的用户基础。

2014 年，小米手机销量位居全国第一，销售收入从 2011 年的 5.5 亿元扩大到 743 亿元。小米手机作为核心业务和硬件入口，成为企业规模边界的原点。此阶段，小米智能产品及其生成的服务，可提供满足单个用户需求的单个解决方案。由此，小米在 MIUI、手机、米聊 APP 和电商四大主营业务的基础上，形成了其在智能手机领域的独特能力，并确立了以互联网模式制造手机的企业身份。

2014 年之后，针对手机市场红利的消失以及物联网时代的到来，小米开始进一步丰富产品种类和内涵。小米成立生态链部门，通过"投资＋孵化"生态链企业的模式向手机周边、智能硬件和生活耗材产品延伸。小米将高效率的小米模式复制到其他产品领域中，开发了近百种产品，扩大了企业产品范围，为物联网布局奠定了基础。2015 年，小米围绕"以手机为中心连接所有智能设备"的 IoT 战略,对外发布了标准化 IoT 模组,赋予产品感知识别性和连接性,并从手机周边产品开始实施,实现单品连接。经过三年的发展,小米 IoT 平台已接入智能硬件 8500 万台,五个设备以上用户超过 300 万人,成为全球最大的智能硬件平台。

AIoT 即"AI+IoT",是人工智能和物联网应用的融合。为了迎接 AIoT 时代,小米开始探索新的物联网入口。2017 年 7 月,小米发布首款人工智能战略级产品——小米 AI 音箱,作为智能设备虚拟控制中心。接着,小米决定 AI 赋能 IoT 平台全面开放,并推出了 Wi-Fi 等连接模组,第三方产品可以嵌入连接模组接入小米 IoT 平台,与其他产品互联互动。2021 年,小米宣布下一个十年的核心战略:全面升级为"手机 × AIoT"战略,强调乘法效应,从局部产品连接升级为全场景互联互通。

随着双引擎战略的实施以及多场景互联互通的实现,2021 年第二季度小米首次跻身全球智能手机市场第二名。2020 年,小米 AIoT 平台已连接设备数达到 3.25 亿台,拥有五件及以上 IoT 产品的使用者数量增加至 620 万。此阶段形成的智能互联产品体系,将企业产品和业务范围扩展到一组关联的智能互联场景产品和服务,通过多场景联动,实现小米产品万物智联。

(资料来源: 曹鑫,欧阳桃花,黄江明. 智能互联产品重塑企业边界研究: 小米案例[J].管理世界,2022,
38(04): 125-142.)

小米构建商业系统生态链实现商业模式创新,即通过智能部件,加强用户与产品的连接;同时通过技术平台赋能,加强产品与平台的连接,形成全面连接、多场景联动的产品体系。创业的目的不是要开发某种产品或服务,而是要开发一项可持续成长的业务,关于产品或服务的创意只是创业的起点,将其展开为一项业务才是关键所在;而驱使创业者做出此类思考的重要工具就是商业模式和创业计划书。

5.1　商　业　模　式

5.1.1　商业模式概述

1. 商业模式的内涵

在互联网时代,创业者每天在思考如何创新商业模式,期望以四两拨千斤的巧劲去颠覆传统行业。商业模式可以是创业者催生创意和合理解决问题的工具。究竟什么是商业模式呢? 有关商业模式的讨论很多,却至今没有一个严格的定义,对商业模式的理解也存在一定偏差。

商业模式定义主要从两个角度出发。一个是从战略视角出发来定义商业模式。商业模式是创业企业为实现战略发展而构建起来的商业系统,体现了企业创造价值和实现价值的逻辑。另一个观点是从价值链角度出发,商业模式是同时能为企业的利益相关者创造价值的相互依存的各种活动构成的体系。鉴于此,我们需要区分商业模式与战略和价值链的关系，从而更好地理解商业模式的内涵。

2. 商业模式与战略的关系

在现实运行过程中，创业者经常会混淆商业模式和战略这两者的概念。战略是企业为了获得竞争优势，对价值创造的活动所进行的规划，它的关键词是竞争优势。在很多情况下，大家认为两者是可以互换通用的。然而，两者的分析层次和实质内涵还是有区别的。

商业模式和战略具有两个方面的相似性。第一，本质是一样的。商业模式的本质是价值创造，但在激烈的企业竞争中，首先要形成竞争优势，才能持续地创造价值。战略的本质就是获得竞争优势。第二，内容高度一致。很多管理学者认为，商业模式是战略实施的过程，既然商业模式是战略的具体实施，两者的内容就是高度一致的。

商业模式和战略具有以下三个方面不同。第一，侧重点不同。战略是对未来的规划，商业模式是规划之后的具体实施。第二，关注点不同。战略更加抽象，商业模式更加具体，同行业的企业可以采取相同的战略，但会因为商业模式的不同导致不同的结果。第三，内涵性不同。战略涉及的许多重要内容是商业模式不具备的。战略管理包括环境分析、战略选择和战略实施。在这个过程当中涉及大量的管理工具，如宏观环境分析、行业环境分析、竞争环境分析等不同的工具，而这些内容在商业模式当中都不具备。虽然商业模式和战略两者存在区别，但是，建议在学习商业模式的时候，也不妨去关注战略管理的相关内容，以更好地理解商业模式，并对商业模式进行设计和优化。

3. 商业模式与价值链的关系

商业模式与价值链之间有什么关系呢？商业模式的核心就是为了创造并传递价值。我们对一家企业进行研究的时候，通过对价值链的分析，了解该企业的全面内部活动，从商业模式优化角度来看，可以了解企业每个环节的价值，并和竞争对手比较，从而优化商业模式，使得企业能创造更多价值。对于广大学习者而言，应用价值链模型对企业进行全面分析，才能更好地了解一个企业的商业模式。

企业要生存和发展，必须为企业的股东和其他利益集团，比如员工、顾客、供应商以及所在地区和相关行业等创造价值。如果把"企业"这个"黑匣子"打开，我们可以把企业创造价值的过程分解为一系列互不相同，但又相互关联的经济活动，这些活动都应该是能够创造价值的，其总和即构成企业的"价值链"。价值链是哈佛大学商学院教授、著名的战略管理大师迈克尔·波特于1985年提出的概念。波特教授认为，每一个企业都是在设计、生产、销售、发送和辅助其产品的过程中进行种种活动的集合体，所有这些活动可以用一个价值链来表明。简单而言，价值链是一个公司通过一系列活动创造价值的动态过程。

价值链由两大类活动组成。第一类活动包括材料供应、生产作业、成品储运、市场营销和售后服务等，这些活动都与商品实体的加工流转直接相关，我们称之为基本活动。第二类活动包括企业基础设施、人力资源管理、技术开发和采购管理等，这些活动伴随着基本活动的产生而产生，我们称之为支持活动。需要注意的是，这里的技术和采购都是广义的，两大类活动彼此合作，为企业创造利润。波特的"价值链"理论揭示，企业与企业之间的竞争不只是某个环节的竞争，而是整个价值链的竞争。而整个价值链的综合竞争力决定企业的竞争力。用波特的话来说，消费者心目中的价值由一连串企业内部物质与技术上的具体活动与利润所构成。当和其他企业竞争时，其实是内部多项活动在进行竞争，而不是某一项活动的竞争。

5.1.2　商业模式的构成要素

为了更深入地了解商业模式，我们一般把它分成四个组成部分：价值体现、价值创造、价值传递和企业盈利。

(1) 价值体现：企业拟为客户创造并传递的价值。我们以阿里巴巴公司为例，阿里巴巴的顾客群体包括网络消费者、中间商和制造商。可能大家都有过在淘宝上购物的经历，那么我们就以网络消费者这一顾客群体来解读。对于消费者来说，只要在淘宝网输入关键词，就能够轻松找到来自全国各地各式各样的商品，挑选合适的商品后轻松下单，既突破了地域的限制又满足了消费者的个性化需求；并且由于中间环节的缩减使得各类商品的售价大幅下降，这是阿里巴巴的价值体现。

(2) 价值创造：企业为消费者甚至整个社会所创造的价值，这是企业获得社会认同、能够存在发展的前提。收益获取即企业在价值创造过程中所获得的利益回报，这是企业的最终目标，也是企业持续发展的动力。在阿里巴巴的发展初期，阿里巴巴致力于信息流领域，打造信息服务平台，使得客户汇聚到它的信息平台上；而随着企业的发展，阿里巴巴进一步深化了信息平台并开通了几个新的平台业务，客户便可在这些平台上获取各种各样的交易信息，为会员提供一个国际贸易平台。汇集全球近 200 个国家和地区的商业信息并形成了个性化的商业社区。

(3) 价值传递：通过相关平台渠道，将企业价值得到传递的过程。即使有巨大价值，如果不能传递出去也是无用的。在阿里巴巴涉足互联网商业时，eBay 早已成为国际互联网商业巨头，但 eBay 进入中国后却敌不过初出茅庐的阿里巴巴，在市场份额上严重落后于阿里巴巴，而这一切源于阿里巴巴的免费模式。相比 eBay 众多的手续费，阿里巴巴却提供了"免费注册"。通过免费的信息平台，客户不需要付费就可以获取相关的交易信息。因此，阿里巴巴在客户中奠定了扎实的基础，逐渐打出了自己的品牌。

(4) 企业盈利：企业获取利润的方式。阿里巴巴在前期通过免费服务获取了大量的客户后，通过具有吸引力的网络平台，建立呼叫中心和庞大的服务团队等，将部分免费用户转换为付费用户，并通过收取会员费、广告费，提供竞价排名、增值服务等获取利润。

5.1.3　商业模式画布

商业模式画布是用来描述商业模式，可视化商业模式，评估商业模式以及改变商业模式的通用语言。商业模式画布把商业模式中所涉及的要素可视化地罗列出来，以这样的方式帮助创业者深入思考创业方案的可行性。商业模式画布由九个构造块组成，分别是客户细分、价值主张、渠道通路、客户关系、收入来源、核心资源、关键业务、合作伙伴、成本结构，如图 5-1 所示。但是商业模式远远不止这九个构造块，对于初学者而言，需要把它们按照一定的逻辑顺序组合起来。

图 5-1　商业模式画布

　　下面介绍商业模式画布的具体实施过程。首先，可以将图 5-1 中九个方格的表格放大后打印出来，挂在墙上，并与创业团队进行集体讨论。参与者还要有便利贴和马克笔，以便将想到的内容写在便利贴上，贴到指定的方格中。画布的绘制过程一般从客户细分开始，用不同颜色的便利贴代表不同的客户群体。不同的客户群体有不一样的需求，创业者要为之提供特定价值的产品和服务，采用特定的渠道，形成特定的客户关系，并明确收入来源。每一类客户细分群体，在其他方面对应的内容都应该使用与之颜色相同的便利贴。同时需要注意的是，在九个方格中可以有多种不同的方案。比如针对某一客户群体，可以提供不同的产品和服务，采用不同的渠道获得多种收入来源等，以此类推发挥集体智慧，将画布上各个方格都填满。接下来需要评估商业模式的优劣，并对其进行调整。如果参与者觉得某一便利贴上的内容很好，可以在该便利贴上画一个加号；如果觉得某个内容有问题，则可以更换。最后将一些不可行的方案剔除掉，将好的方案保留下来，同时还要计算收入。

　　下面通过一个案例来帮助大家更好地理解商业模式画布。星巴克是世界知名的咖啡连锁店，但是最早的星巴克只卖咖啡豆，不卖咖啡，更不卖浓缩咖啡，星巴克通过不断创新才有了今天的规模。1996 年，星巴克在东京开设了第 1 家美国之外的咖啡店，其定位与美国本土的星巴克有很大的不同，这对星巴克来说是一次全新的尝试。如果用画布来绘制星巴克的海外商业模式，则可以看到，首先星巴克的客户细分是针对那些有一定消费能力，喜欢在快节奏生活中追求休闲和时尚的消费者。针对这样的客户群体，在核心价值方面，除了咖啡本身，星巴克还提供各类具有特色的时尚饮品、糕点以及良好的休闲环境。在渠道方面，星巴克主要在商业集中区交通枢纽开设店铺。在客户关系方面，星巴克力求培养具有品牌忠诚度的客户关系。在关键业务方面，星巴克非常重视店铺选址、环境装修、氛围营造以及新产品的不断开发。星巴克的核心资源在于其品牌知名度以及全球化的员工培训体系。其合作伙伴除了原料供应商，还包括各地的商业地产开发商。可以看出，上述这些要素相互呼应，环环相扣，使星巴克的产品具有很高的附加值，获得了超过市场平均水平的高额利润。

5.1.4　商业模式的基本类型

1. 长尾式商业模式

传统的商业观念认为，企业只能面向大众用户大批量提供少数几种产品，通过规模效应降低成本和价格，以大批量的销售获得利润。以传统百货店为例，它提供一定数量的商品品类，不同的品类都有不同的销量。根据统计，高销量的商品往往集中在其中 20%的商品中，而其他 80%的商品销量并不乐观。一家百货店里的商品品类不可能满足市场中所有消费者的需求，传统的商业逻辑是对 20%的商品给予充分的重视，而其他长尾品类分布不给予关注。随着信息技术、供应链管理和物流技术的大幅提高，消费者的个性化需求在数字化时代得到了充分满足。长尾式商业模式就是企业通过关注长尾品类满足不同消费者的需求。一大批经营长尾产品的网络企业异军崛起，亚马逊、淘宝、京东、当当等都是其中的佼佼者。这些互联网企业通过高效的信息系统和供应链为大量的不同需求的细分人群提供宽泛的产品。

要理解客户未被满足的需求并以此为核心营造全新的商业模式。要善于去挖掘客户的不同需求并提供多样少量的产品，这正是长尾式商业模式的核心所在。在这种模式中，是以多样、少量为核心，依托低库存的成本和强大的平台为多个细分市场提供大量的产品。以 ZARA 的商业模式为例，ZARA 的客户细分是儿童、青少年和 20~35 岁的年轻人，他们有个性化的衣着需求，因此对产品的需求的是各不相同的。为了满足客户个性化的服装需求，ZARA 提供多样少量的产品，让消费者成为时尚的领先者。ZARA 的核心资源是强大的管理信息系统、灵敏的供应链以及自己的设计团队。ZARA 的画布和长尾式商业模式的画布两者对应起来，可以看出 ZARA 是非常典型的长尾式商业模式。

2. 多边平台式商业模式

多边平台式商业模式是一种具有普遍性的商业模式，是某个组织提供一个平台，为平台机构的多个购买者和销售者提供相应的服务。在互联网时代，多边平台式商业模式日益成为数字时代最重要的商业模式。微软、百度、大众点评、微信等都是典型案例。

多边平台就是将客户的群体集合，通过促进各方客户群体互动而创造价值。游戏公司就相当于为大量的游戏机用户以及游戏开发厂商搭建了一座桥梁，并由此实现自己的商业价值。以索尼家用游戏机为例，索尼公司在 PS 游戏机的惨淡销售后痛定思痛，改变商业模式，更注重于游戏开发平台的建设。索尼公司开发一款游戏的周期从过去的六个月大幅减少到两个月以内，从而吸引更多的游戏开发厂商开发更多的产品。庞大的游戏阵容被认为是 PS4 最吸引人的地方，PS4 由此获得了巨大的成功。

3. 免费增收式商业模式

免费增收式商业模式是指通过免费使用来吸引消费者使用产品，再通过使用过程中的增值服务来获得收益的方式。免费增收式商业模式使大量的基础用户受益于没有任何附加条件的免费产品或服务，而通过另外收费的增值服务来获得收益。实施这种商业模式的公司首先提供免费的产品或服务，吸引了大量的用户，在这个基础之上通过另外的增值服务来为公司获得收益。增值服务是它真正的收益来源点。

免费增收式商业模式的关键点是提供免费的服务，吸引大量的用户群体，在此基础之上提供收费的增值服务，其中从免费到增值服务收费的用户转换率是这个模式的关键要素。如果它的用户数量高达数亿，即使用户转换率只有 10%左右，那么公司的收入依然是非常可观的。以腾讯 QQ 为例，1999 年，腾讯 QQ 软件为了吸引大众用户的使用，主张自己是免费交易平台，其主要收入来源是优质号码付费。所谓的优质号码是那些五位数、六位数或者一些比较吉利的数字，这是其最初的重要的收入来源。因为优质号码是有限的，腾讯发展遭遇瓶颈。到 2002 年的时候，腾讯调整自身的商业模式，并开发出虚拟的个性化产品，如虚拟的帽子、衣服等。消费者在这个免费虚拟平台上希望有更多的个性化表达，愿意为虚拟的个性化产品付费。而这些虚拟产品的成本只有前期的研发设计，在网络销售的时候边际成本几乎为零。这些虚拟的产品为腾讯实现了最初的商业变现。没有这些虚拟产品的支撑，也就没有今天的腾讯帝国。现在腾讯的增值服务包括会员特权、网络虚拟形象、网络音乐、交友等，在公司全部收入来源中增值服务的比重高达 80%左右。

4. 捆绑式商业模式

捆绑式商业模式是通过廉价甚至免费的初始产品或服务，促进相关产品或服务在未来重复购买的商业模式。企业提供便宜的甚至免费的初始商品，而初始商品与后续商品是紧密地联系在一起的，渠道通路是线上或线下，客户关系是初始商品和后续商品之间的锁定关系。所谓锁定就是客户不能或较难再更换其他供应商所提供的产品，收入来源是通过后续重复的高利润产品而获得利润。核心资源是强大的品牌影响力以及专利技术，关键业务是提供后续的商品或服务，成本结构是初始商品的补贴、后续商品以及服务的生产成本。

捆绑式商业模式有三个关键点。第一，初期的商品或者服务是低价的，甚至可以是免费的，从而吸引到客户群体，这是一个前提。第二，产品或服务需要重复购买，客户才能保持良好的用户体验。第三，用户的转换成本很高，转换成本就是客户不再使用原公司的产品或服务转换为向其他竞争对手购买产品或服务时所花费的成本。

这里以打印机厂商惠普为例。从全球打印机市场来看，惠普是名副其实的王者，自 1984 年创造全球首台激光打印机以来，惠普一直处于市场领先地位，已连续三十多年在打印机全球市场份额中占据第一。惠普是怎么做到的呢？围绕着打印效率与质量，惠普不断与自己赛跑，技术上始终坚持创新。惠普的商业模式就是典型的捆绑式商业模式，惠普为消费者提供性价比非常高的打印设备，但这不是公司主要的利润来源。激光打印机的关键耗材是硒鼓，当硒鼓内的碳粉使用完后，用户可能需要更换新的硒鼓。惠普的碳粉有自身系列的专利技术保护，确保用户始终保持较高的打印质量；同时对硒鼓进行智能管理，对于使用非原装硒鼓的用户，机器会发出正在使用兼容配件可能产生风险的警示。因此，用户为保持较高的打印质量而持续地更换原装硒鼓的同时，也为惠普创造了丰厚的利润。

5.2   创 业 计 划 书

5.2.1   创业计划书的概念

创业计划书又称商业计划书，是指创业者就某项有前景的新产品或服务向风险投资人进行游说，以获得风险投资的商业可行性报告。创业计划书是创业者敲开投资人大门的"敲门砖",是创业者计划创建的业务的书面总结。一个优秀的创业计划书往往会使创业者事半功倍。

5.2.2 创业计划书的类型

因为企业在不同的阶段需要不同类型的商业计划书,所以首先要明确需要设计什么类型的创业计划书。创业计划书的类型有单页计划书、可行性计划书、内部计划书、运营计划书、年度计划书、战略计划书、精益计划书、标准计划书和创业计划书。

1. 单页计划书

之所以称为单页计划书,是因为它是一个仅包含企业亮点的单页总结,主要用于快速概览业务。在一页中总结目标市场、业务、主要里程碑和基本销售量预测,这样的总结对于银行、潜在投资者、供应商、盟友和雇员来说可能是有用的。单页计划书也可称为商业议案。

2. 可行性计划书

一些专家会使用"可行性计划书"一词来表示与创业计划书相同的内容。也有人用它来指代验证技术、产品或市场的具体步骤。例如,新型砖窑的可行性计划书可能包括实验室创建模板、原型和生产第一个产品的一些步骤。

可行性计划书很少能涵盖标准计划书甚至精益计划书的全部主题内容。它们倾向于关注在没有额外的战略、策略、财务预测的情况下,产品是否有效及市场是否存在。但是,这个术语在不同的人中有不同的用法,所以如果自己打算使用该术语,最好澄清一下它的含义。

3. 内部计划书

内部计划书通常也叫做精益计划书。它要反映公司成员的需求。由于内部计划书的目的是针对与公司直接有关的人员,它很可能会比针对银行的完全详细的标准计划书更短,更简洁。内部计划书不适用于银行、外部投资者或其他第三方。

4. 运营计划书

运营计划书包括具体的实施要点、项目截止日期、团队成员和管理人员的责任,是用于实现业务目标的计划书。它可以计划目标,让公司更好地分配优先权,更密切地关注结果、紧跟进程。运营计划书涵盖了业务的内部运作,概述了具体谁应该做什么,什么时候应该这样做等细节。

当然,该计划书里也涵盖现金流量。比如,重要发展节点需要有足够的资金来开展实施,那就需要根据现金流量跟踪进度,这样才能知道支出有多少。

5. 年度计划书

年度计划书重点关注的是企业的某个特定领域或业务的某个部分。年度扩张计划一般需要新的外部投资,所以年度计划书的内容需要包含完整的公司产品描述、市场和管理团队的背景。贷款申请这些细节也是需要的。然而,制订用于资助内部的增长或扩张的内部增长计划书可以略过这些描述步骤,它可能不需要包含整个公司的详细财务预测,但至少应包含对新企业或新产品的销售和费用的详细预测。

6. 战略计划书

战略计划书不同人有不同的用法,需要具体情况具体分析。通常情况下,战略计划是一个内部计划书,它没有太多的具体的财务预测细节。它包含更具体的战略策略,因此它有更多详细的描述和解释。然而，战略如果没有执行力就是无用的，所以一个好的战略计划书必须考虑具体的实施操作，这意味着要多考虑资源和时间。

7. 精益计划书

精益计划包括具体的实施要点、项目截止日期、团队成员和管理人员的责任，是用于实现业务目标的计划。该计划书结合精益思想，利用精益工具制订详细的工作计划，落实到每件具体的事情，落实到每一天，落实到每一个人。精益计划书结合问题管理，将有效对策固化到计划流程中，及时跟进。但是它不像战略计划书，没有具体的战略策略。

8. 标准计划书

标准计划书从企业内部的人员、制度、管理以及企业的产品、营销、市场等各个方面对即将展开的商业项目进行可行性分析。对企业和项目的运营现状及商业计划进行系统的描述和分析，包括企业或项目的目的。标准计划书的具体内容和详细程度取决于计划书的用途和对象。

9. 创业计划书

创业计划书是创业者在初创企业成立之前就某一项具有市场前景的新产品或服务，向潜在投资者、风险投资公司、合作伙伴等游说以取得合作支持或风险投资的可行性商业报告，用来描述创办一个新企业时所有的内部要素和外部要素。创业计划书的主要用途是递交给投资商，以便于他们能对企业或项目做出评判，从而使企业获得融资。

5.2.3   创业计划书的撰写技巧

如何撰写一份投资人青睐的创业计划书呢？首先要搞清楚 6W1H。所谓 6W1H 分别是：Who——团队概况(你们是谁？)，Where——目标市场(市场有多大？)，Why——行业痛点(用户需求是什么？)，How——商业模式(解决方案是什么？)，Which——竞争对手(竞争对手如何？)，What——现状与规划(现状，未来策略是什么？)，What——融资计划(融资计划是什么？)。想清楚这些要点以后撰写创业计划书就会游刃有余。

(1) 团队概况。团队描述部分的核心内容并不是去把我们过往的光辉事迹进行罗列，而是要通过对于团队过往经历的总结、提炼，告知投资人我们团队和我们所要做的创业项目之间有着极高的契合度，这样投资人才会对我们当下团队能够做成投资项目有更强的信心。对于投资人来说，投资就是投人，因为对于任何一家早期项目而言，其商业模式未来所面临的竞争环境都存在极大的不确定性，但只有团队自身是相对确定的。对投资人来说，项目本身谁都可以做，而团队是无可替代的。

对于团队的考察，投资人真正观察的是在未来瞬息万变的竞争环境当中创始人及创始团队是否能够快速地做出响应，是否能够及时地对公司运营的战略、战术进行相应的调整，支撑企业做大做强。

创业计划书里面，团队介绍部分其实和写简历的方式差不多，只不过是一个团队化的版本，或者是一个更加精简的团队化的版本。在个人简历当中，可能会把个人经历事无巨细地罗列上去，但是在创业计划书当中，只需要摘取和创业项目最为相关的经历，一般写三段即可，这样投资人可以在最短时间内获得他想得到的信息。

(2) 目标市场。对于目标市场描述的核心是向投资人体现项目或者行业具备很强的可投资的机会。通常情况下，通过对市场用户规模、市场规模以及行业集中度等各个方面的阐述，对目标市场进行佐证。首先要明确四个问题：① 企业定位的市场是什么？② 行业的天花板如何？③ 能获得的目标市场有多大？④ 有没有一些扩大市场的策略？

明确未来是某个垂直行业做深做透，还是要大而全地承担行业中巨无霸的航空母舰的位置，这些对于投资人而言，都决定了对于项目未来可能价值的一个天花板上限的预估。

要点：展现公司雄心壮志的时候到了，列明策略和数据。

(3) 行业痛点。这一点其实是提出问题，陈述现在的市场存在什么样的问题、进入领域的目标客户群以及他们有什么样的痛点，那么这个需求就是我们进入这个市场的机会所在。一般会有三种类型的需求：需求尚未被满足；尚未被很好满足；尚未意识到需求。此处主要表达清楚我们的项目要解决什么样的问题。

(4) 商业模式。根据商业模式预测企业前景是投资人的基本能力，因此商业模式是一个关键的投资驱动因素。商业模式的本质是利润-收入-成本。所以，商业模式要考虑的问题是：项目的收入结构及成本结构在时间序列上是如何展开和延伸的。简单说就是两句话：一是如何挣大钱；二是如何持续不断地挣大钱。商业模式需要展示企业未来如何赚钱，以及为什么现在的产品形态及发展趋势能够支撑未来的盈利模式，概括一句话就是：用多少时间、多少钱达成目标。切忌将商业模式神秘化，说不清楚的商业模式一定不是好的商业模式。

(5) 竞争对手。首先对目前的竞争对手以及潜在的竞争对手进行分析，找出他们的核心竞争力并且客观地进行评价，然后挖掘创业项目的核心竞争优势(别人没有的或者别人做不到的，如专利、技术等)。

(6) 现状与规划。表明现在进行到哪一步。如果已经运营了一段时间，则建议进行历史对比、竞争对比以体现增速。描述项目未来发展计划来体现公司的战略前瞻性；未来一段时间的发展策略如何(近期的发展目标、重点工作、实施路径、如何抢夺市场等)；体现创业者的战略思路，通过该模块可以告诉投资人，公司对未来的发展已经有了清晰的目标及规划，以打消其疑虑。因此，建议创业者通过深度思考后来描述该模块。

(7) 融资计划。其目的在于实现项目的融资诉求，描述一年的财务预测及需要融资的金额和融资的用途，同时说清楚融资的金额和准备稀释的股份。

<h2>◇　本　章　要　点　◇</h2>

1. 商业模式是创业企业为实现战略发展而构建起来的商业系统,体现了企业创造价值和实现价值的逻辑。 2. 商业模式一般分为价值体现、价值创造、价值传递和企业盈利四个组成部分	3. 商业模式画布把商业模式中所涉及的要素可视化地罗列出来,这样的方式能够帮助创业者深入思考创业方案的可行性。 4. 创业计划书是指创业者就某项有前景的新产品或服务向风险投资者进行游说,以获得风险投资的商业可行性报告

讨论案例 易科学：仪器共享模式的深层思考

一、易科学平台发展简介

易科学致力于成为中国领先的科技服务交易平台，目前已经开展仪器租赁、实验外包和分析测试的互联网业务。易科学于 2012 年年底诞生于清华大学的创业课堂，2014 年上半年开始商业运营，2015 年获得天使投资，并获得北京市科委科技众包试点项目立项，2016 年完成千万规模 Pre-A 轮融资。易科学现阶段已经从一个学生创业团队成长为初创的商业公司。作为"互联网+科技服务"的先行者，易科学用互联网的力量变革科学研究和企业研发的模式，助力中国的创新和创业。

2004 年国家启动"科技基础体系平台"建设项目，政府主导的产学研用所涉及的相关高校、科研院所、重点实验室、国家大型科学仪器中心都大量推进建设共享体系。不过令人惋惜的是，在现有的国有资产管控的大背景下，我国大型科研仪器设备特别是尖端的科研仪器设备的共享率不是很高，存在科研仪器资源闲置和浪费的现象。相关研究显示，大型科研仪器的共享情况仍不容乐观。只有 43%的大型科研仪器提供对外服务，其中 27.9%的大型科研仪器对外服务机时超过标准机时的 1/10。现阶段中小微企业特别是科技型初创企业，由于早期资金实力有限，难以自行购买研发创新所必需的先进仪器设备，创新能力的发挥受到了限制；而与此相对应的是财政资金购置的很多仪器设备存在不同程度的闲置浪费现象。

二、易科学平台运营模式分析

近年来国家对"仪器共享"工作越来越重视，连续出台相关指导文件，推动财政资金购置的科研设施与仪器设备向社会开放。以易科学为代表的科学仪器共享与研发服务互联网平台开始崭露头角，成为科技服务领域的共享经济代表。易科学是一个基于某几个垂直科学领域的仪器设备共享平台，与此同时易科学平台还能进一步为用户提供实验设计、试验效果论证以及实验技术改进的高阶咨询服务。易科学的运营模式见图 5-2。

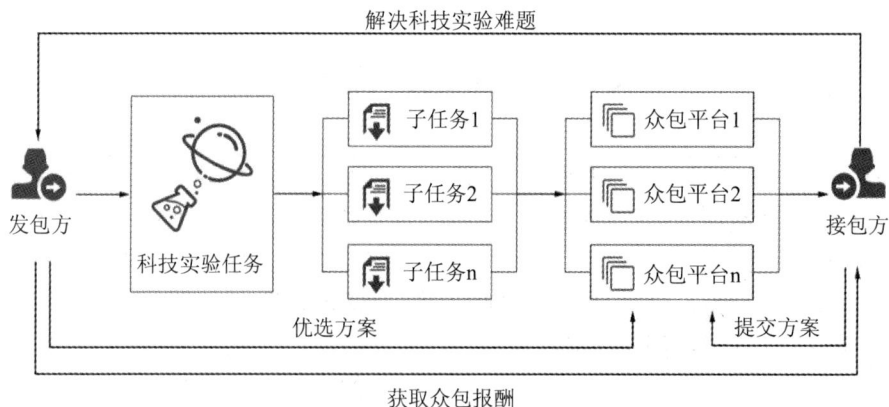

图 5-2 易科学的运营模式

易科学平台采用众包多维度资源配置的方式，全方位深度解决客户需求，目前在全国多个城市同步开展业务。该平台涉及的高阶技术智力服务从模式来看，属于知识产权创造过程中的技术研发类众包模式。易科学网站包含以下五个模块：

(1) 实验外包：电商购物模式方便用户筛选优质实验服务和服务提供商。

(2) 仪器租赁：用互联网的力量盘活科技资源，提升科研仪器设备的利用率。

(3) 分析测试：致力于成为中国领先的分析测试互联网交易平台。

(4) 活动：吸收跨界知识和成功经验，聆听专家讲座，互相分享真知灼见。

(5) 需求大厅：整合多领域多维度的资源，促进科研项目落地。

(资料来源：根据网上公开资料汇总整理。)

◇　启 发 思 考 题　◇

1．从易科学商业模式的学习中可受到什么启发？你的创业项目商业模式是什么？

2．就易科学的商业模式能否复制到其他行业谈谈你的看法。

3．假定易科学准备融资上市，为易科学撰写一份完整的创业计划书。

◇　本 章 参 考 文 献　◇

[1] 邓立治. 商业计划书：原理、演示与案例[M]. 北京：机械工业出版社，2018.

[2] 张玉利，薛红志，陈零松，等. 创业管理[M]. 5 版. 北京：机械工业出版社，2020.

[3] 李庆丰. T 型商业模式：揭示独角兽企业的成功密码[M]. 北京：北京时代华文书局，2019.

[4] 巴林杰. 创业计划书：从创意到方案[M]. 北京：机械工业出版社，2016.

[5] 钱雨，孙新波. 数字商业模式设计：企业数字化转型与商业模式创新案例研究[J]. 管理评论，2021, 33(11)：67-83.

[6] 张玉利，李雪灵，周欣悦，等. 商业模式创新过程："从无到有"与"从有到新"[J]. 管理学季刊，2020, 5(03)：113-118.

[7] 王烽权，江积海. 互联网短视频商业模式如何实现价值创造：抖音和快手的双案例研究[J]. 外国经济与管理，2021, 43(02)：3-19.

第6章 创业团队

学习目标

■ 了解创业团队的内涵
■ 理解创业团队的构成和角色
■ 掌握创业团队的组建过程
■ 了解大学生创业团队的管理问题

导入案例

芬尼科技：裂变式创业转型

芬尼科技成立于 2002 年 4 月，是一家专注于新能源与环保科技的国际化创新企业。公司集产品研发、生产、销售及服务于一体，主营空气能热泵、净水、净化器等产品。截至 2021 年 4 月 1 日，公司已累计申请专利 896 项，已授权专利 493 项，拥有著作权 23 项，其中作品著作权 8 项，计算机软件著作权 15 项，专利申请数量、质量成为空气能行业的企业翘楚。公司参与制定十余项国家及行业标准，并建设拥有节能型综合性能实验室、精密级半消声实验室、可靠性实验室等 16 个实验室，成为广东工业热泵工程技术研究中心和中国制冷空调行业大学生科技竞赛基地。

2014 年，芬尼科技创始人宗毅首创的"裂变式创业"模式引发关注。他在公司内部搞创业大赛，有野心、有能力的员工都可以参赛，让高管用钱投票，让获胜员工做新公司股东，做总经理带团队。通过裂变式创业，芬尼科技在短时间内便解化出了七家新公司，并且每家都能盈利。

宗毅的做法是偏传统的方式，即母公司不丧失控制权，但用分红权补足了创业团队的股权。芬尼科技要成立一家新公司，竞选总经理的人必须掏出 10% 的资金，这样大家共担风险。假如公司注册资本是 1000 万元，对一个打工者来说，100 万元不是一笔小数目，他的投资决策只会是审慎思考之后的决定。这个总经理会组建五六个人的创业团队，创业团队的人员都必须掏钱来占股，总经理和团队人员加起来拿出大约 250 万元现金，占 25% 的股份，这样他们才有资格参与投资这个新公司。然后芬尼科技的两个创始人宗毅和张利各拿出 25% 的资金，他们加起来占 50% 的股份。还有 25% 的股份是由其他裂变出的公司的高管和员工来投资，这样他们个人的利益就跟这家新公司的成败绑定了。

上述方式类似于以小博大，管理团队以 25% 的股份，享有 40% 的收益权。这个模式的精妙之处在于，他们占有的是收益权，不是股权本身，这个公司还是属于芬尼科技的创始人宗毅和张利。这个团队管理有以下优点：

第一，参赛端选手得愿意从积蓄中拿出 10%的钱，这个规定便对员工做了第一轮筛选，选出了有创业精神的人。这种回报惩罚非常刺激，投票人会很认真地分析小张或小马、小李，选出一个最优秀的人来做这个项目。

第二，竞选还产生了一个副效果——对公司人才的识别。就算这个年轻人没有成功，没能在比赛中获得第一，也能让公司决策层看出来哪些人是比较优秀的、有想法的，对未来有很高期待的。通过创业大赛，老板也对公司的人才做了一次很好的梳理，未来该提拔和培养谁会很清晰。因此创业大赛也成了公司各种人才展现自己才华的舞台，大家参赛的积极性很高。

第三，这种投资机制让提拔优秀的年轻人变得更容易。企业转型往往遇到一个很麻烦的问题，企业伦理难以打破。总经理提拔新员工可能遭到老员工的质疑，但这个年轻人愿意拿出自己的钱来赌一个项目，这样能力不行的老资格会自动调离并且不会有什么怨言。

第四，用钱投票是最理性的选举方式。第一轮票选阶段，晋级的队还存有拉票获胜的可能，但在决赛阶段就不是轻飘飘地投票了，而是让公司的管理层投钱选出创业团队。决选的时候，外面请来的评委会参与点评，但这不是关键，关键是拿钱投票。投钱制度解决了拉票的问题。当每个人拿自己的钱去选人的时候，一定是最认真理性的，最终选出来的团队是大部分人认为能够赚到钱的，意见会比较统一。

第五，让母公司的管理团队用钱投票，把他们和新公司的利益绑定，这很重要。因为转型的过程中需要借用母公司的资源，而且有可能跟母公司的既得利益发生冲突，一旦母公司的主要管理者跟新公司的利益是绑定的，新公司的运营就会顺畅得多。

可以看出，宗毅的一整套设计都是围绕激励机制在做的，以强大的利益绑定充分调动各方积极性。通过以上制度设计，宗毅能把他认为好的团队筛选出来，拿钱投票也能保障胜出项目的质量。宗毅的这套激励机制不但把团队的利益跟未来的结果深度绑定，而且把团队跟这个时代绑定了——激发出团队的主观能动性之后，他们一定会主动设计出适应时代的应急性战略。

(资料来源：周文辉. 芬尼科技：成熟企业如何转型为创业平台?[J]. 清华管理评论,2018(Z2): 126-132.)

为了使创业想法能付诸行动，创业者往往需要借助团队的力量。创业团队是由多个人构成的，每个团队成员都是独立的思考个体。在这样的背景下，如何进行团队建设，管理团队成员之间怎样磨合能让团队成员为达到高品质的结果而共同努力和相互协作，是创业者必须考虑的问题。本章对创业团队相关内容进行探讨。

6.1　创业团队概述

6.1.1　创业团队的内涵和特征

创业团队是由两个或者两个以上的，能够技能互补，同时贡献互补的创业者组成的特殊群体。这个群体在一个共同认定的、能够使彼此承担责任的程序规范下，为达成一个高品质的创业结果而共同努力、相互协作、相互依赖，并共同担当。一个优秀的创业团队应该有以下特点：

(1) 明确的团队目标。明确的团队目标是创建优秀团队的基础。一个优秀的团队，大家一定有共同的、明确的团队目标，这是一面旗帜，让大家都朝着旗帜的方向前进。

(2) 高效的执行力。优秀的团队一定是执行力强大的团队。互联网时代提供了大量机会，但这些机会转瞬即逝。现在很多新兴的创业团队就是因为高效的执行力而抓住了成功的机会，从而一鸣惊人。他们都是洞察到时代发展带来的创业机会，团队迅速下手执行，拓展业务，一跃成为业界新星。大多数团队都具备洞察力，但是能否迅速执行、抓住机会才是脱颖而出的关键。

(3) 共享精神。一个优秀的团队，团队成员之间能够共享智慧、资源和信息，大家汇聚经验和教训。

(4) 能力互补。根据创业目标，筛选人才，建立优势互补的团队是创业的关键。从人力资源管理的角度衡量，建立优势互补、专业能力完美搭配的"异质性"团队是保持团队稳定和高绩效的关键。在创建一个团队的时候，最重要的是考虑成员之间的知识、技能、背景、资源、能力、学历、性格上的互补性，充分发挥团队成员的知识和经验优势。

(5) 沟通顺畅。团队成员之间必须进行良好的沟通才能协调他们的行为。沟通的障碍越少，团队就越好，凝聚力和战斗力也就越强。

(6) 相互信任。相互信任是一个成功团队最显著的特征。团队内部成员是否互相信任会直接影响到团队能力的大小。如果团队成员不能互相信任，团队成员就不能勇敢地表达自己的意见并大胆提出一些可能产生争议或冲突的问题，缺乏思想上的交锋，就只能达成表面的共识，这就会导致在实际执行的时候缺乏投入，无法对身边的队友负责。

(7) 相同的价值观。一个企业要想发展壮大，团队必须要有统一的企业价值观，大家都为了实现共同的使命与愿景而不懈努力奋斗，这样的团队才能又好又快地成长。反之，没有共同的价值观，团队成员可能有利跟随，无利则弃而走之。

(8) 荣辱与共的思维。团队成长路程中，胜利与失败往往一路伴随。拥有荣辱与共的团队意识，团队成员能更好地分享成功的喜悦与失败的心酸。如果一群人身怀绝技，却摩擦不断，互相看不顺眼，互相使绊子，他们不可能组成一个优秀的团队。团队只有拧成一股绳，形成你中有我，我中有你的利益共同体，团队成员才能勇往直前，从容应对创业过程中的各种风险与挑战。

6.1.2 创业团队的成员角色

英国团队管理专家梅雷迪思·贝尔宾被誉为"团队角色理论之父"，他在观察与分析成功团队时发现，一支结构合理的团队应该由八种不同的角色组成，这八种角色分别是智多星、外交家、审议员、协调者、鞭策者、凝聚者、执行者和完成者。贝尔宾团队角色理论说明，高效的团队工作有赖于默契协作，团队成员必须清楚自己和其他人所扮演的角色，了解如何相互弥补不足，发挥优势。根据角色进行团队职权划分，有利于发挥成员优势，激励创新，避免管理中产生纠纷。

下面是贝尔宾团队角色测试试题，用来测试自己在一个团队中适合扮演什么角色。对下列问题的回答，在不同程度上描绘了你的行为。每题有八个选项，请将 10 分分配给这八个选项。分配的原则是：最体现你行为的选项分最高，以此类推。最极端的情况下，可以将 10 分全部分配给其中的某一选项。请根据实际情况把分数填入表 6-1 中，按要求将分数相加，每一列的总分代表了你人格中这一类素质的占比。

一、我认为我能为团队做出的贡献是：

A. 我能很快地发现并把握住新的机遇。

B. 我能与各种类型的人一起合作共事。

C. 我生来就爱出主意。

D. 我的能力在于，一旦发现某些对实现集体目标很有价值的人，我就及时把他们推荐出来。

E. 我能把事情办成，这主要靠我个人的实力。

F. 如果最终能导致有益的结果，我愿面对暂时的冷遇。

G. 我通常能意识到什么是现实的，什么是可能的。

H. 在选择行动方案时，我能不带倾向性，也不带偏见地提出一个合理的替代方案。

二、在团队中，我可能有的弱点是：

A. 如果会议没有得到很好的组织、控制和主持，我会感到不痛快。

B. 我容易对那些有高见而又没有适当地发表出来的人表现得过于宽容。

C. 只要集体在讨论新的观点，我总是说得太多。

D. 我的客观算法，使我很难与同事们打成一片。

E. 在一定要把事情办成的情况下，我有时使人感到特别强硬以至专断。

F. 可能由于我过分重视集体的气氛，我发现自己很难与众不同。

G. 我易于陷入突发的想象之中，而忘了正在进行的事情。

H. 我的同事认为我过分注意细节，总有不必要的担心，怕把事情搞糟。

三、当我与其他人共同进行一项工作时：

A. 我有在不施加任何压力的情况下，去影响其他人的能力。

B. 我随时注意防止粗心和工作中的疏忽发生。

C. 我愿意施加压力以换取行动，确保会议不是在浪费时间或离题太远。

D. 在提出独到见解方面，我是数一数二的。

E. 对于与大家共同利益有关的积极建议，我总是乐于支持的。

F. 我热衷寻求最新的思想和新的发展。

G. 我相信我的判断能力有助于做出正确的决策。

H. 我能使人放心的是，对那些最基本的工作，我都能组织得井井有条。

四、我在工作团队中的特征是：

A. 我有兴趣更多地了解我的同事。

B. 我经常向别人的见解进行挑战或坚持自己的意见。

C. 在辩论中，我通常能找到论据去推翻那些不甚有理的主张。

D. 我认为，只要计划必须开始执行，我有推动工作运转的才能。

E. 我有意避免使自己太突出或出人意料。

F. 对承担的任何工作，我都能做到尽善尽美。

G. 我乐于与工作团队以外的人进行联系。

H. 尽管我对所有的观点都感兴趣，但这并不影响我在必要的时候下决心。

五、在工作中，我得到满足，因为：

A. 我喜欢分析情况，权衡所有可能的选择。

B. 我对寻找解决问题的可行方案感兴趣。

C. 我感到，我在促进良好的工作关系。

D. 我能对决策有强烈的影响。

E. 我能适应那些有新意的人。

F. 我能使人们在某项必要的行动上达成一致意见。

G. 我感到我的身上有一种能使我全身心地投入到工作中去的气质。

H. 我很高兴能找到一块可以发挥我想象力的天地。

六、如果突然给我一件困难的工作，而且时间有限，人员不熟：

A. 在有新方案之前，我宁愿先躲进角落，拟定出一个解脱困境的方案。

B. 我比较愿意与那些表现出积极态度的人一道工作。

C. 我会设想通过用人所长的方法来减轻工作负担。

D. 我天生的紧迫感，将有助于我们不会落在计划后面。

E. 我认为我能保持头脑冷静，富有条理地思考问题。

F. 尽管困难重重，我也能保证目标始终如一。

G. 如果集体工作没有进展，我会采取积极措施去加以推动。

H. 我愿意展开广泛的讨论来激发新思想，推动工作。

七、对于那些在团队工作中或与周围人共事时所遇到的问题：

A. 我很容易对那些阻碍前进的人表现出不耐烦。

B. 别人可能批评我太重分析而缺少直觉。

C. 我有做好工作的愿望，能确保工作的持续进展。

D. 我常常容易产生厌烦感，需要一、两个有激情的人使我振作起来。

E. 如果目标不明确，让我起步是很困难的。

F. 对于我遇到的复杂问题，我有时不善于加以解释和澄清。

G. 对于那些我不能做的事，我有意识地求助他人。

H. 当我与真正的对立面发生冲突时，我没有把握使对方理解我的观点。

表 6-1 为答题表，将每个问题的项目得分填入表 6-1 中，再将同类的得分加总得到自己的分数分布。

得分最高的角色，就是测试者在管理团队或项目团队中最适合扮演的团队角色。次高分所指示的角色是备份角色，最低的两个分数，则是最不适合扮演的角色，这就需要团队中的成员进行互补。表后列举了这八种角色的特点，可以进一步加深对团队角色的认识，指导创业者甄选创业伙伴，组建创业团队。

表 6-1 自我评价分析表

题号	CW	CO	SH	PL	RI	ME	TW	FI
一	G	D	F	C	A	H	B	E
二	A	B	E	G	C	D	F	H
三	H	A	C	D	F	G	E	B
四	D	H	B	E	G	C	A	F
五	B	F	D	H	E	A	C	G
六	F	C	G	A	H	E	B	D
七	E	G	A	F	D	B	H	C
总计								

下面一一来看这八种团队角色。

(1) 鞭策者 SH(Shaper)。

典型特征：思维敏捷，坦荡，主动探索。

积极特性：积极，主动，有干劲，随时准备向传统、低效率、自满自足挑战；有紧迫感，视成功为目标，追求高效率。

可接受的弱点：好激起争端，爱冲动，易急躁，容易给别人压力；说话太直接，虽然SH 总是就事论事，却经常伤人不伤己。

在团队中的作用：① 寻找和发现团队讨论中可能实现的方案；② 使团队内的任务和目标成型；③ 推动团队达成一致意见，并朝向决策行动。

(2) 执行者 IMP(Implementer)。

典型特征：保守，顺从，务实可靠。

积极特性：有组织能力、实践经验；工作勤奋；有自我约束力。

可接受的弱点：缺乏灵活性，应变能力弱；对没有把握的主意不感兴趣。

在团队中的作用：① 把谈话与建议转换为实际步骤；② 考虑什么是行得通的，什么是行不通的；③ 整理建议，使之与已经取得一致意见的计划和已有的系统相配合；④ 实干家就是好的执行者，能够可靠地执行一个既定的计划，但却未必擅长制订一个新的计划。

(3) 完成者 CF(Completer Finisher)。

典型特征：勤奋有序，认真，有紧迫感。

积极特性：理想主义者，追求完美，持之以恒。

可接受的弱点：常常拘泥于细节；常常有焦虑感(注意和 SH 的不同，SH 有紧迫感，但 CF 是焦虑感)；不洒脱。

在团队中的作用：① 强调任务的目标要求和活动日程表；② 在方案中寻找并指出错误、遗漏和被忽视的内容；③ 刺激其他人参加活动，并促使团队成员产生时间紧迫感。

(4) 外交家 RI(Resource Investigator)。

典型特征：性格外向，开朗，热情，好奇心强；联系广泛，消息灵通，是信息的敏感者。

积极特性：有广泛联系人的能力；能不断探索新的事物；勇于迎接新的挑战。

可接受的弱点：见异思迁，兴趣马上转移。

在团队中的作用：① 提出建议，并引入外部信息；② 接触持有其他观点的个体或群体；③ 参加磋商性质的活动。

(5) 协调者 CO(Co-ordinator)。

典型特征：沉着，自信，有控制局面的能力。

积极特性：对各种有价值的意见不带偏见地兼容并蓄，看问题比较客观。

可接受的弱点：在智能以及创造力方面并非超常。

在团队中的作用：① 时刻想着团队的大目标，明确团队的目标和方向；② 选择需要决策的问题，并明确它们的先后顺序；③ 帮助确定团队中的角色分工、责任和工作界限；④ 总结团队的感受和成就，综合团队的建议。

(6) 凝聚者 TW(Teamworker)。

典型特征：擅长人际交往；温和；敏感，是人际关系的敏感者(注意 RI 是外界信息的敏感者)。

积极特性：有适应周围环境以及人的能力；能促进团队的合作；倾听能力最强。

可接受的弱点：在危急时刻往往优柔寡断，一般很中庸。

在团队中的作用：① 给予他人支持，并帮助别人；② 打破讨论中的沉默；③ 采取行动扭转或克服团队中的分歧，思考相关的团队角色。

(7) 智多星 PL(Plant)。

典型特征：有个性；思想深刻；不拘一格。

积极特性：才华横溢；富有想象力；智慧，知识面广。

可接受的弱点：高高在上；不重细节；不拘礼仪。

在团队中的作用：① 提供建议；② 提出批评且有助于引出相反意见。

(8) 审议员 ME(Monitor Evaluator)。

典型特征：清醒，理智，谨慎。

积极特性：判断力强；分辨力强；讲求实际。

可接受的弱点：缺乏鼓动和激发他人的能力；自己也不容易被别人鼓动和激发；缺乏想象力，缺乏热情。

在团队中的作用：① 分析问题和情景；② 对繁杂的材料予以简化，并澄清模糊不清的问题；③ 对他人的判断和作用做出评价；④ ME 们靠着其强大的分析判断能力，敢于直言不讳地提出和坚持异议。

通过自我测评来认知自己的行为特点和角色贡献，能够让每一个团队成员都可以发挥每个人积极特性的优势，从而提升团队的整体水平。

6.2　创业团队的组建

6.2.1　创业团队组建的原则

构建一个良好的创业团队绝对不是一件容易的事。在创业初期，创业者会面临各种问题，单凭个人的能力是远远不够的。此时，创业者就需要明确创业团队的基本原则。

1. 共同志向原则

团队的目标必须明确，这样团队成员才有一个共同努力的方向。同时，目标也必须合理可行，这样才能真正实现激励的目的。415 原理可以帮助理解该原则：第一个数字 4，是从合伙团队人数的角度来考虑的。那团队中有几个人是相对合理的呢？一般来说 2~4 个人比较合理。因为，一个人的好处是执行力会很强，但问题是一个人的能力、资源和精力都是有限的。同时，一个人的判断可能会存在视野的局限。另外，企业在发展过程中会遇到很多问题和困难，有很多的责任需要扛，一个人需要承担的压力太大，而且缺乏倾诉，适当有人帮忙分担则会在身心上带来帮助。但是人数过多，比如 5 人以上，也是不适合的，这会带来决策效率的低下，影响企业的发展。因此，2~4 人是一个比较合理的标准。比如新东方是三个人，携程是四个人。第二个数字 1，这里的 1 是代表这个合伙人的结构中，我们需要有一位可以拍板做决策的领袖，一个 Leader。在团队的发展过程中，面对困难和风险，大家缺乏一致方向时，领袖敢于拍板，可以拍板做决策，这时会给团队成员带来内心的支撑，形成凝聚力，推动团队继续前进。第三个数字 5，是从股权的角度来看的。就是指需要有一个人的股权占到 50% 以上，形成相对控股的局面(或者某种形式约束的相对控股条款)，有人可以真正地拍板。

2. 异质性原则

创业者之所以组建创业团队，其根本就在于弥补创业目标和自身能力间的差距。只有当团队成员相互间在知识、技能、经验等方面实现互补时，才有可能通过相互协作发挥出"1 + 1 > 2"的协同效应。在创业中突破个人极限的情况会有很多，这样也就意味着，无论个人能力有多强，创业的时候，都需要与他人合作。特别是对于我们绝大多数人来说，三个臭皮匠还胜过一个诸葛亮，团队的智慧肯定是要高于个人智慧的。同时，大家也应该意识到，团队是由多个人构成的，每个团队成员都是独立思考的个体。这样就一定要进行团队建设，进行团队成员之间的磨合，大家都要为达成高品质的结果而共同努力，相互协作，相互依赖，共同担当。

3. 动态开放原则

创业的过程是一个充满不确定性的过程。这途中会有人因为能力、观念等多种原因离开团队，但同时也会有更合拍的人加入团队。因此在组建创业团队时，应遵循动态开放原则，为团队吸引最有价值的人。

4. 精简高效原则

为了控制创业期的运营成本，在保证企业高效运转的前提下，创业团队人员应尽可能精简。

6.2.2　创业团队组建的程序

组建创业团队是一个非常复杂的过程，不同创业项目需要的团队不同，其组建步骤也大不相同。一般创业团队的组建程序如下：

(1) 明确创业目标。明确的创业目标是将创业伙伴的努力凝聚起来的重要因素。只有团队成员认可创业的目标，大家才有激情、有动力去实现这些目标。因此，确立企业发展的总目标及阶段性子目标尤为重要。"以此来创造财富""兴趣爱好使然""亲朋好友影响""年轻闯一闯"等是不少初始创业者创业的最初原因。不同的创业原因只能在创业团队中融合出一个创业目标，根据自身条件出发，比如说主推室内设计的创业团队就要保持室内设计为发展目标，其余不赞成或不合适的人员可以进行更换或劝退。

(2) 制订创业计划。在确定了总目标以及一个个阶段性子目标之后，紧接着就要研究如何实现这些目标，这就需要制订周密的创业计划。创业计划是在对创业目标进行具体分解的基础上，以团队为整体来考虑的计划。创业计划确定了在不同的创业阶段需要完成的阶段性任务，创业团队通过逐步实现这些阶段性目标来最终实现创业目标。

(3) 招募合适的人员。创业从来都不可能单枪匹马完成，在创业初期，得先找到能和自己并肩作战的优秀人才。招到好的人才真是又重要又困难。事实上，这对创业者来说也是最重要的事。关于创业团队成员的招募，要考虑两个方面：一是能否在能力或技术上与其他成员互补。一般来说，一个创业团队最起码需要管理、技术和营销三方面的人才。只有团队各成员在技术或能力上形成互补关系，才能强化团队成员彼此间的合作，保证团队的战斗力。二是规模是否合适。适度的团队规模是保证团队高效运转的重要条件。团队成员过少，则无法实现团队的优势，团队成员之间也不能形成完整的互补关系；团队成员过多则团队成员间可能会产生沟通障碍，还可能出现抱团现象，不仅造成管理困难，更会大大削弱团队的凝聚力。

(4) 职权划分。为了保证团队能够按照商业计划开展各项工作，需要提前对团队内部进行职权划分，明确每个团队成员的职责以及相对应的权力。在划分职权时，既要避免成员的职权重叠，也要避免遗漏某项工作。此外，在创业的过程中，所处的商业环境是不断变化的，团队的职权划分也应该根据环境的变化积极进行调整。

(5) 构建团队制度体系。制度执行时，最重要的原则是没有特例，最好的效果是没有歧视，如此才能形成普遍认同，推动团队发展。在团队建设过程中，要让每位成员明白：职场友情固然重要，但职场的目的不是交朋友，而是出于共同的理想和愿景，齐心协力将事情做好。执行制度时应始终保持严格平等的态度，绝不能姑息、包庇、护短，睁一只眼闭一只眼，甚至相互放水，这样的"融洽"看似和谐友爱，实则可悲，是一种"慢性自杀"，它将导致团队的创业目标无法实现，走向万劫不复！注重制度建设的三个关键点，就会推动团队发展更有序、更和谐、更高效。

制度只有直抵人心才能真正产生效果，因此，制度需刚柔相济，可从三方面入手。一是要从需求出发。但凡事关团队生存的问题都必须通过制度的形式加以明确和规范，要旗帜鲜明地宣示团队的价值取向，体现价值导向、情感归属和行为引导。二是要实现平衡与制约。制度要在形式和内容方面充分体现公正，使参与者的利益得到平衡，并且相互之间能监督制约，以此促进团队形成合力，团队概念也就逐步形成。三是要与共识同步，适合团队的阶段性特点。只有当制度与每个人的行为发生化学反应，成为每个人的习惯，才能促进团队成员间形成信任和默契。

(6) 团队的调整融合。完美创业团队的产生不是一蹴而就的，而是需要经历一个摸索磨合的过程。随着创业计划的一步步推动，团队中人员配备、职权划分以及团队制度等方面的不足逐步暴露，这时就需要团队不断地进行调整。这个调整工作将是一个动态的、持续的、长期的过程，需要不断调整出现的问题，直到效果达到实际要求。在调整的过程中，最重要的是保证团队成员之间的有效沟通，培养和强化团队精神。

6.3　创业团队的管理

6.3.1　大学生创业团队的管理问题

创业经验就是创业者在先前的创业活动中积累的成功或失败的经验，也包括从这些创业活动关系中获得的概念、知识和技能。丰富的创业经验使创业者对机会的认知以及对问题有自己独到的看法和见解。可大学生真正拥有创业经验的并不多，创业中往往因为其创业经验的不足，尤其是团队组建问题导致创业的失败。大学生创业团队通常有以下方面的问题。

(1) 团队成员的知识结构单一。大学生的创业知识主要来源于大学教育。通过接受高等教育，积累专业知识是创业成功的充分条件。尽管历经了四年的专业学习，大学生已经掌握了一定的专业知识，但他们在创业中会受到多个方面的制约。由目前已有的自主创业案例可知，大多数大学生创业者并没有选择自己的专业领域作为创业方向。有学者对中部地区高校毕业生创业情况进行了调查，发现并没有在自己的专业领域创业的大学生占比为94.6%。他们的创业范围比较窄，主要包括娱乐业、餐饮业。这种情况的发生，足以体现出大学生没有掌握过多的创业理论。创业教育在我国的发展缺乏深厚的基础，学生的创业意识淡薄，他们也没有掌握足够的创业方法，能力素质偏低，这与理论学习不到位有关。因此，大学生在创业过程中未能充分发挥出自身专业知识方面的优势。

(2) 对团队成员的挑选不够谨慎。一个成功的大学生创业者应具有较强的抗压能力。生活中确实存在着大量的创业机会，关键的问题是是否有耐心不断寻找，即便是暂时没有得到很好的机会，也不要轻易放弃。大学生在大学校园里轻松单纯的氛围中养成的浪漫的、理想的心理状态，往往难以经受社会的"风吹日晒"。创业者及其创业团队在创业的过程中要面对许多压力，包括心理焦虑、挫折、孤独感。大学生创业者及其创业团队要具备强大的抗挫能力，即使身处逆境之中，也要顽强、坚韧地向着目标前进，争取捕捉到良好的创业机会。同时，只有具备这样的性格品质，大学生才能创建庞大的创业团队，才能吸引更多的风险投资。

(3) 团队成员职能划分模糊。大学生创业团队缺乏理论基础，往往是一个核心人物领导整个创业团队，团队成员的组成在构建上很难互补，常常出现难以协调的局面。例如核心人物的决策缺乏全面考虑，不利于整体的发展；团队成员间的合作缺乏协调性；管理者层次模糊，人才缺乏或闲置等。再加上团队成员个人能力不同，管理水平不同，创业团队成员容易从自身出发，使得很多需要改进和避免的问题都不能得到有效解决，进而会导致整个团队的发展和业绩都受到影响。

(4) 团队成员彼此不信任。虽然因为共同的目标组成了创业团队，但在决策时一旦有人失去话语权或者产生利益冲突，就会影响团队成员间的相互信任。随着不信任感的加深，整个团队都会笼罩在制约感中。不信任会导致创业团队面临更多的阻力。

6.3.2 创业团队的组织建设

1. 建立信任

信任是高绩效团队和组织的重要组成部分，它减少了工作环境中的摩擦和恐惧。当高度的信任存在的时候，人们不会总是担心他们的团队中是否有人支持他们，从而可以直言不讳。他们可以分享错误和挑战，并从中更快地学习；其他人也可以有效地协调他们的行动，共同做出更好的决定。在高度信任的环境中，在协调人际关系上浪费的精力会更少，这样就会有更多的精力来解决问题，完成"真正的"工作。

2. 打造团队精神，培育团队文化

一个没有团队精神的组织将是一团乱麻；一个没有团队精神的国家将难以强大。21世纪世界舞台上少了战场的硝烟，多了商业上的竞争。现在是一个追求实现个人价值的时代，更是一个追求个人价值和团队价值双赢的时代。个人的时代已经过去，团队合作的时代已经到来，我们需要团队精神。但是，在市场竞争越来越激烈的前提下，合作并不一定产生"1＋1＞2"的效果。开展有效的合作，形成一种团队精神，达到整体效益大于部分效益之和的效果，是每一个企业的重要任务。团队精神是指团队成员为了团队整体的价值观、信念和共识，为了团队的共同目标和利益相互协作，共同奋斗的思想意识，反映在工作上就是团队凝聚力和团队士气，以及彼此的信任感和责任感。一个没有团队精神的团队或企业，一切好的想法和愿望都会变成"零"；没有团队合作意识的员工，无论他们的学历和技能有多优秀，对企业来说都是零。只有具有团队精神的团队，才能形成无形的向心力、凝聚力和创造力。

团队文化是指团队成员为了实现自身的人生价值，实现团队的共同目标，在相互合作的过程中形成的潜意识文化。团队文化是传统文化、社会文化和团队相互作用形成的，具体包括价值观、最高目标、行为规范、管理制度和道德风尚。建立团队文化要以全体员工为工作对象，通过宣传、教育、培训、文化娱乐、社会化等方式，最大限度地统一员工的意志，规范员工的行为，凝聚员工的力量，为团队的总体目标服务。塑造团队文化的关键是在团队形成和发展的过程中提炼团队的价值观、使命和愿景，并在此基础上逐步形成相对固定的团队氛围。一个成功的创业团队必然是一个充满活力的团队，而一个充满活力的团队必然是有自己独特的团队文化的。

3. 股权合理分配

股权通常是指股东出资所享有的权利，具体是指股东从公司获得经济利益并参与公司经营管理的权利。创业团队成立后，关键问题之一就是决策成员之间的工作分工和股权分配。工作分工是对成员工作内容和职责的界定，而股权分配则是对创业利益分配方式的约定。工作分工有助于短期内维持创业过程的有序性，股权分配则有助于长期维持团队的稳定和企业的稳定发展。在团队成员中进行股权分配，可以使团队利益和个人利益、团队目标和个人目标关联起来，从而激发每个成员的工作积极性。在实现个人目标和团队目标的过程中，应力求达到团队利益和个人利益的长期最大化。在进行股权分配时，创业者应遵循三个重要原则：第一，重视契约精神。在创业之初，就要在公司章程中写清楚股权分配方案，明确公司的利益分配机制。第二，遵循贡献决定权利原则。分配股权时，首先可以

依据出资额来进行股权分配,其次对于没有注入资金但持有关键技术的团队成员,则需要考虑技术的商业价值来确定股权的份额。第三,控制权与决策权统一原则。持有股权份额本质上对应的是对公司的控制权。在创业初期,控制权和决策权的统一至关重要。如果公司持股份最多的成员不拥有公司的控制权会非常危险,这是由于该成员更关注新企业的发展,更容易挑其他成员的决策错误,甚至会去挑战决策者的决策权威,进而引发团队矛盾和冲突。

4. 建立团队激励机制

创业团队成员本身往往具有分离倾向,管理稍有松懈就可能导致团队绩效急剧下降。如果没有有效的激励机制,团队的生命将无法持续。有效的激励机制是维持团队长期士气的关键,即给予团队成员合理的利益补偿,包括物质条件和心理利益。哈佛大学教授威廉•詹姆斯的研究表明:在美国,如果没有科学有效的激励机制,人们只能发挥 20%~30%的潜力;而科学有效的激励机制可以使成员发挥其 70%~80%的潜力。科学的激励机制应当由正激励和负激励相结合,所谓正激励(正强化)就是对员工的符合组织目标的期望行为进行奖励,以使得这种行为更多地出现。所谓负激励(负强化)就是对员工违背组织目标的期望行为进行惩罚,以使得这种行为不再发生。激励的核心是奖惩分明,对所有人一视同仁,否则会适得其反;激励必须"论功行赏",必须公平公正。

◇　本 章 要 点　◇

1. 创业团队是由两个或者两个以上的,能够技能互补,同时贡献互补的创业者组成的特殊群体。 2. 为了控制创业期的运营成本,在保证企业高效运转的前提下,创业团队人员应尽可能地精简	3. 大学生创业往往因为其创业经验的不足,尤其是团队组建过程中没有很好处理成员的替换问题,从而导致创业失败。 4. 股权分配是创业团队建立中重要的一环,不仅要明确团队价值观,还要建立明确的规则,最终让各股东达成共识

讨论案例　大学生创业项目:西安纸贵科技

纸贵科技的联合创始人宣松涛,就是一名不折不扣的 90 后。从想法到落地,从西安到武汉、北京,从刚开始时的数字版权保护,到后来的供应链金融和监管科技,宣松涛和他的创业团队,用实力证明了自己的能力,而纸贵科技,也逐渐成长为区块链技术应用的代表企业。纸贵科技在 2021 "大创慧谷"大学生创业创新大赛设置的"高新技术应用专项赛"决赛中表现优异,参赛项目"纸贵区块链公共服务平台"荣获全国二等奖。

一、创业项目缘由

创业团队成立初期,宣松涛还在西安交通大学英语专业读大三。他团队里的朋友在大学里做校园自媒体的时候，曾遭遇原创文字被抄袭、图片被盗用等被侵权的问题，即使提出了申诉，权益也没有得到真正的维护。那个时期，他们亲身体会了原创者在版权保护方面的困境，于是团队最初的想法，就是希望能够帮助原创者保护自己的作品和权益。在老师的支持下，年轻的纸贵科技有限公司诞生。这个名字取自"洛阳纸贵"，"纸"代表作品、象征知识产权，是一种文化概念，"贵"就是希望帮助原创者作品的价值得到实现，就如他们公司的标语所倡导的——让原创者受到尊重。

在当时，运用传统版权保护方式遇到了很多困难，程序繁琐是一大问题。区块链的兴起给这个年轻人提供了新的思路和模式。宣松涛及其团队设想一个这样的场景，用户在自己平台上传作品后，平台会将作品打包生成一个"作品 ID"，这相当于在区块链上生成了一笔交易。平台会在"作品 ID"中添加作品和个人信息，然后将作品信息登记在一个区块里，后台审核通过后生成数据写入区块链，生成证书。存储在区块链里的数据和交易都是公开透明的，而区块链不易被篡改的特性充分保障了数据的安全。就这样，宣松涛决定成立一家专注于用科技革新版权行业的公司，立志成为版权人的守护者和构建 IP 生态系统的先行者。

二、企业发展历程

西安纸贵网络科技有限公司(以下简称纸贵科技)成立于 2016 年，公司地址位于中国陕西省西安市，是一家为用户提供包括版权登记、快速维权及法律咨询在内的一站式互联网版权服务的企业。纸贵科技于 2016 年 4 月获种子轮融资，2017 年 3 月获得数百万元的天使轮融资。2017 年 7 月，纸贵科技对外宣布称已完成数千万元 A 轮融资，由弘桥资本及一支国家基金领投。2021 年 2 月，产业区块链头部企业纸贵科技宣布获数千万元人民币的 B 轮融资，由老股东赛富亚洲创始人阎焱持续加码投入。B 轮融资所获资金将用于加大区块链核心技术研发投入，扩建高素质人才团队。

纸贵科技是一个网络版权工具型内容平台，平台以"互联网＋版权"的模式为基础，以文字作品、图片作品、VR/AR 等版权内容为核心；同时纸贵科技也将为版权使用者提供发掘优质作者和原创内容的平台，帮助版权方和使用者进行对接，使平台的功能和盈利模式更加立体化和多元化。纸贵科技的目标是结合优质法律资源与大数据技术，成为所有版权作品的管家、保镖和经理人，最终以纸贵模式辅助构建良性网络版权生态圈。目前，纸贵科技已建立起确权、维权、IP 孵化和 Baas 四大板块版权服务，实现版权数据规模达 500万件，登记量突破 30 万件，其中包括贾平凹、潘朴、韩鲁华等人的原创作品。

三、企业运营模式分析

目前，纸贵科技的定位是为用户提供包括版权登记、快速维权以及法律咨询在内的一站式互联网版权服务的公司。随着纸贵科技第三轮成功融资，纸贵科技开始致力于利用区块链技术，打通版权产业链，成为全链条 IP 内容孵化运营的垂直平台。

纸贵科技运营模式的主要特点是以平台自身担保来构建自循环生态系统体系，为众包双方提供一个创意整合生成的文化创意创造平台。一方面保证文化创意成功孵化，另一方面也吸引更多的需要创意的中小文化企业及更多的文化创意工作者入驻平台。纸贵科技运营模式如图 6-1 示所示。发包者将项目资金转移至平台并且获得了项目版权时，平台此时不再是版权的旁观者，而是为文化创意项目提供保证服务者。

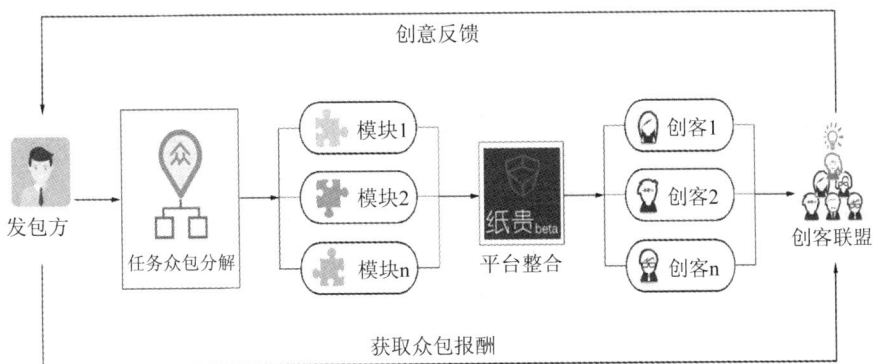

图 6-1 纸贵科技运营模式

纸贵科技目前的 IP 孵化业务处在资方导向的阶段。IP 需求方找到纸贵，纸贵科技从巨大的资源库中挑选出一些符合要求的 IP，进行包装后再推荐给资方；同时，将 IP 分解成各个模块分包给平台创客，最终对 IP 的制作进行全流程的资源整合。目前纸贵科技已经成功孵化出了网剧《中国散伙人》和首部 3DVR 悬疑短剧《解魄》，未来的重点侧重于 IP 孵化和 IP 运作业务。

区块链技术的成熟，让 IP 成为了跨时代、可复刻的资产，沿时间轴进行价值记录、评估和积累可能将成为一种新的 IP 孵化方式。纸贵科技网站上线以来已经登记了上万件作品，版权登记业务对纸贵来说是一个 IP 入口，由此积累了丰富的 IP 资源，可以筛选出其中的优质 IP 进行孵化。

目前，纸贵已成为工信部信通院官方认可的核心供应商，在多个"星火·链网"节点中积极参与建设，帮助地方政府和企业搭建"区块链+工业互联网"的数字化转型底座，走在区块链新基建的第一线。纸贵科技已服务的重点客户包括中国工商银行、中国农业发展银行、苏州银行、中国人保财险、中国联通、中国移动、中国船舶、苏州企业征信、京西保理、军委科技委、先锋医药、金山云等。

(资料来源：根据网上公开资料汇总整理。)

◇ 启 发 思 考 题 ◇

1. 作为一个大学生创业项目，你认为西安纸贵科技的创业者及其创业团队是如何把握创业机会的？

2. 通过查阅相关资料，你认为大学生创业团队的股权激励应该如何设置？

◇ 本 章 参 考 文 献 ◇

[1] 张玉利，薛红志，陈零柏，等. 创业管理[M]. 5 版. 北京：机械工业出版社，2020.

[2] 杨俊，朱沆，于晓宇. 创业研究前沿问题、理论与方法[M]. 北京：机械工业出版社，2022.

[3]　倪云华. 如何打造一流创业团队：创业者最实用的管理指南[M]. 北京：中国友谊出版公司，2018.

[4]　贾建锋，刘梦含. 数字创业团队：内涵、特征与理论框架[J]. 研究与发展管理，2021，33(01)：101-109.

[5]　吴静，周嘉南. "中国合伙人"为何"分手"：创业团队冲突演化路径分析[J]. 管理评论，2020，32(10)：181-193.

[6]　郑志刚，邹宇，崔丽. 合伙人制度与创业团队控制权安排模式选择：基于阿里巴巴的案例研究[J]. 中国工业经济，2016(10)：126-143.

[7]　朱秀梅，裴育，费宇鹏，等. 团队创业激情形成与作用机制研究[J]. 外国经济与管理，2021，43(01)：121-135.

[8]　斯晓夫，刘志阳，林嵩，等. 社会创业理论与实践[M]. 北京：机械工业出版社，2019.

第 7 章　创 建 企 业

学习目标

- 了解企业创建的流程
- 理解企业的组织形式
- 理解企业注册地选择的注意事项

导入案例

中关村育英计划：助力创新型中小企业快速成长

2021 年 12 月 17 日，北京市科委、中关村管委会发布科技创新型中小企业"育英计划"。该计划旨在发挥市场主导、政府引导的有效机制，聚焦高精尖领域，加强企业精准对接和培育辅导，着力培育创新能力强、成长速度快、科技成色足的中小企业，提升企业规范运作意识和公司治理水平，促进企业高质量发展。

825 家"育英企业"已入库

目前，已初步建立了 825 家"育英企业"基础库。未来，还将进一步聚焦人工智能、集成电路、医药健康、前沿材料等重点领域，通过各区、创投机构、联盟协会推荐等渠道，定期增补符合入库标准的企业。对于纳入"育英计划"的企业，北京市科委、中关村管委会将会同全国股转系统、北交所为企业提供挂牌、上市专项服务。主要分为两个阶段：在第一阶段，提供申报挂牌前培育规划、提前辅导对接。如为企业提供资本市场规划咨询，推动企业利用资本市场进行股权和债权融资；普及证券市场基本知识，培育企业规范发展；组织券商等中介机构积极与入库企业交流对接，开展辅导咨询；入库企业与主办券商签订挂牌并持续督导协议后，开展专人对接、审前咨询，降低企业时间成本等。在第二阶段，企业挂牌后，将获得包括制度及政策宣讲、投融资对接服务等在内的管家式服务。

针对企业上市难点开展先行先试。针对中小企业挂牌、上市过程中产生的资金、人才、土地、市场等诉求，北京市将积极研究提供相关政策措施保障。首先，将加强上市协调服务和融资资金支持。依托全市企业上市协调工作机制，为企业提供财税、土地、环保等合规问题协调服务；加强"企业股改个税分期缴纳"、高新技术企业认定"报备即批准"等试点政策的宣传和实施；对在新三板挂牌的企业分层给予资金支持，用于企业研发投入；支持企业上市前通过发行可转债、公司债等债券品种进行融资。

在企业挂牌上市后，"育英计划"也将配合市有关部门研究支持北交所上市企业关键人才引进以及办公、研发产业化等方面的有关政策，支持企业开展并购重组，发展壮大。

国内首个"科创孵化板"成立

为了支持北京市孵化器进一步完善优质科创企业发掘和培育机制，加快推动科创小微企业对接资本市场并快速高质量发展，2021年12月17日，国内首个"科创孵化板"在北京四板市场设立。"科创孵化板"挂牌融资便捷，管理服务创新，交易制度灵活，专门面向北京市各孵化器内属于高精尖、硬科技行业领域的科创小微企业，提供有针对性的资本市场规范融资服务。通过设立"科创孵化板"，推动一批科创小微企业入板、融资和转板上市，培育一批技术创新强、产品质量好、服务水平优、品牌影响大、发展前景广的中小微企业，助力北京国际科技创新中心建设。

"科创孵化板"服务内容包括：对企业的行业情况、业务情况、财务情况等进行大数据和线下尽职调查，制作专门的信息披露材料，形成企业科创能力诊断报告；在对企业进行深度梳理、访谈与研究分析的基础上，撰写面向合格投资人的企业研报，详细介绍明星企业的亮点、投资价值与最新动态，形成粉单计划；根据企业的需求，不定期举办"走进新三板、北交所""走进沪、深、港交易所"活动；为企业提供股东名册托管、变更登记确权、公司信息定向向股东披露、分红派息、股东投票等服务；为企业提供工商咨询、改制咨询等服务；根据企业的行业属性、产品服务、经营目标、组织架构、薪酬考核等方面进行详细的调研，为企业订制个性化的股权激励方案；为企业提供债权、股权融资服务，帮助企业进行融资对接。

启迪之星、中关村软件园孵化器、中关村创客小镇、北航天汇孵化器、中科创星、安创加速器、东升加速器、翠湖科创平台、中关村生物医药园、优客工场、创业公社、航天云网孵化器、北大医疗产业园、中关村医疗器械园、华卫天和大健康产业基地、北京亦庄生物医药园、丰台园科技创业服务中心、航星园，成为"科创孵化板"首批合作孵化器。

(资料来源：勒川. 育英计划：助力创新型中小企业快速成长[J]. 中关村，2022，224(01)：40-41.)

7.1 企业创建的流程

7.1.1 企业名称申报

注册企业的第一步是进行企业名称申报。企业名称申报需要经过提前核实并送交工商局进行企业名称查重，该过程一般需要3~5个工作日。首先，由工商局进行企业名称的初次核查，大致无误后，向企业开具企业名称申请受理通知书；然后企业需要按照资料清单向工商局提交材料进行进一步核查；确认无误后，工商局为企业发放企业名称预先核准通知书。企业名称在通过审查后，企业应在相应登记机关注册并登记企业名称。

1. 企业名称的特征

(1) 受法律保护。企业在登记机关对企业名称进行登记后，其他单位和个人都无权使用、更改，企业名称在规定的范围内享有专有权，同时在法律上拥有独占、排他两种效力。这样能够有效地避免其他企业使用该名称进行不正当竞争、欺骗或是误导消费者，影响并侵害公司的正当利益。

(2) 依法登记。企业名称是需要在工商局依法进行注册登记的经济组织名称。企业名称需要经由登记主管机关审查，被批准并登记注册后方能生效。

(3) 转让与变更登记。所有的企业名称，只有向工商行政管理部门申请获得批准后，才能改变。但是，企业名称通过审查注册登记后如果没有特殊理由，在十二个月内是不允许更改的。企业名称的转让可以通过转让企业或是转让其一部分来实现。进行企业名称转让的双方，需要设立书面的协议或合同，同时告知之前登记机关进行审查。在企业名称转让给受让方后，企业名称无法再被另一方使用。

(4) 潜在的价值。企业名称占据着企业无形资产的重要组成部分，承载着公司的品牌形象与商誉，因此有着难以估计的价值，是企业的无形资产。

2. 企业名称的基本要素

企业名称一般由四项基本要素依次组成：行政区划＋字号＋行业特点＋组织形式。例如：北京(行政区划)某某企业(字号)食品(行业表述)有限责任公司(组织形式)。其中行政区划是本企业所在地县级以上行政区划名称或地名。组织形式表明企业责任形式或者企业组成结构的字或词语，例如公司、合作社、店、厂等。目前国内各企业的组织形式大致可分为两个类别：① 公司类。根据《公司法》，企业名称一定要明确显示是股份有限公司或者是有限责任公司，前者可以被简称为有限公司。② 一般企业。除公司类企业外，根据《企业法人登记管理条例》创建的企业，常为某某中心、某某店、某某城等纷繁多样的称谓，条例规定，除特殊情况外组织形式不可混用、连用。

3. 企业名称申报所需材料

申办人到工商局注册大厅申报所要设立的企业名称，需准备如下材料：

(1) 企业设立登记申请书；
(2) 指定代表或者共同委托代理人授权委托书及其身份证复印件；
(3) 自然人身份证复印件及其主体的资格证明；
(4) 经营场所的证明材料；
(5) 股东签名的企业名称预先核准申请书；
(6) 对于特别的企业名称申请，企业法人需要上交有关说明及材料；
(7) 其他在特殊情况下需要准备的材料。

7.1.2 股东出资

企业在创建或者增资时，股东为了获取股份，在遵从法律及章程的前提下，向企业交付资产或是完成相关给付义务，该行为即称作股东注资。股东注资有三个要点。

1. 注资期限

在创建企业时，企业所有股东初次注资数额不可以少于企业注册资本的 20%，同时也不能少于法律所规定的最低数额，其他 80%的注册资本，股东可以在企业设立之日起 24 个月内缴齐。除此之外，有限公司的货币出资至少要超过企业注册资本的 30%。

2. 注资类型

注资的类型不仅仅局限于货币，还能够用类似于知识产权、实物、土地使用权等这些能够被货币估值且能够依法转让的非货币资产注资。不过，法律明令禁止的相关非货币资产除外。

3. 注资规定

公司资本应符合法定最低资本标准并记录在公司章程中。公司设立前，必须发行并全额认购公司章程规定的股份总额。公司所有已发行和全额认购的股份对价，应当在公司设立前支付。股东没有真正履行出资义务，有虚假出资、抽逃出资等违法行为，或者其他股东未履行出资义务的，应当承担相应的民事责任和连带责任。

7.1.3   申请资本查验报告

企业法人需要向会计师事务所出具由银行开具的企业股东缴款凭证、询证函和企业章程、企业核名证明、经营场所租赁证明以及房产证复印件。当资本查验流程完成后，会计师事务所将开具资本查验报告给企业法人，作为申请注册资本的依据。

7.1.4   审查和核准

工商行政管理部门对企业的申请人进行审查是登记审批的重要流程。股东在初始注资时，由依法设立的资本查验机构验资后，在经审批机关批准后的 30 天内，由所有股东指定的代表或委托的代理人向工商局申请登记注册，同时需要提供以下资料：

(1) 由全体股东签名的投资企业设立登记申请书；

(2) 股东的身份证明或其指定代表人的身份证复印件；

(3) 股东注资凭证及其身份证复印件；

(4) 经依法设立的资本查验机构出具的验资证明；

(5) 企业名称预先核准通知书；

(6) 法律规定的设立个人独资企业必须经批准的，需要提交相关文件及其复印件；

(7) 工商局要求的其他有关材料。

工商行政管理部门在对企业进行核查程序时，依据相关法规可以驳回不满足设立要求的申请，同时告知申请人驳回原因。负责登记的主管部门须在申请人申请设立企业 30 天以内，对是否批准该申请做出决定。

7.1.5   领取营业执照

营业执照是工商行政管理部门批准工商企业、个体经商者经营某类生产运营活动的凭证。国家工商行政管理部门对营业执照的格式作统一制定。营业执照有两本，分别为正本和副本，副本和正本拥有一样的法律效力。正本须放在企业经营场所的显眼位置。工商法规定营业执照不能被涂改、转让、伪造。

营业执照的领取日便是企业的成立日，企业法人依法通过审核登记，领用营业执照，这意味着企业获得了合法的经营资格，具有的企业名称、专用权及生产经营权等合法权益受到了法律保护，同时也需要承担法律规定的企业责任与义务。

7.1.6　其他后续步骤

企业成立后，还有以下后续工作：

(1) 刻章。前往公安局认可的刻章机构，携带相关材料申请刻公章、财务章。在获取营业执照之后的各步骤中，都需要用到公司公章与财务章。

(2) 申请组织机构代码证。申办人需携带营业执照前往当地的技术监督部门申请组织机构代码证书，在获得监督部门的受理后，5 个工作日后可依据通知书的要求办理相应手续，并获取组织机构代码证，包括正本和副本。

(3) 申请税务登记证。在获取营业执照后的 3～5 天里，企业应前往地方税务部门，办理税务登记。企业通常需申请两类税务登记，包括国税以及地税。

(4) 办理基本银行账户(纳税户)。携带营业执照、组织机构代码证书、税务登记证正本原件，与企业代表人的身份证，以及企业的公章、财务章，前往合适的银行办理基本账户。

7.2　企业的组织形式

企业创立初始必须要选择它的存在形态以及存在类别。依据新创企业的规模及需要，新创企业通常有三种组织形式可选择，分别是独资、合伙以及有限责任公司。这三类组织形式都同时具备所有权和经营权。这两种权利是新创企业生产运营、会计核算的前提。因而，对于新创企业组织形式的选择，企业创始人应该结合企业具体情况及未来发展做出谨慎的决定。

7.2.1　独资企业

独资企业是最古老也最常见的一种企业法律组织形式。独资企业是指依法设立，由一个自然人投资并承担无限连带责任，财产为投资者个人所有的经营实体。当个人独资企业财产不足以清偿债务时，选择这种企业形式的创业者须依法以其个人其他财产予以清偿。在各类企业当中，个人独资企业的创立条件最为简单。

1. 独资企业的特点

(1) 独资企业创立和注销流程相对简易。

(2) 企业创始人的管理能够灵活多变。创始人能够依据自己的意愿来决定经营和管理决策。

（3）独资企业创始人有义务偿还企业无法偿还的负债。在企业资产清偿不了企业所欠债款的情况下，企业所有者应当用其私人财产清偿企业的剩余债务。这是为了保障债权人的权益，不过该类组织形式并不适合具有高风险的行业。

（4）独资企业的经营范围有限。企业有限的收入以及所有者财产、精力和经营能力都在限制其发展的扩大。

（5）独资企业是一个商业实体，因此它是需要承担相应义务、拥有相应权利的主体，并且拥有实际的经营场所，是能够提供相应产品或者服务的市场单元。

2. 独资企业的创建要求

（1）企业的创始人应是实际存在的自由人。

创始人一定要是实际存在的自由人。这里所指的实际存在的自由人是拥有中国国籍的中国公民，外籍公民不包含在内。外商独资企业的创建有其他相关的法律法规要求。

（2）企业名称符合法律的要求。

独资企业对其名称拥有所有权及使用权，企业名称需要与其所要承担的责任和所经营的业务相一致，并且依据企业名称注册管理流程依法登记注册。所有的企业都不能在其运作期间用多个名字经营业务，同时也不能与其同行业企业或所在辖区企业的在册企业名称重复、相似。由于独资企业创始人对其企业的未偿还负债负有无限责任，所以其企业名称中不能包括有限或有限责任等词。

（3）创始人自主申报的注资额。

企业的初始资本是维持其生存发展的根基，对于独资企业也是一样。因为独资企业创始人对其企业的未偿还负债承担全部责任，而无关其注资额，企业的交易对象对其创始人承担的债务偿还义务没有影响，因而法律并没有强制规定独资企业的注资额下限，创始人可依据其自主申报的注资额注资。这样不仅能够使独资企业获得更为灵活有利的发展，同时也为独资企业减轻了一定的融资压力。

（4）实际存在的生产办公地点及不可缺少的运营条件。

企业实际存在的场所及其运营条件是一个商业主体生存、运作的最为基础的物质前提，二者缺一不可。办公地点的位置选择及规模设定需按照企业各自的具体状况来确定。

（5）拥有一定数量的企业员工。

3. 独资企业的优点和缺点

（1）独资企业的优点。

独资企业是企业制度序列中最初始和古典的形态，也是最原始且经久不衰的组织形式，其有以下优点：

① 企业创始人对其企业的各类有形及无形资源拥有绝对的所有权、使用权。企业创始人拥有这样的权利不仅有助于企业的核心技术秘密不被泄露，也能提升创始人的自主创业积极性。

② 创始人对其企业的未偿还负债承担无限的责任，这能够有效地减少创始人的经营风险。独资企业的运营结果与企业创始人的可获得利润甚至是家庭生活密不可分，所以，创始人无疑会尽最大的努力在可接受的风险下获取最大化的利润。

③ 相关法律法规对独资企业的决策、运营条件以及注册与注销的要求不高。

④ 独资企业承担相对较低的税负义务。

(2) 独资企业的缺点。

独资企业有以下缺点：

① 独资企业创始人融资困难。创始人的融资渠道受限，融资风险也比其他企业要高，单靠创始人个人资产难以开展规模化的生产运营，因而限制了企业未来的持续发展。

② 创始人面临着很高的风险。创始人对其企业的未偿还债务负有无限的责任，这样虽然限制了企业的生产运营预算，但让创始人面临着较高的风险，从而使企业创始人倾向于回避对高风险行业的进入。这无疑阻碍了新兴产业的萌芽与成长。

③ 企业的存续状态不稳定。尽管创始人对其企业拥有绝对的所有权及控制权，但同时也表明创始人的管理能力、情绪状况、身体健康等因素都会对企业的运营产生很大的影响，甚至造成企业的消亡。

④ 创始人与其员工简单的雇佣关系存在强烈的利益对立性，将在一定程度上影响生产运营效率。

4. 独资企业的解散与清算

当创始人无意愿继续经营其企业时，可自主决定是否解散企业。当创始人去世且没有继承者时，有关工商管理部门将注销其营业执照。

(1) 清算人。创始人能够独自进行清算或是依靠法院确定的清算人。

(2) 通告债权人。创始人在解散企业前，应当提前告知债权人，后者在收到通告后三十天内向创始人索要自己的债权。

(3) 偿债次序：① 员工薪水；② 未缴税费；③ 其余负债(创始人对企业未偿还负债有无限责任)。

(4) 注销。创始人将企业资产清算完毕后，编写清算报告；在清算完毕后 15 天内将报告交到原登记办理部门，注销其企业。

(5) 注销后。创始人将企业注销后仍对其未偿还负债负有义务，如果五年内债务权利人没有向债务义务人发出偿还债务的通知，该义务便不再存在。

7.2.2　合伙企业

合伙企业由两人或两人以上的投资人自愿签订合伙契约，各投资人根据各自相应的注资额，一并承担相应的风险，分配相应的利润，各个合伙人都有将企业运营好的义务。

1. 合伙企业的类型

(1) 普通合伙。

普通合伙企业至少包括两个合伙人。在该类合伙形式内，全部个体都有义务共同分担其他合伙人造成的企业未能偿还负债。普通合伙中的特殊普通合伙，是指当一个或者多个合伙人在企业生产运营时造成了严重过失并给企业带来了巨大损失，只有该合伙人或合伙人群体对企业未偿还的负债负有无限责任，其他合伙人以其投资的资产价值为限负有相应的责任。

(2) 有限合伙。

有限合伙企业包含 2～50 位合伙人，其中既要有普通合伙人也要有有限合伙人。如果企业中不再包含有限合伙人，那么该企业将被划分成普通合伙。如果企业中不再包含普通合伙人，那么该企业须解散。有限合伙中，有限合伙人以其承诺的注资额履行偿还企业未偿还负债的义务，而普通合伙人对企业未偿还负债有无限连带责任。

2. 合伙企业的特点

(1) 存续性受限。

合伙企业的创建、注册以及注销相对简单。各合伙人在合伙契约上签字后，就表明一个合伙企业的诞生。当有新合伙人进入或现有合伙人退出、离世、破产等都会导致旧合伙企业的注销，同时诞生新的合伙企业。

(2) 责任无限。

合伙制企业中的全体合伙人都有承担清偿企业未偿还债务的义务。企业中，合伙人身份有两种，一类是普通合伙，另一类是有限合伙，前者对企业未偿还负债负有无限责任，后者只用以其认缴的注资额为限承担相应责任即可。比如，A、B、C 三个合伙人创建的企业清算时，在 A、B 没有资金清偿企业未偿还负债时，即使 C 根据企业成立前的约定已偿还相应分摊的负债，但 C 仍应以其私人财产偿还 A、B 无力偿还的企业负债。但有限合伙人通常不会直接管理企业的运营。

(3) 彼此代理。

企业全体合伙人有权利确定企业的运营流程、具体环节及决策，同时拥有委派与监督经理人的权力。企业中任何一个成员在运营企业中发生相关事故时，其他所有成员均负有连带责任。这样能够有效约束各成员的行为，并促进成员间的互相监督，减少成员间纠纷的出现。

(4) 资产同有。

全体成员统筹计划并使用各成员投进企业的资本，若没有经过其他成员允许，任意成员不能把企业全体成员投入的资产肆意挪用。对于只付出劳动的成员，只享有一定比例的经营利润，而无法共有企业资产。

(5) 利润同享。

企业全体成员共同享有企业在运营中产生的利润及资产。同样，全体成员也一并承担企业在运营中产生的损失。合伙契约应具体说明损失怎样在各成员间分摊，若没有具体说明，可以通过各成员投入资本的份额来相应分摊损失。在没有特别要求的情况下，提供人力资本的成员通常不用考虑对损失进行分摊。

3. 合伙企业的创建要求

(1) 满足条件的合伙成员。

① 成员数量至少需有两位，且至少有两位注资成员，否则即为独资企业。合伙企业没有对成员数量上限的限制。不过考虑到经营决策的统一性，成员之间的信任与理解尤为重要，因而企业中成员数量不要很多。

② 各成员都应有足够充分的民事行为能力，否则将无法成为企业的合伙人。18 岁以

上或 16～18 岁但通过自己的劳动养活自己的，都可以成为合伙人。普通合伙成员被法律认定为无民事行为能力的，通过其他成员许可，能够将其转为有限合伙人，合伙性质也由普通合伙变为有限合伙。若有成员离世，其法定继承人经过其他成员许可便能获得合伙地位。

(2) 自愿签署的合伙契约。

合伙契约即合伙合同。其内容包括：企业名称及企业生产经营的位置，企业目的与业务种类，成员的名称和地址，各成员的注资形式、数量及日期，损益的分配，运营决策的实施，成员加入或退出的办法，解散及清算办法，违约条款等。该合同须通过所有成员的同意并签字。

(3) 各成员实际缴付的出资。

各成员能够以实物资产作价注资或以无形资产作价注资，也能以货币资产或者非货币资产注资。注资是各成员取得合伙地位的前提，其是企业生产经营的基本物质保障。对于作价的非货币资产，需经全体成员商讨与许可，并通过全体成员指定的合法估价事务所来估值，同时遵守相关的法律要求，办理相关手续。若有成员没有遵守其注资的义务，便产生了违约，应承担相应的违约责任。各成员按照真正缴纳的注资额分配相应的权利与义务。

(4) 企业名称。

作为市场中广泛存在的主体之一，合伙制企业应有自己的名称。企业通过企业名称可以参与到民事法律关系当中，拥有相应的法律权利及义务，有资格参与到诉讼活动中，处理相应的争端。民法通则明确表明合伙企业拥有名称权，也称名称专用权。其他企业若未经过允许而任意利用该名称，将侵犯到名称所有者的权利，应依法承担相应侵权责任。企业名称中应显示其合伙性质的责任形式。

(5) 经营的场所及资源前提。

企业生产经营需要有特定的场所。通常来说，每个合伙制企业都有一个用来生产经营的场所，该地点需经工商部门注册登记。经营地点的存在意义是为明确负债的履行地、法律及商业文件的寄传。经营的资源前提是指考虑到企业的商业性质、大小、产品类型等因素后，需要的相应设施、机器及技术工人等资源。

4. 合伙企业的优缺点

(1) 合伙企业的优点。

① 可以从众多的合伙人处筹集资本，相较于独资企业，合伙企业能够有效减少企业资本存量对企业发展的约束；同时合伙企业的信誉相较于独资企业更强，融资能力更强，融资渠道更广。

② 企业经营不确定性及风险被扩散到多个合伙人，各成员一同负有偿债的义务。相对于独资企业，多个成员组成的合伙企业能进一步承受企业的不确定性经营风险。同时，企业有了一定程度上的业务拓展能力。

③ 各成员以其全部资产为限承担企业的未偿还负债，这能大大增强合伙企业的声誉，有效降低利益相关者的交易风险。

④ 随着成员数量即出资人员数量的增多，少数个体的知识、经验与能力的限制得到了突破。在同一利益的驱使下，众多经营者集思广益，发挥着各自优势，通过各个视角审视

企业的发展情况，有效提升企业运营效率。

(2) 合伙企业的缺点。

① 合伙企业是各成员通过与企业设立契约而建立起来的，无论是现有成员的退出或是新成员的加入，企业都应该重新建立一个合伙契约，因而产生了烦琐的法律流程。

② 因为全体成员共同拥有经营运作企业的权利与义务，所以在对重要事项作出决定时需全体成员达成一致，这样往往会导致决定的滞后与偏差。

③ 没有运营企业义务的成员面对着很高的风险，因为其无法控制企业的运作，同时对企业未偿还负债负有无限责任。

5. 合伙企业的清算及债务偿还

(1) 明确清算负责人。企业在被解散后需要接着进行清算，同时告知企业的债权人。合伙企业清算人通常需要全体成员来担任，如果清算人无法由全部成员担任的，企业通过半数以上成员的赞成，便可以在解散后 15 天内委托一位或多位成员，或第三方来负责企业的清算。若 15 天内都无法指定清算负责人，则法院能够帮助企业成员及相关利益者委任清算负责人。

(2) 清算程序。清算程序一般包括六步：组成清算组；制订清单方案并报确认；清偿各项税费；制订清算报告并报确认；申请公司的注销登记并公告；注销后公司主体资格消灭。

(3) 资产清偿次序。最先偿付的是清算企业资产所需的费用；其次支付拖欠的职工薪酬及劳动保险和津贴费用；再偿还企业拖欠税费及罚款；接着偿还企业债权人的负债；最后返给各成员投入的相应资本；若企业此时还有资产剩下，清算人则通过合伙协议的相关规定将剩余资产分给全体成员。

(4) 原合伙成员的责任。当企业清算后仍有未能偿还的负债时，原合伙成员对该未偿还负债负有无限连带的责任。如果债权人五年内没有向原合伙成员索要债务，则原合伙成员对偿债责任灭失。

(5) 编制清算报告。

完成清算后，清算人需要编写详细的清算清单列表，包括企业资产清算处理过程、交易信息等。清单列表须由全体成员签字，并在 15 天内送交给有关登记部门，依法完成企业的相应注销手续。

当企业在偿债约定日无能力偿还债权人债务时，合伙企业全体成员需对企业未偿还负债承担无限连带责任，即各成员需用各自私有资产偿还企业的未偿还负债。如果企业的所有资产清算后都无法偿还债务，债权人有权利向任何成员追索其债务权利，各成员必须履行其偿还企业未偿还负债的义务，不能以其出资多少或事先责任分配为由不理会债权人的债务追索。

各成员承担的企业未偿还负债超过其合伙协议中明确的比例时，其有权利向其他成员追偿高于其偿付比例的部分。《合伙企业法》明确了企业各成员分配企业损失的原则：首先根据合伙契约中规定的比例分配；如果契约中没有规定，则需要全体成员商讨来确定，若无法达成一致意见，则根据各成员实际缴付的出资份额来决定企业损失的分配；若各成员的出资份额确定不了，那么企业损失将平均分配给每一位成员。

债权人不受企业各成员间债务或损失分配的约束。债权人既可以向全体成员中的一个或多个成员追索其全部的债务权利，也可以根据其确定的份额分别向各成员进行追索(分别索取的债务总和不能超过借出的金额)。

7.2.3 公司制企业

1. 公司制企业的特点

(1) 盈利性。

盈利性是所有企业的共同特征，公司也不例外。公司进行经营活动，其目标就是为了取得尽可能多的商业利润。公司作为投资者实现投资收益的工具，具有通过从事营利活动获取利润并分配给股东的特性。

(2) 法人性。

公司是具有法人特征的组织形式，而法人类似于自然人，二者都拥有民事主体的身份，都在民事法律约束的范围之内，同时也是民事主体形式的关键组件。

《中华人民共和国民法典》总则第五十七条明确了法人的相关能力、权利及义务，即具有民事行为、民事权利的能力，在承担相应民事义务的同时依法享有民事权利。法人的本质特征，即拥有独立的资产和组织结构、承担相应的民事义务、拥有独立的法律人格。公司法人的具体特征为：

① 公司有着独立的资产，从而保证了其参与民事活动、履行民事责任的能力。全体股东对公司的出资形成了公司的全部净资产，股东出资作为公司法人独立的资产，不再属于股东的私有资产。公司的利润留存、资本公积也一并构成了公司独立的资产。

② 公司是独立的组织，是一个组织和个人的有机结合体，其拥有自己的名字、住所、固定的生产经营场所，有独立健全的组织机构和相应的从业人员。

③ 公司承担独立的民事责任。独立承担民事责任是法人的基本特征，公司在其生产经营活动中享有相关法律权利，同样也需承担相应的责任与义务。公司作为经营性组织进行经营活动，既要获得经营收益，也要承担经营风险。作为独立的法人组织，公司必须以其独立所有的资产为保证，履行其相应的法律责任。

(3) 社团性。

公司的法人身份分为两类，一类是社团法人，指至少由两位成员构成，以人为单位的集合。社团法人是为各社员创造利益而建立的。另一类指的是财团法人，即根据有关目标而建立，通过对结合的财产进行相应的管理，以实现既定目的。财团性法人成立的目的不是谋求成员的利益，一般是为了社会公益事业，如教育、文化、慈善等。财团性法人的财产通常是通过捐助行为设立的。各种基金会是典型的财团性法人。

根据传统的公司法，公司是社团性法人，由两个以上社员在出资的基础上集合而成，因而使传统的公司立法对一人公司有了限制；但在经济日益发展的背景下，公司法逐渐在接受一人公司的合法性地位。然而，由于大多数公司仍以股东联合为基础，一人公司只是社团性的例外，而且一人公司可以随时通过转让股份吸收其他投资者，使一人公司变为多股东公司。

2. 公司制企业的优缺点

(1) 公司制企业的优点。

① 公司能够永远存在下去，即便初始投资者与初始管理团队都已撤离公司；

② 公司投资人承担有限债务，最多不会超过其投资额；

③ 所有权的流动性较强；

④ 资本市场的资金充足。

(2) 公司制企业的缺点。

① 双重课税。作为独立法人，公司除了要向税务部门缴付企业所得税外，投资者还要对其获得的利润计算个人所得税税额。

② 创建费用较高。法律对于建立公司的要求比建立独资或合伙企业要高，并且需要提交各种报告。

③ 存在代理问题。管理者与投资方职责分离，前者又称代理人，其可能会为了自身利益而伤害投资人的利益。

(3) 类型。

公司制企业分为两类，一类为有限责任公司，另一类为股份有限责任公司。

7.2.4　有限责任公司

有限责任公司简称有限公司，是我国企业组织形式最关键的组成部分之一，企业投资人对企业承担有限责任。

1. 有限责任公司的特点

(1) 责任有限。公司各股东承担的责任不会超过其投入公司的资本，这与合伙企业、独资企业的无限责任有着较大的区别。

(2) 出资取得股份。有限责任公司具有较大规模的注册资本为基础，这在保护了公司债权人相应利益的同时，也保障了自身发展与经营的需要。此外，股东投入的资本以股份的方式掌控在股东手里。

(3) 融资相对受限。由于有限责任公司无法通过债券市场公开交易股份，企业的资金来源于全部股东的出资，因而封闭的融资环境限制了企业资本的容量，约束着企业的快速发展。

(4) 人数限制。有限责任公司的股东数量不能超过 50 人，同时不能少于 2 人。有限的股东数量同时也决定了企业资金能力的上限。

(5) 组织简便。有限责任公司相对于股份制公司在组织结构的设计上更加灵活、自由。

2. 有限责任公司的创立条件

按照《公司法》中第 23 条规定，创建有限责任公司需要满足以下前提：

(1) 股东数量需满足《公司法》中的要求，不得超过 50 人；

(2) 股东实际缴纳的投资额需满足企业章程的要求；

(3) 公司全体所有者一同参与章程的撰写；

(4) 拥有公司名称，同时设计出满足相应要求的组织结构；

(5) 有固定的办公地点以及生产运营的场所。

3. 有限责任公司的创建流程

由于有限责任制公司有着封闭性的法人身份，它只能用发起设立来创建企业，而无法用公开发行股份的方式创建，因而相较于股份有限公司的创建来说，有限责任公司创建流程要简单许多。通常包括以下步骤：

(1) 章程制定。

章程明确了公司经营业务，进行商业活动的原则，包含了公司名、住所、组织结构及公司制度等重要项目。公司章程的确定需要经过全体股东的一致同意，同时在满足法律规定的条件下，向主管机关申请审核，经审核通过后章程才算有效。

(2) 公司名称审核。

《公司法》要求公司在创建之前，向工商管理部门申请对企业名称的预先审核，这样公司名才能在公司注册登记之前就具有合法性、确定性，从而有利于公司注册登记程序的顺利进行。创建有限责任公司，需要由公司代表或公司委托人向工商管理部门提交公司名称预先审核的申请，同时准备如下文件：

① 所有股东签字署名的公司名称预先审核申请书；

② 公司代表的身份证明文件；

③ 登记机关要求的其他相应材料。

(3) 经法律批准。

除法律、法规特别要求外，有限责任公司的创建只需注册登记便能拥有其存在的合法性。而法律特别要求创建公司需要申请审批的，公司应提前向主管部门提出申请，按照审批的要求将各类手续办理完毕，获得批准文件。之后才能向主管登记机关办理注册登记。

(4) 股东出资、验资。

有限责任公司不仅拥有人合性的特点，还具备某种程度上的资合性特点，全体股东根据公司章程的要求，缴纳认缴的出资。股东的出资需要满足法律的全部要求，无论是出资类型还是实缴日期；此外，还需获得具备相应资格的验资事务所开具的验资证明。

(5) 登记申请。

要让工商管理部门承认公司的法律人格，公司需要向登记机关送交创立登记的申请。按照《公司法》要求，创建有限责任公司，需由全体股东选择的公司代理人代表公司办理创立登记的申请手续。创建国资公司，需当地人民政府授权的同级人民政府国资监管机构代表公司办理创立登记手续。此外，公司代表应准备如下材料：

① 由全体股东代表签字的创立登记申请书；

② 公司代理人的身份证明；

③ 全体股东共同制定的章程；

④ 验资事务所开具的验资报告；

⑤ 若是非货币性资产作为资本投入的，应准备相应资产产权转移证明文件；

⑥ 全体股东的身份及资格证明、公司代理人的任职证明；

⑦ 包含公司执行董事、非执行董事、公司高管名字、住址的材料及相关委任、选拔的证明材料；

⑧ 公司名称预先核准通过的证明文件；

⑨ 公司住所及经营场地的证明材料；

⑩ 工商管理部门特别规定需要提交的其他证明材料。

(6) 领取执照。

公司代表申请创立企业后，登记机关应当依法进行审查。如果公司无法满足法律要求的，则不能登记；满足法律要求的公司，登记机关应依法批准其创立申请，予以注册登记，同时发放公司的营业执照。公司成立日即为执照的发放日期。有限责任公司能够用领取的营业执照创建公司的银行账户、制作公司公章、申报纳税等。有限责任公司的创立程序只有在公司领取到营业执照后才宣告结束。

根据我国《公司法》和《公司登记管理条例》，当有限责任公司连同其分公司一并创立时，有限责任公司代表人应在三十天内向当地的主管登记机关提交申请；对于满足法律要求的分公司，登记机关予以登记，并为其颁发营业执照；同时有限责任公司需在分公司注册登记后的三十天内，携带其营业执照到主管登记部门去办理相关手续。

4. 有限责任公司的优缺点

(1) 有限责任公司的优点。

① 有限责任公司的创立流程较为简单，无需发布通知，也不用公开企业财务状况，特别是关乎企业运营情况的利润表及资产负债表；

② 公司的组织设计更为灵活、自由。

(2) 有限责任公司的缺点。

由于有限责任公司无法向社会公开交易股份，所以企业募集资金的数量与方式都受到较大的限制，不能很好地满足公司经营发展与规模扩张的需要。

5. 有限责任公司的清算及债务偿还

公司在满足相应条件时，可选择自行解散。如公司章程中有相关规定，明确了公司的营业期限或规定了其他的解散原因；或者公司解散的决定通过了股东会的一致同意。

(1) 设立清算小组。告知债权人公司清算意愿以及期限；债权人根据其相应债权证明文件登记债权；清算小组负责制订清算计划，并且需要获得股东及公司主管部门的同意。

(2) 债务偿还顺序。首先，公司需支付清算工作所产生的成本、员工薪酬及津贴劳保，缴付拖欠税务部门的税费，接下来偿还公司债权人；其次，若有剩下的资产，有限公司股东根据各自的投资份额来进行分配。公司清算资产不能提前偿还股东。

(3) 清算组完成清算计划后，编制公司资产清算报告；注销公司的设立登记，同时向利益相关方发布通告；清算程序完毕后，由公司股东与相应部门主管确认清算报告；确认无误后，通知登记机关并申请注销公司，随后发布公司解散的公告。

7.2.5　股份有限公司

股份有限公司是指将公司资本划分为由股份所构成的企业。股东对公司仅承担有限责任。股份有限公司可向社会公开募集资金，公司股份具有较高的流通性。

1. 股份有限公司的特点

(1) 投资门槛低。股份有限公司能够在证券市场公开发行股票，向广大社会公众募集资金。投资人一旦购买其股票，获得股东凭证，便拥有了股份有限公司的股东资格与身份。

(2) 股份均等性。在股份有限公司中，公司的全部资本都划分成价值相同的股份，股份是公司资本最为基础的单位。股份均等性特点是股份有限公司和有限责任公司的一个主要差别。

(3) 股东责任有限。公司股东只需对公司承担有限的债务责任，最多不超过其所有的股份价值，因为债权人没有权利向股东追索公司未偿还的债务。

(4) 股份公开自由。股份有限公司股份的发行和转让体现了公开性与自由性。股份有限公司通过在证券市场上发行股票筹集资金，因而股东数量非常多，分布范围很广。此时，股份有限公司为增加其募集资本的能力并且吸引更多的投资者，就需要使股票具有高度流通的特点，并且能使股份在证券市场中自由地交易。

(5) 公司状况公开。公司的运营情况要向公司全体股东以及社会中利益相关者公开，股东作为公司所有人，有权利清楚公司各方面的情况。此外，股份有限公司规模较大，因而承担相应较大的社会责任。这一特点是股份有限公司与有限责任公司的另一大差别。

2. 股份有限公司的创立条件

(1) 原始股东要求。

原始投资人应符合相应的法律法规。依据《公司法》中对股份有限公司创立的规定，公司需要由 2～200 位原始股东发起公司的创立；并且原始股东中必须有至少一半在国内拥有居所。法律对原始股东资格无特别要求，自然人即可。

(2) 资本要求。

公司的资本募集总额满足公司章程中对资本数量及获取方式的要求。

(3) 创立形式要求。

股份有限公司如果以原始股东通过发起的形式创立，原始股东须书面承诺认购公司章程要求的股份数量，并即刻支付所认购股份的股款。公司若是通过募集方式创立的，原始股东承诺购买的股份不能低于股份总额的 35%，剩余的股份才能够通过证券交易平台向全社会公众发行。原始股东向社会公开发行股份必须得到政府证券管理部门的许可，同时编制招股说明书及股份认购书，由经政府证券管理部门许可成立的证券公司承销，签署承销合同，并由公司委托银行负责股款的代收与保存工作，向股份认购人出具收款单据。

采用发起形式创立的，公司的章程需由原始股东共同制订；通过募集方式创立的股份有限公司，其章程制订需要经过公司设立大会的一致同意。

(4) 组织要求。

股份有限公司的名称是其创立不可缺少的要件，公司名称的注册与登记不仅要满足公司法的相关要求，并且公司名称中还须带有"股份有限公司"的后缀。

公司必须有其特定的组织结构，对内负责管理公司的生产运营，对外负责与利益相关方进行交易以及沟通协调。股份有限公司的组织结构大致分为四类，分别是股东大会、董事会、监事会与经理。四者权利与责任各有分工，股东大会对公司的发展战略展开讨论并制定决策；公司董事会主要负责制定公司总体战略并就重大经营事项作出决策。董事会成员由股东大会选举产生；监事会负责监督公司各项活动、决策方针的执行情况，根据《公司法》及公司章程，监事会对董事会成员、经理及公司的各项活动负有监督的责任与义务；公司经理则通过董事会的直接选拔而被任用，负责管理公司各职能部门的活动，执行股东大会决议的具体措施，完成具体的运营任务。

(5) 场所要求。

股份有限公司需要有正规合法的运营场所以及相应的运营设备设施。

3. 股份有限公司的创建流程

(1) 发起形式。

编写公司章程和"股东会决议"；发起人承购最初公司发行的股份；发起人实际出资；所有发起人股东在缴纳承购的出资额后，需通过法院指定的具有相应资格的验资机构验资，并获取验资报告；选择董事长与监事会成员；申请设立登记；获得营业执照；发布公告。

(2) 募集形式。

发起人签订合约，写明各自享有的权利与所承担的责任；全体发起人共同编写公司章程；发起人必须承购至少35%的股份；发起人发布通告以及招股说明书；与证券交易公司签订公司股票承销合约，与商业银行签订股款代收合约；各投资人认购股份并缴纳股款；获取法院认可的验资机构编制的验资报告；举办发起人设立大会；申请设立登记；获得营业执照；发布公告。

4. 股份有限公司的优缺点

(1) 股份有限公司的优点。

① 能够广泛募集资本。股份有限公司能够广泛地募集到一定的资本，是因为它能够在社会中公开发行股票和债券并且每股股票的价格较小，这让手头只有少量资金的投资人同样能够购买公司股份，成为公司股东。这为公司的运营及未来发展提供了足够的保障。

② 提升管理水平。现代公司制度认为，拥有专业管理能力的人员来负责企业的经营管理能更好地发展企业，而股份有限公司的股东大多数情况只参与公司发展的重要决策，与公司的日常管理与经营决策较为分离，故公司管理层有着较大程度的经营管理自主权。

③ 公司股票上市后可以自由转让。股东遇有急需或者对公司的经营发展不看好，可以将持有的股票转让出去，收回投资。此外，开办股票交易市场，既可以增加国家的税收，又可在客观上起到自发调节生产结构、平衡各行业投资比例的作用，有利于国家从中掌握有关信息，自觉地采取相应的宏观调控措施。

④ 股东投资风险较小。股份有限公司总股本一般较大，一方面抗经营风险的能力相对较强；另一方面，有可能获得规模经营所带来的高收益。因此，单个股东有可能以较小的投入分享规模经营所获得的高收益。

(2) 股份有限公司的缺点。

① 公司设立条件、程序比较严格、复杂，发起人设立责任比较重，审批环节多，不仅容易出纰漏而且在检查中不易发现问题所在，耗时耗人。

② 公司易被少数大股东操纵和控制。为减少大股东的操纵和控制，使小股东也有反映他们利益的董事或监事，一般选择实行累积投票制。这种方式能够平衡各方的利益，有效减少公司内部的冲突，从而保障公司的稳定发展。

③ 中小股东缺少责任感。由于公司股份能够在证券市场上自由公开地交易，所以股东

的变换很频繁，且不受掌控。当公司业绩好的时候，投资者就多；业绩差的时候，中小股东就随即变现股份，降低风险。这样使得本有希望转亏为盈的公司因为股价大幅度地下跌，而无法获得足够的资本走出亏损困境，对公司的顺利发展造成了严重的阻碍。

④ 公司的经营信息保密性低。因为股份有限公司须依法向社会公众定期公布其经营成果和财务状况，并及时、全面地提供可能对公司证券的买卖活动及价格有重大影响的任何信息，从而导致了部分重要信息的外流。

5. 股份有限公司的清算与债务偿还

股份有限公司清算，即公司在进行解散程序时，为消除公司与利益相关各方的法律关系及清除公司未能偿还的债务，而进行处置、清理公司资产、债权及债务关系的措施。

(1) 设立清算小组。清算小组是指在执行解散程序时负责处理清算工作、公司资产以及债权债务的执行者。清算小组的构成通常有不同的选择，即公司董事担任、股东大会指定或法院指定。

(2) 债务偿还顺序。首先，公司需支付清算工作所产生的成本、员工薪酬及津贴劳保，缴付拖欠税务部门的税费，接下来偿还公司债权人；其次，若有剩下的资产，股东根据各自的股票数量来进行分配。公司清算资产不能提前偿还股东。

(3) 清算小组完成清算计划后，编制公司资产清算报告，并获得股东大会的承认。在相应期限里注销公司设立的登记，同时向利益相关方发布公司解散的通告。至此，清算工作完毕，公司的法人身份不复存在。

6. 有限责任公司和股份有限公司的差别

(1) 股权形式的区别。

股份有限公司的所有资本都划分为价格较小并且相等的股票，每个社会公众都能够成为公司的股东。股东的权力大小以其认购的股票数量为衡量标准，每一单位的股份便有一单位的投票权。而有限责任制公司的资本总额不用划分成价值相同的股份，股东的股权是由股东所承诺缴纳的投资额来确定的；同时，也确定了其相应的权利与责任。

(2) 创立形式的差别。

股份有限公司不仅能够采用设立的形式来创建公司，同时还能够在证券市场公开向社会公众募集资本。不过股份有限公司的创立程序相对复杂，包括公司章程的制订、发起人认缴股份、向社会公开发行股份、验资、召开公司创立大会等。而有限责任制公司只可以通过发起人筹集资金，无法向社会公开发行股份，更无法上市去筹集足够的资本。其创立程序相较于股份有限公司要简单些。

(3) 股东数量的差异。

股份有限公司的股东数量没有上限，但要有两百人以内的发起人去创立公司，当股份有限公司上市后，成千上万的人都能同时成为公司股东。而有限责任公司的股东人数要少于五十人，这虽然防止了控制权的过于分散，但也限制了公司的发展扩张。

(4) 资本规模的差异。

除了部分自贸区取消了对公司注册资金的最低限制外，其余地区对有限责任公司与股份有限公司的最低注册资本金额要求分别是 3 万元和 500 万元，上市公司需要 5000 万的注册资本。

(5) 组织规范化程度差异。

股份有限公司对组织机构的设置要求较高，不仅要创立董事会、监事会，还要召开股东大会。除此之外，上市公司还需任用外部的独立董事，以保证各方的利益。而有限责任公司的组织设置较为灵活，根据公司章程规定设立组织机构即可，可不用设置监事会与董事会。

企业组织形式既有相同之处又有不同之处。通过对比分析，我们可以区分出不同组织形式，从而对如何选择企业形式，怎么发展企业有更深的思考。各种类型企业优劣势比较如表 7-1 所示。不同企业形式的设立条件如表 7-2 所示。

表 7-1 各种类型企业优劣势比较

企业类型	优　势	劣　势
个人独资企业	企业设立手续非常简便，且费用低；所有者拥有企业控制权，可以迅速对市场变化做出反应；只需缴纳个人所得税，无需双重课税；在技术和经营方面易于保密	创业者承担无限风险，企业成功过多依赖创业者个人；筹资困难，企业随着创业者退出而消亡，创业者投资的流动性低
合伙企业	创办比较简单；费用低；经营上比较灵活；企业拥有更多人的技能和能力；资金来源较广，信用度较高	合伙创始人承担无限责任，企业绩效依赖合伙人能力，企业往往因关键合伙人的死亡而退出或解散；合伙人的产权流动性低，难以自由流通或转让
有限责任公司	公司股东承担有限的公司债务责任，具有独立寿命，易于存续；可以吸纳多个投资人，促进资本集中多元化；产权结构有利于决策科学化	创立的程序比较复杂，创立费用比较高；存在双重课税问题，税收负担较重；不能公开发行股票，筹集资金的规模受限，产权不能充分流动，资产运作受限
股份有限公司	创业股东只承担有限责任，风险小，筹资能力强；公司具有独立寿命，管理水平较高；产权能够以股票形式充分流动	创立的程序复杂，创立费用较高；存在双重纳税问题，税收负担重；要定期公告，公司的财务报表不利于保密；政府限制、法规要求比较严格

表 7-2 各种企业形式的设立条件

组织形式	设　立　条　件	提　交　文　件
个人独资企业	(1) 投资者为一个自然人。 (2) 有合法的企业名称。 (3) 有投资者申报的出资。 (4) 有固定生产经营场所和必要生产经营条件。 (5) 有必要的从业人员	企业的设立、变更、注销，应当依照《个人独资企业法》和《个人独资企业登记管理办法》的规定，在所在地的工商行政管理部门办理企业登记。个人独资企业经登记机关核准登记，领取营业执照后，方可从事经营活动。此外，有的还需要其他文件

续表一

组织形式		设 立 条 件	提 交 文 件
合伙企业	普通合伙企业	(1) 有两个以上合伙人,并且都是依法承担无限责任者。 (2) 有书面合伙协议。 (3) 有各合伙人实际缴付的出资。 (4) 有合伙企业的名称。 (5) 有经营场所和从事合伙经营必要条件	(1) 全体合伙人签署的设立登记申请书。 (2) 全体合伙人的身份证明。 (3) 全体合伙人指定的代表或者共同委托的代理人的委托书。 (4) 合伙协议(普通合伙企业和有限合伙企业的协议内容有所不同,具体内容请咨询相关部门)。 (5) 出资权属证明。 (6) 经营场所证明。 (7) 国务院工商行政管理部门规定提交的其他文件。 (8) 法律、行政法规规定设立合伙企业须报经审批的,还应当提交有关批准文件
	有限合伙企业	(1) 有限合伙企业由两个以上五十个以下合伙人设立。 (2) 有限合伙企业至少应当有一个普通合伙人。 (3) 有限合伙企业名称中应当标明"有限合伙"字样。 (4) 有限合伙人可以用货币、实物、知识产权、土地使用权或者其他财产权利作价出资,不得以劳务出资。	
合伙企业	有限合伙企业	(5) 有限合伙人应当按照合伙协议的约定,按期足额缴纳出资;未按期足额缴纳应当承担补缴义务和承担责任。 (6) 有限合伙企业登记事项中应当载明有限合伙人的姓名或者名称及认缴的出资数额。 (7) 有限合伙企业由普通合伙人执行合伙事务。执行事务合伙人可以要求确定执行事务的报酬及提取方式。 (8) 有限合伙人不执行合伙事务,不得对外代表公司	
公司制企业	有限责任公司	要有固定的生产经营场所和必要的生产经营条件,此外: (1) 股东符合法定人数。 (2) 有符合公司章程规定的全体股东认缴的出资额。 (3) 股东共同制定公司章程。 (4) 有公司名称,建立符合有限责任公司要求的组织机构。 (5) 有公司住所	(1) 公司法定代表人签署的设立登记申请书。 (2) 全体股东指定代表或者共同委托代理人的证明。 (3) 公司章程。 (4) 股东的主体资格证明或者自然人身份证明。 (5) 载明公司董事、监事、经理的姓名、住所的文件以及有关委派、选举或者聘用的证明。 (6) 公司法定代表人任职文件和身份证明。 (7) 企业名称预先核准通知书。 (8) 公司住所证明。 (9) 国家工商行政管理部门规定要求提交其他文件

组织形式		设 立 条 件	提 交 文 件
公司制企业	股份有限公司	要有固定的生产经营场所以及必要的生产经营条件，股份发行、筹办事项要符合法律规定，此外： (1) 公司名称和住所。 (2) 公司经营范围。 (3) 公司设立方式。 (4) 公司股份总数、每股金额和注册资本。 (5) 发起人的姓名或者名称、认购的股份数、出资方式和出资时间。 (6) 董事会的组成、职权和议事规则。 (7) 公司法定代表人。 (8) 监事会的组成、职权和议事规则。 (9) 公司利润分配办法。 (10) 公司的解散事由与清算办法。 (11) 公司的通知和公告办法。 (12) 股东大会会议认为需要规定的其他事项	(1) 公司登记申请书。 (2) 创立大会的会议记录。 (3) 公司章程。 (4) 验资证明。 (5) 法定代表人、董事、监事的任职文件及其身份证明。 (6) 发起人的法人资格证明或者自然人身份证明。 (7) 公司住所证明。 以募集方式设立股份有限公司公开发行股票的，还应当向公司登记机关报送国务院证券监督管理机构的核准文件

7.2.6 法律形式选择

除了要熟悉我国新设企业设立的条件与程序，以及不同类型企业的优缺点外，创业者更要根据创业初始的经营业务所属的行业、资金条件、创业者的价值观、创办企业所在地的环境和政策及个人财富的保护等综合因素，来选择适合自己的企业法律形式。

1. 企业业务类型

如果创立的企业属于制造业，由于企业生产制造所需要的厂房和设备设施成本大、技术门槛也高，此时选择合伙制或者有限责任制作为企业的组织形式不失为一种合理的形式。这两类形式不仅能够满足对技术和管理上的高要求，同时还能拓宽企业的资金来源。如果创立的企业是服务类，例如咨询企业、教育类企业等，大多选择合伙制的组织形式；如果创立的企业比较依赖技术，但对初始资金的要求较低，像是理发店、早餐店、花店等，创始人又具有一定的技术基础，那么独资企业更为合理。如果企业经营种植业、畜牧业等长周期的业务，企业资金循环速度慢，同时容易受到不可控的环境因素影响，那么选择有限责任制便更为理想。另外，法律对一些特殊的行业有特殊规定，如会计师事务所只能采取特殊普通合伙的形式。

2. 创始人资金数量

如果创始人拥有充裕的资本，那么采用独资企业的组织形式更容易取得成功；如果创始人缺乏资本，那么选择合伙制或者有限责任制更能实现企业的良性发展。

3. 创始人价值取向

如果创始人较倾向于发布命令，具有一定强度的控制欲与主见，不乐于采取建议，但具备领导能力，那么创立独资企业更适合。如果创始人有主见、乐于合作，同时擅长利用周围的资源，那么有限责任制形式或者募集创立的股份有限制更为适宜。

4. 当地政策与环境

目前，国内经济在各地区的发展有很大差异，不同地区有着不同的政策与投资环境，各个地区按照其所处的发展阶段制定相应目标与政策。创始人可通过分析地方政策对企业的影响，选择最为有利的组织形式。比如，独资企业和合伙企业更适合在对私营企业有优惠政策的地区发展；有限责任制或股份有限制更适合在对高新技术有优惠政策的地区发展。

5. 承受损失能力

部分创始人在创立企业时，对初始资金的投入比较谨慎，这类创业者在不是十分有把握的情况下，会考虑法律上不具有连带责任的、投入资金安全系数更高的企业形式，如有限责任公司或者股份有限公司等。有的创业者则更有闯拼的意识，这类创业者对个人财富保护等因素考虑较少，所以只要其他条件适合，他们不会考虑责任连带与否。总之，创业者需要通盘考虑各种综合因素，慎重选择创业企业的法律形式，这是新创企业能否获得成功的关键步骤之一。

6. 企业规模

出资人多的企业可以采用股份有限公司或者有限责任公司的形式，出资人少的企业可以采用合伙的形式，甚至可以设立个人独资企业。

7. 资本规模

法律对于每种企业形式的市场准入条件都有明确规定。例如：股份有限公司的注册资金不能少于五百万元，有限责任公司则不能少于三万元，独资企业的注册资金不能少于十万元，所以投资额也是一个需要考虑的因素。

8. 不同企业类型的不同规定

只有股份有限公司可以向社会公开募集资金(即发行股票上市交易)；不同企业形式的企业股东对企业的负债承担不同程度的责任，合伙企业与独资企业的所有者要承担企业未能偿还的全部债务；而股份有限公司和有限责任公司则以其投资额为限承担公司责任。

7.3　企业注册地选择

新企业的选址是指通过科学的手段与工具去做出合理的设施建设地点决策，使之与企业的整体经营运作系统有机结合，以此提高企业组织的经营效率与业务发展，更好地实现企业的经营目标。

7.3.1　企业选址

企业经营地点的选择对于企业的发展起着关键作用，其取决于多种因素，包括政治、经济、技术、社会、自然环境等，而选址决策主要受经济因素与技术因素的影响。企业的产品从原料到零件再到成品，通过分销、零售等渠道抵达消费者手中，其中需要价值链上各企业的参与，跨越空间与时间的障碍，才能够将产品送到目的地。企业选址问题便是基于这样一个价值链系统，对公司的经营空间选择做出合理优化。当代企业的发展除了注重企业自身的业务经营外，还需思考企业在供应链系统的位置，尽可能地发挥出企业的竞争力。据工商部门统计，选址不当造成了百分之十五的中小企业无法持续经营，特别是制造业对地域条件尤为依赖。

7.3.2　影响选址的因素

1. 政治因素

政治因素是指新创企业所在地区的社会稳定情况及商业环境、基本政策，如行业政策、税收政策、政府采购和补贴政策等。新创企业只有充分了解当地的政治环境，严格遵守国家法律法规，认真贯彻党和国家的政治路线、方针和政策，才能保证企业的长期稳定运行。

2. 经济因素

所有与企业成本有关的因素都属于经济因素，如材料和货物的运输成本、设施设备的采购成本以及厂房的费用与生产成本。

3. 技术因素

当今随着科技的日益发展进步，消费者对产品的需求越来越多样化，产品的结构有了质的改变。技术因素主要涉及三个方面，即基础通用技术、本行业技术、相关技术。企业对技术的需求影响着对经营场所的选择。

4. 社会因素

社会因素能从潜意识里影响消费者对企业产品的态度与认知，一定程度上决定了企业的市场容量。社会因素通常包括社会结构、文化理念、当地风俗、宗教信仰、价值观念、行为规范、工资水平等。

5. 自然因素

地区的自然资源与生态环境同样会对企业的发展造成一定影响，包括产业布局、生物的生存环境、自然资源存量、生态平衡等。自然因素包括区域气候、气象要素特征值、各项水文指标等。企业在选址和制定战略过程中应充分关注自然因素的影响，尤其是对自然资源高度依赖的企业。

7.3.3　选址的过程

选址的过程如下：
(1) 了解、学习、掌握考察选址思路；选择土地标准；
(2) 确定所在城市及经营品牌；熟悉城市概况；
(3) 确定市场调查、选址路线及工作日常；
(4) 选址，多渠道收集信息、找到产权人、了解价格；同时实地市场调查、记录；
(5) 整理资料、制作市场调查和选址信息 PPT，各成员充分讨论选址目标的合理性；
(6) 做出选址决定，制订具体的执行流程。

7.3.4　选址的原则

企业的选址事关企业未来的长远发展，对公司今后的生产以及运营有很大的影响，因而企业需要用战略性的眼光去选择企业地址。选址不仅要关注企业所在地区的行业及市场结构、生产力布局，还需要重视新技术与新知识的可获得性。

1. 经济性原则

企业作为商业实体，其本质是为了获取收益。企业在选址时都会希望以最小的投入获得最大的回报。企业在选址时要综合考虑运输成本、劳动力成本、能源使用费用、厂区建设费用和基础设施的配套情况等多种因素，使企业资本投入最少，效益产出最大。

2. 便利性原则

便利性是任何企业都应考虑的战略。如银行、医院、学校、电影院、零售业的所有企业都应考虑就近的便利性。许多制造企业也把工厂建立在消费市场附近，以降低运费和损耗。另外，就近的企业选址会给员工上下班带来便利，会为企业留住员工创造条件。

3. 扎堆原则

古人云，同行密集客自来。许多商业环境中，在街道两旁或特定区域经常会有企业扎堆生产经营同类产品，通过丰富的产品类别与多样化的服务能够吸引许多消费者。这类经营方式使得生产、消费双方都得到了好处，这也是经营者适应市场竞争的一种方式。

4. 长远发展原则

企业选址应该有长远的眼光，选址地的市场前景、新能源等都是选址时要考虑的要点。

5. 吸引人才原则

作为最宝贵的企业资源，企业在选址时要考虑是否有利于招贤纳士并能留住人才。尤其是高端产业项目，需要该领域的专业人才甚至复合型人才，如果偏离大中城市，就很难招募到合适的人才；因为他们是高智商、高收入、高压力的群体，他们在奉献才智之余需要在繁华都市里寻找合适的放松方式。另外，高端企业由于技术先进，只有在大中城市才能有更多的消费群体，能形成广泛的宣传效应和良好的经济效益。

因为选址关系到启动资金、初期建设费用、投产后的运营费用和经营一段时间后的收益，所以选址的基本原则是经济性原则。但选址不能以经济性为唯一目的，必须将各种影响因素综合分析，真正实现实用性的目标。

◇　本 章 要 点　◇

1. 创业者注册新企业需要遵循一定的流程，并需要到相应的政府部门登记审批。	3. 创业者需要事先确定企业的法律组织形式。
2. 创业者需要了解企业注册登记制度，在注册企业中要关注相关法律手续的变化	4. 企业选址是关系到企业成败的关键因素，创业者要了解正确选址决策所需的信息和技能

讨论案例   北交所助力"专精特新"中小企业腾飞

创业板于 2009 年 10 月 30 日正式开板,首批 28 家公司同时挂牌上市。创业板的设立主要目的是为那些暂时无法满足主板上市条件的创业型中小企业提供新的融资通道,建立多层次资本市场,支持创新企业的发展。相比于主板和中小板,创业板上市门槛相对较低,投资风险相对较高,因此在投资者适当性管理方面,监管层对投资创业板公司设定了一定的门槛,比如:个人投资者需要具有两年股票投资经验。为了更好地服务中小企业上市,国家开始筹备北交所上市。

2021 年 9 月 3 日,中国证监会在北京举行新闻发布会时表示,北京证券交易所坚持精选层较为灵活的交易制度,实行连续竞价交易,新股上市首日不设涨跌幅限制,自次日起涨跌幅限制为 30%,增加市场弹性。坚持合适的投资者适当性管理制度,促进买卖力量均衡,防范市场投机炒作。北交所申请上市的财务要求有所降低,更注重持续经营能力、盈利能力、研发投入等。

北交所上市的前置条件包含:在新三板连续挂牌满 12 个月创新层公司;最近一年期末净资产不低于 5000 万等要求。不同层次的要求不一样。

对于普通层要求:最近两个完整会计年度的营业收入累计不低于 1000 万元;因研发周期较长导致营业收入少于 1000 万元,但最近一期末净资产不少于 3000 万元的除外;报告期末股本不少于 500 万元,报告期末每股净资产不低于 1 元/股。

对于创新层要求:最近两年净利润均不低于 1000 万元,最近两年加权平均净资产收益率平均不低于 8%,股本总额不少于 2000 万元;最近两年营业收入平均不低于 6000 万元且持续增长,年均复合增长率不低于 50%,股本总额不少于 2000 万元;最近有成交的 60 个做市或者集合竞价交易日的平均市值不低于 6 亿元,股本总额不少于 5000 万元;采取做市交易方式的,做市商家数不少于 6 家,满足普通层挂牌基本条件,且满足前两条中的一条和附加条件,可以直接进创新层。

对于精选层要求:挂牌满 12 个月的创新层公司,市值不低于 2 亿元,最近两年净利润均不低于 1500 万元且加权平均净资产收益率平均不低于 8%,或者最近一年净利润不低于2500 万元且加权平均净资产收益率不低于 8%;市值不低于 4 亿元,最近两年营业收入平均不低于 1 亿元,且最近一年营业收入增长率不低于 30%,最近一年经营活动产生的现金流量净额为正;市值不低于 8 亿元,最近一年营业收入不低于 2 亿元,最近两年研发投入合计占最近两年营业收入合计比例不低于 8%;市值不低于 15 亿元,最近两年研发投入合计不低于 5000 万元。

9 月 5 日,北交所发布《关于上市规则、交易规则和会员管理规则公开征求意见通知》《北京证券交易所股票上市规则(试行)》中规定:公开发行上市首日和退市整理期首日不设涨跌幅,其他时间股票交易涨跌幅限制比例为 30%。除了市场关心的涨跌幅外,还加入了一些其他规则,如投资人买入证券当日不得卖出。

总体来看,北交所的交易制度设计使得股票的市场定价更加灵活,但与此同时,也增加了对短期投机资金的限制,对制度合规的要求等。这些设计总体上符合北交所服务创新型中小企业的定位：灵活的价格调整、有序的进出机制和严格的监管制度。截至 2021 年 11 月，新三板共有 7172 家挂牌公司，其中精选层 68 家，创新层 1242 家，基础层 5862 家。整体而言，挂牌精选层的企业在盈利或持续经营或研发等指标上需要有突出表现，精选层企业基本面相对占优。

北交所的基本定位是服务创新型中小企业，构建多层次资本市场。从微观的角度，北交所将服务于创新型中小企业。对于具有创新优势的中小企业而言，其规模小、可抵押资产少、前期投入高，继而不利于获得间接融资；但是由于其高成长性，它们更适宜从直接融资渠道获得资金。

从中观的角度，北交所作为资本市场的纽带，与沪深两所形成错位发展与互联互通。北交所将具备完善的转板机制，形成完善的中小企业直接融资成长路径。最后，从宏观的角度，北交所的设立是建立健全多层次资本市场的一部分。北交所是中小企业从场外市场到场内市场的途径，进一步完善了中小企业直接融资体系。

(资料来源：根据网上公开资料汇总整理。)

◇　**启 发 思 考 题**　◇

1. 查阅相关资料，回答为什么国家在有创业板和科创板的基础上，还积极筹备北交所的上市。

2. 从企业创建过程中，谈谈如何利用股权融资方式促进企业快速发展，试通过创业案例进行阐述。

◇　**本 章 参 考 文 献**　◇

[1] 张玉利，薛红志，陈寒柏，等. 创业管理[M]. 5 版. 北京：机械工业出版社，2020.

[2] 布鲁斯·巴林杰，杜安·爱尔兰. 创业管理：成功创建新企业[M]. 北京：机械工业出版社，2017.

[3] 尹苗苗，王晶，彭建娟，等. 新企业市场进入的前因、过程及后果：一个整合框架[J]. 外国经济与管理，2019，41(01)：45-56.

[4] 陈彪，蔡莉，陈琛，等. 新企业创业学习方式研究：基于中国高技术企业的多案例分析[J]. 科学学研究，2014，32(03)：392-399.

[5] 于东明，李政. 新创企业创业成长要素研究[J]. 经济问题，2019(06)：36-42.

[6] 杨俊，朱沆，于晓宇. 创业研究前沿问题、理论与方法[M]. 北京：机械工业出版社，2022.

第8章　新创企业的成长管理

学习目标

- 理解新创企业的战略管理
- 理解新创企业的组织管理
- 理解新创企业的营销管理方法
- 了解构建有竞争力的薪酬体系的相关知识

导入案例

Airbnb：旅行房屋租赁网站的发展历程

爱彼迎(Airbnb)成立于 2008 年 8 月，发源于美国加州旧金山市。两位创始人毕业于罗德岛设计学院，当时正在旧金山居住。他们发现当地举办的一场国际设计大会导致了周边住宿紧缺，于是为参会者提供充气床垫来赚钱补贴房租。这一事件为他们创办 Airbnb 提供了灵感。

在逐渐发展成熟后，公司的定位确定为"一个值得信赖的社区，人们可以在其中寻找和预订世界各地的独特住宿"。从本质上说，它是一家撮合旅游人群和愿意提供空闲房间房东的服务型网站，住客可通过手机或 PC 端搜寻目标房源，并完成沟通、预订和付款等操作。创始人布莱恩从酒店爆满的房源中发现商机，开创了"充气床 + 早餐"的住宿新模式。为了帮助房东更好地吸引房客，平台引入摄影服务，研发支付系统，改进算法，不断优化服务。由此，Airbnb 实现了用户增长和订单数量增加，平台用户基础和房源规模不断扩大，逐渐走上正轨。Airbnb 的发展经历了以下几个阶段：

第一阶段：随着用户群体的不断扩大，Airbnb 用户在短租过程中发现了新的需求及痛点，出现了新的投资方向。为 Airbnb 提供服务的家庭手工业蓬勃兴旺起来，其中包括更换床单、密钥交换、物业管理等。这些初创企业作为支持成员加入进来，为核心成员提供附加服务。依靠高质量且具有吸引力的产品及服务，平台实现了用户转化，逐渐形成休戚相关、互利共生的平台生态系统。

第二阶段：在发展阶段，平台外部面临着来自政府部门的巨大压力。Airbnb 出租房屋的活动违反了许多地方关于短期租赁、征税、建筑规范标准、区域细则等的现行法律，反 Airbnb 联盟渐渐成形。除此以外，房客故意破坏房屋、房东安装摄像头等恶性事件的发生也严重损害了 Airbnb 的社会形象。为了解决合法性问题，Airbnb 与多座城市协商放宽限制、补充条款及完善征税的重要协议，还通过动员房东请愿集会、诉讼呼吁立法完善。为了解决安全性问题，公司创建了专门的信托和安全部，对所有用户进行背景调查，并将事件快速编码归类。

此外，Airbnb 还与执法部门合作，成立了一个由政府部门官员及网络安全、预防暴力等方面专家组成的安全委员会，更好地预防恶性事件发生。为了提升服务质量，Airbnb 采取授予"超级房东"资格的嘉奖和降低排名等奖惩措施，通过先进的算法和精深的后台操作保障平台的安全规范。平台服务质量提升，安全整改成效显著。

第三阶段：2015 年 8 月，Airbnb 进入中国。其中文名称是"爱彼迎"，寓意"让爱彼此相迎"。与其他民宿相比较，爱彼迎由于在北上广布局相对较早，因此积累了一批忠诚度极高的房东和用户资源，建立起了一个庞大而稳定的社群体系。同时爱彼迎也在不断与中国各城市建立伙伴关系，帮助其更好地从共享经济中受益。2017 年 10 月，爱彼迎与桂林市旅游发展委员会签订战略合作协议，共同开展龙胜乡村旅游扶贫项目，通过改造当地民宿，吸引游客前来旅游和住宿。2019 年 6 月，爱彼迎"体验匠心"非物质文化遗产旅游示范项目在广州正式启动。通过与重要文化旅游城市当地政府携手合作，爱彼迎对非物质文化遗产进行旅游体验化融合，保护和弘扬中国传统文化，提升旅游产品文化品位。同时，针对本土化过程中出现的虚假房源通过审核、偷拍等问题，平台推出爱彼迎 plus，通过严格的人工甄选来提高房源质量；成立"爱彼迎中国安全管理委员会"，从"事前预防教育""事中紧急援助"和"事后提供支持"三个阶段同时切入。2022 年 5 月，由于疫情的影响，Airbnb 宣布暂停支持中国境内游房源、体验及相关预订工作支持。时至今日，Airbnb 业务已遍布全球 191 个国家的 65 000 个城市，平台成长和发展迅速。

(资料来源：刘颖洁.平台生态系统的成长与演化探讨：以 Airbnb 为例[J]. 理论观察，2021(07): 80-82.)

随着互联网和大数据时代的来临，传统商业模式正在发生改变。在需求和技术创新的带动下，电子商务、社交通信、旅游出行等各类平台企业纷纷涌现。这些企业在传统行业边界地带发掘蓝海市场，从新创企业管理角度看，其在不同发展阶段会遇到哪些问题？应采取何种管理措施应对？本章探讨新创企业成长管理中面临的问题。

8.1 新创企业的战略管理

8.1.1 新创企业战略的特征

新创企业战略是企业自身对长期发展目标的整体战略思考，并在企业发展过程中部署所需要采取的战略路径与实施手段。新创企业只有在充分深入了解企业外部环境，内部具备人才资源与管理能力后，才能实现自身长期的持续生存与稳定发展。新创企业的战略特征包括：

(1) 全局性。新创企业战略必须是站在对外部变化环境的敏锐洞察基础上制定的，战略能适应全世界的政治、经济和科学技术发展，推出的产品才能更符合所在行业和市场的需求。

(2) 长期性。新创企业发展战略的制定和实施必须要预测未来几年企业的外部环境和内部条件发生的变动，成功的战略常常需要准确地预测未来。战略制定和实施必须由领导者引领，并得到全体员工认同，它是复杂的大量脑力劳动和各种集体努力决策的产物，是一种程序化的集体决策结果。

(3) 竞争合作性。制定新创企业战略的主要目标是让企业能够在激烈的市场竞争中充分发挥实力，在激烈的市场和人才资源竞争中形成相对优势。在数字经济时代，新创企业的发展不仅要考虑自身利益，而且要从供应链的角度考虑上、下游企业的共同发展。因此，企业战略的制定应考虑供应链的整体发展，以体现新创企业战略的竞争性和合作性。

(4) 动态性。新创企业战略必须要求其在一定时间内保持相对稳定，但若市场环境发生变化，企业内部也要进行相应调整，企业战略需要具备适应动态环境的特征。

8.1.2　新创企业战略管理的原则

新创企业战略管理应该遵循的原则包括：

(1) 环境适应性原则。对环境的冲击将在很大程度上决定着新创企业的目标和发展方向。战略制定一定要注重新创企业对外部环境的适应能力。

(2) 全程监督管理原则。战略管理过程就是一个包含制定、执行、控制、评价等策略的过程。在这个过程中，每个阶段都应该是相辅相成的，忽视对上述任何一个阶段的监督和管理，新创企业的战略都不可能获得成功。

(3) 整体最优化原则。战略管理应该把新创企业看成是一个整体，要强调整体最佳，而非局部最佳。换言之，新创企业战略管理并不是强调某一组成部分或某个组成部门的重要性，而是强调各部门的协调活动，确定新创企业的宗旨和目标，并使其形成合力。

(4) 充分参加原则。新创企业的战略管理系统是一个整体，这要求其在整个系统中能进行充分互动和反馈。在整个企业的战略制定过程中，不只需要新创企业的领导及其各个部门负责人的参与，也需要全体人员积极参与并认同战略方向。

(5) 反馈纠偏原则。新创企业进行战略性管理的时间跨度相对较大，一般是在五年以上。实施过程往往被划分成多个阶段，总体战略是逐渐得到落实的。在这个过程中，环境因素有可能会随时发生改变，新创企业需要通过持续的追溯和反馈才能够确保其适应度。

8.1.3　新创企业战略管理的任务

新创企业的战略管理任务主要包括战略制定、战略实施、战略评估控制和战略评价四个环节。

1. 战略制定

战略制定包括战略分析和战略选择。战略分析是指对影响新创企业当前及未来长期发展的各种重要因素进行总结。在新创企业运营初期，要及时准确地把握市场机遇，不断为社会提供满足市场需求的产品，同时尽快开发盈利业务，实现可持续发展。在成长阶段，最重要的是对关键性资源的管理，应形成一个协调健全的经营运行机制，提高资源的转换率和利用效率。战略管理重点是核心业务保持持续增长和发展，同时加强内部风险控制，改善财务管理和资产管理。在成熟阶段，新创企业需要有一个强大的风险和危机治理体系来加快其转型，战略管理重点在于寻找一个更好的投融资机会，提升资产的利用效率。

在战略制定阶段需要研究和解决的一个主要问题就是"新创企业发展的方向"。根据参与战略分析和策划选择工作的经营者层次的不同，新创企业发展方向的确立可以分为三种：一是自上而下，即企业的整体战略首先是由企业的上级部门制定，然后由企业不同部门按照自身的实际状态具体执行计划，形成一个系统的整体战略计划；二是自下而上，即企业的最高经营管理层没有明确指出其下属部门的计划，而是要求所有部门都提交本部门的战略计划，企业将各部门的战略计划汇总起来形成企业的战略计划；三是上下结合，即企业的最高管理层和下属部门的经理通过沟通和协商，共同制定适合企业的整体策略。这三种形式的主要区别是战略的选择是集权还是分权。

2. 战略实施

战略实施是将战略应用到新创企业实践环节的具体组织过程。企业战略应依靠企业组织的实施，将战略任务的责任分解给企业的各个部门，同时配置相应的人力资源，以顺利实现各项具体的战略任务。

战略实施过程中可能涉及的主要问题包括：如何把任务合理地在企业内部各部门和各个层级之间进行有效的分配；如何得到实现自己的业务目标所必需的外部资源以及怎样才能正确地使用资源；怎样对组织架构做出必要的调整以期达到其既定的发展方向和战略目标；怎样正确处理盈余利润分配，使其能够适应公司经营管理文化发展的问题；怎样通过管理方式调整确保公司经营战略能够成功执行。战略一旦制定好，就必须考虑如何执行它。影响企业战略执行的因素有许多，其中包括企业战略执行体系、外部环境变动、企业全体成员综合素质、企业文化等。在现实中，再好的企业发展战略也需要组织强有力的支持才能顺利实施。

3. 战略评估控制

为了确保新创企业的战略有效实施，新创企业有必要加强对战略的评估与控制，以此作为实施战略的指导方针和制约因素。战略评估控制是在实现经营目标和实施经营管理活动时所需要进行的各种工作和活动进展过程中，评价企业的经营管理战略执行后的经营管理绩效，并与企业既定的经营管理战略目标及绩效指标进行综合比较。管理的重点是找到战略执行和预期之间的差距，通过分析产生这些偏差的原因，更好地将新创企业战略实施同内外部的环境及目标有机地协调，纠正这些偏差，从而实现新创企业的战略评估控制。

在战略评估控制过程中，绩效评价是促进新创企业战略落地的有效工具，也有助于管理者认识到战略执行和实施的正确及有效性。绩效评价通常使用两个衡量标准来评估新创企业的战略选择：一是考虑所要选择的策略是否对新创企业有利，克服企业的缺点，并充分利用这个机会降低威胁；二是考虑所要选择的策略能否被企业利益的相关方接受。

4. 战略评价

战略评价用来评估所提出的战略对在所确定的组织情况的适应程度，以及如何保持或改进组织的竞争地位。评估时应提出下列问题：是否完全利用组织的优势或环境提供的机会？战略分析中发现的问题(资源劣势或环境威胁)解决到什么程度？战略目标是否与组织目标一致？通过以上问题不断修正战略决策，以期达到预期目标。

8.1.4 新创企业战略类型

新创企业的战略类型涉及新创企业的经营范围、发展方向和发展道路，主要包括是集中经营现有产业的业务，还是进入其他产业的业务；是维持现状，还是扩大或缩小业务范围等。

1. 扩张战略

扩张战略是新创企业追求业务快速增长的策略。在扩张战略指导下，新创企业的主要目标是扩大企业规模，增加生产和销售量，提高利润水平。扩张战略能给有关各方带来利益，具有很大的吸引力，因此被许多新创企业采用。在扩张战略中，合并外部资源是最常用的方式。企业合并泛指企业为了增强自己的竞争优势，收购其他企业的全部或部分资产，来控制和影响被收购企业的一种行为。企业合并可以有效地促进中小型企业的快速成长，减少新创企业进入其他市场的壁垒，从而促进企业跨越式成长。

2. 多元化战略

多元化战略就是指新创企业增加新的产品或服务到现有的业务范围。按照现有的业务领域与新的业务领域之间的联系水平，多元化战略大致可以划分为关联多元化和非关联多元化两种。关联多元化主要是指新创企业所需要发展的各种业务都具备技术、流程、分销渠道、营销及产品等各个方面的共同性或相近性。非关联多元化指通过对其他行业进行投资而使公司的业务范围拓宽，新产品、新服务与公司目前的主要业务、技术及市场没有任何关系，也就是说，新创企业依靠新的技术或市场，发展完全不同的产品或服务项目。

3. 稳定战略

稳定战略是指新创企业遵循与过去相同的战略目标，在不改变基本产品或业务范围的情况下，保持一致的增长率。这是一种不以进攻为目的的防御和安全管理策略，不会冒更大的风险。在外部环境和消费者消费习惯稳定的背景下，稳定战略是大多数中小企业实际采用的战略。

4. 收缩战略

收缩战略主要泛指新创企业基于当前的战略性业务领域的基本水平出发进行的收缩与退缩，纠正偏离其战略发展起点的一种管理策略。

8.2 新创企业的组织管理

新创企业的组织管理泛指企业所属组织内部各种因素及其交叉的关系。组织管理的主要目标是更好、更有效地利用资源，实现企业目标。对于新创企业来说，规范的组织管理需要对其组织结构、工作流程、权责体系逐步调整。

8.2.1 新创企业组织管理概述

新创企业的组织管理是指新创企业在经营管理过程中为了建立健全管理组织，合理地配备人才，制定各项规章制度所做工作的过程和方法的总称。具体而言，新创企业的组织管理就是按照一定的准则和程序，对企业内部有限的人力和资源进行有效的配置，实现共同目标，确保整个组织目标能够以最低的成本和最高的效率得到实现的一种安排。管理学家孔茨认为，为了使人们有效地工作以实现他们的目标，有必要按照任务或职位建立一个合适的工作结构。组织的管理职能是设计和维护一个良好的工作制度，使人们能够很好地分工和协作。

1. 新创企业组织管理内容

对于新创企业管理中的组织功能，如果从全过程的角度来看，就是将一般的工作任务分解为单独可执行的单元，将其合并为单位和各个部门的具体工作任务，同时将其权力下放给这些单位或部门的企业管理人员的过程。新创企业组织管理的具体内容包括：

(1) 构建组织的结构体系。根据管理目标来建立组织结构体系是组织的根本，离开目标的组织将是不切实际的组织。新创企业必须先确定由组织机构设置、责权关系、领导关系和管理模式构成的结构体系。一个合理科学的组织架构，要明确员工的上升空间，要满足企业未来 3～5 年的发展规模和需要。

(2) 制定明晰的岗位分工和岗位职责。员工有明确的分工和岗位职责，建立起清晰的边界，使每个员工知道在公司里的工作任务，并明确各自需要承担的责任。合理的组织应使各部门员工发挥个人特长优势，实现整体效能的提升，提高工作效率。

(3) 设计高效的工作流程。新创企业在日常运行过程中，工作应该遵循一定的程序和惯例。为了保证工作顺利进行，需要有明确的责任制度和良好的操作程序，从而保证企业总体目标和任务的实现。

2. 新创企业组织结构类型

1) U 型组织结构

19 世纪末 20 世纪初，西方的大型企业普遍实施垂直一体化管理的功能性结构，即 U型组织结构。U 型组织结构按照企业生产、销售、发展等职能，将企业内部按照属性分为若干个部门，每个部门几乎都没有任何独立性，由公司高级领导直接管理。U 型系统整体设计保持了集中和统一指挥的特点，吸收了各个功能系统在发挥专业管理作用上的优势。U 型组织结构特别适合在市场趋势稳定，产品种类多，需求和价格有较大弹性的情况下使用。

然而，20 世纪早期以来，西方国家和企业的外部环境发生了巨大的变化，如原有的市场销量和利润率有所下降，新工艺和新技术不断涌现，企业规模也在不断扩大，U 型组织结构的缺点也很明显：高层领导人员被局限在日常管理运作中，缺少充分考虑企业长远发展和战略目标的精力，管理机构也越来越大，部门之间的合作和协调问题也变得更加突出。

2) M 型组织结构

M 型企业组织结构也称为企业单位或部门式组织结构。该类结构的一个基本特点就是实现了战略决策与经营管理决策相分离。也就是说，要根据企业的产品、服务、顾客、地域等情况，建立半自治化的业务机构。不同的行政管理部门和人员负责公司的发展战略和经营决策，使公司高层领导能够摆脱繁重的日常工作和业务运转操作，重点关注长期业务决策，监督、协调各业务部门的活动，并评估各部门的业绩。

与 U 型结构相比，M 型结构具有治理优势，更适合现代企业的发展。 M 型组织结构是一个多单位的企业系统，每个单位不是独立的法人实体，它仍然是企业的内部运作组织，如分支机构。

3) 矩阵制结构

矩阵制结构的出现是企业管理水平的一个飞跃。企业在完成临时任务时，需要对矩阵制结构进行管理。职能结构强调纵向信息交流，而企业分工则强调横向信息交流。矩阵系统在企业内部实现了这两种信息的同时流动，该结构将按职能划分的部门和按产品、服务或项目划分的部门结合起来形成一个矩阵，使同一个员工既同职能部门保持联系，又参加产品或项目小组的工作。

矩阵制的组织形态就是为了改进 U 型结构横向联系差及缺乏弹性等问题产生的。它的主要特点之一就是围绕具体任务设立专门的跨行业职能部门，有固定的团队组织结构和积极有活力的员工，一旦任务顺利完成就可调动。在产品研究、设计实验和机械制造的各个阶段，都派出了相关部门参与，以确保任务完成。与 U 型结构相比，矩阵制结构更加具有移动性和柔性，克服了 U 型结构中各个部门相互脱节的情况。

4) 多维制组织结构和超级事业部制结构

多维制组织结构又称三维组织结构，是在矩阵制结构的基础上进一步建立起来的。在矩阵结构(即二维平面)的基础上，构造了以产品利润或区域性利润为核心的三维结构，如果再添加一个时间维度，就会构成四维结构。虽然其中一些细分的结构相对复杂，但每一个层次的结构依旧是二维的，多维结构并没有完全改变矩阵的结构、多元领导和各个部门之间协作合作的基本特点，只是增加了组织系统的多样性。因此，它的基本结构形式仍然是矩阵制，它是矩阵制结构的展开形式。

超级事业部制实际上以 M 型结构为基础，其目的就是对若干个业务机构进行相对集中的经营管理，即把它们划分为若干个"大集团"，以便于协调与控制。然而，它的存在并没有改变 M 型组织结构的根本形态。

5) H 型组织结构

H 型组织结构又称控股型企业组织结构或者控股子公司结构，它是在组织内部实施权力划转和分立监督管理的结构形式。控股结构是指企业在非关联领域进行多元化运作时，通过控股来采取管理的一种组织方法。由于这些业务运作的无关性或弱互动关联性，大公司不直接负责管理和监督这些运作，而是取得所有权。这样，一个大公司将成为一个控股公司，控股单位不仅有经营特定业务的自主权，而且还保持独立的法律地位。

H 型组织结构主要是由多个法人或者实体共同组成的母子关系。子公司有可能处于完全不同的产品或者服务行业，而总公司往往通过专门的管理委员会及其相关职能部门进行协调、控制各个子公司的整体战略目标与经营活动。这种类型的公司组织结构往往太单一，缺乏必要的人在战略伙伴关系中联系与协调，因此，公司需要整体化的人力资源以及管理者，在战略中运用存在一定的难度。

6) 模拟分权制结构

模拟分权制结构是介于 U 型制与事业部制之间的一种管理组织模式。模拟分权制的主要特点是模拟业务部门在运作上相对独立，在会计上相对独立，从而提高了管理水平。模拟划分权限系统可以根据每一个生产地区的不同生产阶段划分为若干个"组织单元"。这些

"组织单元"都具有较大的经济自主权，都具有自己的经营管理组织，每个"组织单元"根据内部的"转移价格"来对其产品和服务进行资金交换和盈余计算，独立地进行核算和模拟。

模拟分权制的一个重要优势是，很好地解决了公司规模过大难以控制的问题。在这种组织方式中，高级管理者和员工尽量地将其权力合理地分配到业务部门，减少自己的执法和行政活动，把重点放在战略问题上。这种新型组织形式的缺点是分权不彻底，业务部门领导权力不够，但责任又较大，决策上受到较大限制；并且沟通效率较低，部门领导人不易了解企业全貌。模拟分权制解决了企业规模过大、不易管理的问题，因此适用于我国的大型石油、原材料生产及其他重点工业公司，亦可应用于商业银行、医疗、保险及其他金融服务业。

8.2.2　企业组织结构发展趋势

1. 扁平化

组织结构的扁平化主要是通过降低组织管理的层次，扩展管理领域，减少冗长型人员，建立紧凑的纵向组织架构达到的，这种结构使组织变得灵活、敏捷，提高了组织的效率与绩效。扁平化的设计可以大大加快信息的传递速度和执行速度，使决策变得更快更有效。

将组织结构由"垂直"转变为"扁平"进行管理，成为许多著名的大型企业走出管理困境的有效路线之一。例如，昌宏、海尔等家电产品著名企业也对其公司的经营管理组织结构做了相应的改变，由原来的"垂直金字塔结构"变为"扁平结构"。

2. 网络化

组织结构网络主要体现为公司内部结构网络与企业间结构网络。企业的内部结构网络就是指打破了企业内部的各个部门之间的界限，各个部门和各个成员通过互联网相互联系，使得信息和技术等在整个企业内部迅速地传播，最大限度地达到了资源共享。

企业间结构网络主要包括纵向网络和横向网络。纵向网络是企业在价值链不同阶段和环节上所组成的企业网络组织；横向网络通常是不同的行业内部企业之间的网络。这些公司相互合作，在一定程度上相互依赖。最典型的例子就是日本的联合经济体制，大型的制造企业、金融企业和联合大企业集团都是在其所有权上彼此进行联系，参与经营管理，共享资源，在重大的战略决策上都会采取集体性行动，各方之间往往有着长期而密切的合作关系。

3. 多元化

企业在发展过程中，不同部门、不同地区的组织结构不再仅限于统一的模型，而是依托具体的市场发展环境和组织的目标来制定不同的企业组织结构。企业依据自身发展阶段、规模及多元化发展战略，在多个相关领域或非相关领域中谋求扩大市场，获取效益，建立适合企业发展的多元化战略。

4. 虚拟化

组织虚拟化是指企业组织结构不再是以产权关系为基础，以资产为联系纽带，以权威为基本运作机制的由各种岗位和部门组成的企业实体，而是以计算机和信息网络为基础和支撑，以分工合作关系为联系纽带，结合权威控制与市场等价交换原则的运作机制的一个动态企业联合体。组织虚拟化包括两个方面。一方面是单体组织的虚拟化。它是指通过 IT 网络终端把其雇员以及雇员与顾客直接连在一起，使企业组织把尽可能多的实体转变成数字信息，减少实体空间。另一方面是组织间关系的虚拟化。它是指几个有共同目标和合作协议的公司，公司之间可能是合作伙伴，也可能是竞争对手。它改变了过去公司之间完全你死我活的输赢关系，而代之以"共赢"的关系。

8.2.3 建立健全企业责任体系

1. 建立企业责任体系

在企业组织中，上级和下级之间，部门和部门之间，岗位和岗位之间，最终体现的都是责任关系。责任不可传授，但可以通过在企业内部建立企业责任体系来培养。企业中的所有责任都独立存在于具有交叉责任网络的企业组织中，那么关于企业组织的结构设置、部门的划分、岗位或者专业人员的设立，都必须以企业组织所需要履行的责任和使命作为唯一标准。具体而言企业在制定和实施责任制度时，应当科学考虑和合理安排本单位和组织的各项责任任务，全面审核责任的具体性质、类别及其权重，合理地划分各个责任级别、责任机构和部门、责任单位和责任岗位，以及组织内部的责任。即以责任分工、职位分工、职位安排等形式，构建系统完整的企业责任制。

在责任分工方面，应界定分级管理和分级责任的原则，明确管理者和员工的分工及责任范围。

2. 团队成员责任分工

团队成员责任分工的基本原则是基于团队成员的责任分工，但团队成员的责任分工必须结合创业企业发展阶段的实际情况来确定。初创企业很少甚至没有职能部门，通常按照个人能力和专业优势等标准进行责任分工。由于初创企业团队成员较少，往往一个人承担着多项工作内容。

3. 企业主要职能部门职责

企业的组织结构，除了 U 型组织结构外，其他类型的组织结构一般都设置有职能部门。一般来说，最基本的职能机构是技术、采购、制造、营销、财政、人力资源等部门。这些部门的绩效和互动关系基本上决定了整个企业的绩效。因此，应明确界定各职能部门的责任，以避免发生推诿现象。

8.3 新创企业的营销管理

1960 年，美国市场战略营销推广协会将市场营销推广理论重新定义为一个转化过程，它把一个企业的经营产品和销售服务从生产制造商品化到产品消费者甚至产品使用者的商品化来进行推广。美国著名的市场营销学家菲利普·科特勒认为，最简洁的定义应该是：营销是在正确的时间和地点，以正确的价格，向合适的消费者提供适当的产品和服务，进行适当的信息交换和促销的过程。市场营销就是一种创造、传递、沟通和交流各类产品的活动、过程和体系，这些产品给整个社会能够带来经济效益。换言之，市场营销主要指的是营销者针对市场而发生的经营性活动与销售行为。

基于消费者的需要、欲望和需求，企业生产出满足消费者的产品和服务，这些产品和服务为消费者和企业创造价值，消费者的满意度反过来刺激企业不断生产更多产品，最终形成社会交易网络。在特定细分消费者市场中，营销人员挖掘潜在客户，不断扩大市场。市场营销的基本流程如图 8-1 所示。

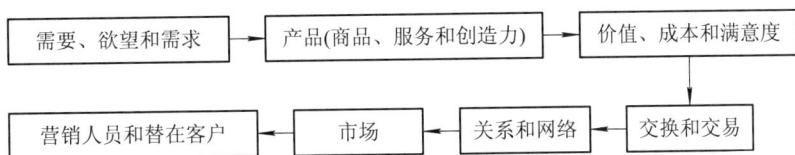

图 8-1　市场营销的基本流程

营销活动不仅涉及商业行为，还涉及非商业行为；不仅涉及个人，还涉及集体；不仅包括实物产品，还涉及服务和思想。

许多营销学者将企业的市场概念称为企业的"灵魂"。因为企业的所有营销活动都必须遵循一定的市场概念，所以这个概念应该明确企业营销活动的责任和结果，以便企业能够遵循一定的原则，解决营销活动中的效率、效力和社会责任问题。

8.3.1　市场营销的要素

市场营销的要素包括产品、价格、分销渠道、促销等，这些要素也被称为可控营销要素。

(1) 产品。营销研究产品是从市场管理的角度出发，研究企业应如何根据消费者的需要做出正确的生产和管理决策，从而使产品能够正常销售。产品决策的内容主要包括新产品开发、生命周期管理战略的制定和产品商标与包装的确定。产品由外观、款式、规格、体积、颜色、品牌、质量、包装、商标、服务、确认性等子元素组成。

(2) 价格。价格要素主要研究定价策略与方法。在社会主义市场经济条件下，商品定价是我国市场运作中的重大问题。价格不仅会随着市场需求量的变动发生改变，而且确定的价格是否合适，会直接影响市场营销的成败。因此，精明的企业家在产品定价前必须反复地调查市场情况，并对产品的成本、原材料的供应、价格发展趋势、市场需求、产品的优缺点、消费者心理等方面进行深入研究。然后，根据一定的规律制定出消费者可以接受的价格，再根据市场条件的变化，不断改变定价策略和方法。

(3) 分销渠道。分销渠道要素是研究产品生产后应通过哪些渠道、哪些商业环节，以及采用何种分销模式来进行销售。分销渠道正确与否直接影响商品流通链条的长度、销售成本的多少、商品价格水平、是否可以扩大销售，以及产品形象的建立。根据相关商品流通法律的要求，市场研究部门应为不同商品选择合理的流通渠道，以达到迅速向消费者交付商品的目的，包括销售渠道、储存设施、运输和库存控制。

(4) 促销。企业定期开展促销活动是为了充分宣传自己产品的品牌优势，通过人员和非人员的方式沟通企业与消费者之间的信息，引发和刺激消费者的消费欲望和兴趣，使其产生购买行为。常用的促销手段有广告、人员推销、营业推广和公共关系。

8.3.2　市场营销管理的任务

　　市场营销管理的目标和任务主要是通过调整企业在市场中所处的需求层次、需求发生的时间及其需求属性，从而有效地协调好供求关系，实现双方的互利沟通，达成企业目标。营销管理以沟通交流为基础，旨在充分满足不同方面的需要。因此，营销管理工作的本质就是对客户的需求进行管理，营销管理任务就是通过不同的营销策略对消费者的不同需求进行管理。

　　(1) 满足消费者的需求。消费者需求包括消费者对产品质量的需求、对满意价格的需求，以及对良好售后服务的需求。消费者需求对公司发展来说是最要重视的。如果公司仅局限于自身的短期利益，忽视了消费者的需求，消费者就会选择离开。

　　(2) 满足企业的需求。企业的需求是企业的可持续发展，换句话来说是可持续的利润。企业的所有人力管理和资本管理都被认为是帮助企业实现持续增加利润的手段。

　　(3) 满足经销商的需求。对于企业来说，经销商的作用是不可或缺的。企业在制定优惠政策时，不仅要从市场、消费者和企业的角度出发，还要考虑经销商的需求。经销商在企业不同的发展时期的需求也不一样。因此，企业应该根据经销商自身的需求来研究制定正确的销售政策。

8.3.3　市场营销管理的过程

　　一个创业者要想成功创业，就必须回答以下重要问题：谁是我们的顾客？该如何影响顾客？市场营销管理的过程主要包括分析市场机会、发掘市场机会、评估市场机会、选择目标市场和做好市场营销组合等五个方面。

　　(1) 分析市场机会。市场机会指的是市场中存在的未被满足需求的消费者市场。企业要想在当前的市场和产品上蓬勃发展，必须不断探索、发现和分析创造性的新市场与机会，为自己的企业持续健康地生存和发展选择一条新的道路。市场分析常常会被创业者忽略，从而导致创业者对新产品或服务的潜在市场存在错误评估。

　　(2) 发掘市场机会。通过采用系统化和信息化的手段，企业从市场中搜集发展所需的各种信息，探索新的市场契机。一是充分挖掘公司现有的市场潜力，引导公司现有产品进一步地深入公司所在地的现有市场和目标市场，扩展产品的销售额；二是在没有任何资源挖掘潜力的条件下，利用公司现有的产品来开拓新市场；三是在没有任何市场和发展潜力的条件下，考虑自身开发突破性新产品；四是在产品发展潜力不大的情况下，根据自身的资源条件考虑多元化发展，在多元化经营中寻找新的市场机会。创业者的任务就是要了解顾客生活中需要借助本企业产品来完成各项工作的需求，并在宣传中强化产品的特定用途以及相关的用户购买和使用体验，以此来激发顾客的购买欲望，吸引更多的顾客选择这一产品或服务。

　　(3) 评估市场机会。在发掘市场机会后，对于市场机会的辨认和识别是确定市场成败的重要前提。市场机会必须符合企业的发展目标，企业必须拥有足够的能力去利用这些机会。如果市场机会和企业目标不符，那么这些市场机会对企业来说毫无意义。因此，评估符合公司目标的市场机会，是正确地制定公司经营策略的关键环节。

(4) 选择目标市场。许多新的市场开拓想法往往会出现在确定和评估市场机会时。企业需要从如何选择最符合企业目标和发展能力的任务入手，提出新颖的思路，选择目标市场，包括比较不同细分市场的吸引力，然后选择最具吸引力的目标市场。创业者需将自身的目标和资源与该细分市场的情况结合在一起，考虑新企业初创阶段是否具备在该细分市场获胜所必需的技术和资源。事实上，无论哪个细分市场，要在其中取得成功，必须要具备某些条件。大多数新企业在选择目标市场时，面临的最大挑战就是如何选择一个具有足够吸引力和差异性的市场，从而使自己区别于同行，立于不败之地。此外，企业在选择好目标市场后，还要结合社会偏好的不断变化发展，持续地检测目标市场的吸引力。

(5) 做好市场营销组合。企业在制订了自己的产品设计研究以及开发解决方案后，就可以开始进行市场营销和产品组合等工作。营销组合指的是根据一个企业自身的经济特点和市场需求，利用不同时期各种企业营销活动方式和销售手段，将其有机组合起来成为一套系统化的企业整体营销策略，以此达到企业的长期市场经营战略目标。因此，创业者应建立独特的市场定位，并在顾客心目中占据特殊定位。例如，七喜汽水在广告中称其是"非可乐"饮料，暗示了其他可乐饮料中含有咖啡因，对消费者健康有害。

价值曲线是一种非常有帮助的市场定位工具，它致力于为顾客与企业自身创造价值飞跃，开创新的"无人竞争"的市场空间，挖掘属于自己的一片天地。创业者只有准确定位市场，才能最大限度地降低产品开发成本，再运用有效的方法销售产品，进而成功创业。

8.4　新创企业的人力资源管理

8.4.1　人力资源概述

1. 人力资源的内涵

人力资源的内涵包括劳动管理、人事管理以及人力资源管理三个方面，广义上讲，即在特定时期内，企业充分利用员工的教育、能力、技巧、经验和体力，使其为企业的价值创造做出贡献；狭义上讲，人力资源是新创企业为了实现自身独立的组织管理所需要的各种能力和信息反应。一定规模的人力资源是实现社会经济生产的必然前提，适当的人力资源有助于社会经济实现生产进步，人力资源的规模和数量应该与实际生产规模相匹配。随着我国现代科学和技术进步在生产过程中得到了广泛的运用，人力资源管理工作将在我国市场经济发展过程中扮演更为重要的角色。

人力资源所涉及的主体必须是具有劳动能力的人，这不仅指拥有一定精神素质和体力的人，还泛指那些能够自主地参与社会事业工作，促进整个国民经济和社会发展的人。

2. 人力资源的特性

人力资源具有特定性的价值，它拥有其他资源所不具备的一种特定素质，其特性具体包括：

(1) 不可剥夺性。人力资源存在于人体本身，是人的价值意义的内在储存和外在行为的表现，是同人的生命力密不可分的，是同人的尊严与权益联系在一起的，所以其不可剥夺，不能压取、不能骗取、不能夺取。

(2) 生物性。人是自然界中的高级动物，是生物体最复杂、最高级的存在形态。人力资源的生物性符合自然界的运动规律，并且会影响人的行为和结果。人力资源的生物性要求开发主体要注意满足人的自然需求，要注意工作条件和工作环境对人的身体与心理的影响，要建立有利于人身心健康的劳动制度。

(3) 社会性。人力资源的社会化特征体现在信仰、传统、民族、人口、时间、地域、职业、级别、文化等方面。人力资源的社会性直接反映一个人的政治立场、伦理、价值意识取向、思考思维方式和实际行动表达方式，为其在企业人力资源的管理开发中进行应用推广提供了根本的社会政治和经济理论实践基础。

(4) 资本积累性。人力资源是经济社会进步的基础和必要条件，也是最为现实的生产能力。人力资源是人的体力、智力、知识、技术、能力、经验、信息、健康、关系的综合体现，是通过不断地投资形成的，是自我学习和努力积累的结果。这种资本积累性提供了人力资源的反复开发性与不断增值性。

(5) 激发性。激发性是指通过适当的对策来刺激人，使其活跃并处在兴奋状态。激发性为建立人力资源的激励机制提供了理论基础和实践依据。人力资源的激发可采取目标拉动、政策制度推动、教育启动、信息催动、榜样引动等办法。人力资源的激发性既有积极的一面，也有消极的一面，它们对社会产生的影响也是不一样的。因此人力资源政策要引导人们充分发挥积极的一面。

8.4.2　人力资源管理

1. 人力资源管理的内涵

人力资源管理(Human Resource Management，HRM)是指在经济学与人本思想指导下，通过招聘、甄选、培训、报酬等管理形式对组织内外相关人力资源进行有效管理，满足组织当前及未来发展的需要，保证组织目标实现与成员发展最大化的一系列活动的总称。它是预测组织人力资源需求并作出人力需求计划、招聘选择人员，进行有效组织、考核绩效支付报酬并结合组织与个人需要进行有效激励、有效开发，以便实现最优组织绩效的全过程。

人力资源管理包含一系列人力资源政策及其相应的经营管理活动，需要完成制定人力资源战略、招聘和甄选优秀员工、对员工展开培训、进行薪酬和利润管理、员工迁移性管理、员工关系治理、员工安全和健康管理等工作内容。新创企业通过有计划、科学地合理配置自己的人力资源，调动企业员工的积极性，充分发挥员工的潜力，为企业持续发展带来更大的效益和价值。

2. 人力资源管理的基本职能

人力资源管理的宗旨是使公司有效地利用人力资源，人力资源管理的六大基本职能如下：

(1) 职务分析。企业对现有和未来需要的岗位人员所需的技能和要完成的工作职责进行清晰的描述，并形成规范的岗位说明书。

(2) 人员招聘。企业在预测组织人力资源需求基础上，制订人力资源需求计划，并通过对外发布招聘信息来招聘和甄选优秀的外部人才。

(3) 员工培训。为了让员工更好地适应企业的发展，调动员工的主体积极性，充分发挥大量员工的潜力，企业需要定期对员工进行有针对性的培训。

(4) 工资管理。根据每一位员工为实现公司目标而做出的贡献，不断优化绩效奖惩制度，并予以公平的奖励。其中奖惩机制包含薪酬、福利、激励方案等。

(5) 绩效管理。绩效管理使个人与部门的表现与公司的经营目标一致，从而达到设定目标符合公司价值观，确保个人发展机会符合公司长期发展规划。

(6) 劳动关系管理。通过管理劳动关系让员工彼此融洽相处，互相协调合作，使个人能够正确地认知和了解组织。

8.5　薪　酬　管　理

薪酬是指员工通过提供服务等方式取得企业所支付的各种资金报酬。狭义的薪酬是指人们可以通过兑换成一种货币来赚取的金钱与报酬；广义的薪酬不仅包含狭义报酬的内容，还包括福利性质的回报，主要包括直接薪酬(基本工资、奖金、补助费等权益)和间接薪酬(如个人荣誉、表彰和荣誉职务等权益)。

8.5.1　基本薪酬制度

基本薪酬制度又称基本薪酬等级管理制度，职工根据薪酬标准而领取薪酬构成了全部薪酬收入的基本组成部分。目前在我国企业中普遍流行的基本薪酬体系有以下几种：

(1) 岗位薪酬体系。它是一种依照员工现有的岗位标准决定其薪酬的薪酬体系。其特点是，员工只能根据其目前的职位获得报酬；若职位发生变化，薪酬也随之发生变化；职位通常与员工的资历挂钩。然而，这一薪酬制度并不考虑绩效，也不考虑员工是否为了改善工作而提高工作技能。同时，员工在公司内部的流动并不容易，不能带来很多发展机会。尽管如此，这仍然是国内外被广泛使用的基本薪酬制度。

(2) 职业技能薪酬体系。它是一种依靠员工已经具备的与其工作有关的专业技能和知识程度快速确认雇员薪酬的薪酬体系。它的主要特点之一就是员工的基本申报文件是基于科学和技术而不是经济支付，薪酬的增长必须先证明他精通某种需要的技术。这种体系可以大大增加组织内部员工的流动性，并为员工提供更多的发展机会。

(3) 绩效薪酬体系。它是一种依靠员工的行为表现或性格状况而决定其报酬的薪酬体系。这种薪酬体系反映了收入与贡献相联系的经济福利原则。绩效薪酬体系下企业高层管理者的薪酬与企业业绩挂钩，以年度为单位决定企业经营者的基本收入，并根据其经营结果分配相应的风险性收入。

(4) 结构性薪酬体系。这是一种比较常见的薪酬制度，在结构性薪酬中，既有工作报酬、资格报酬、技能报酬，也有随工作表现波动的部分。

8.5.2　薪酬制度的设计

薪酬管理依赖于一系列文件和系统的支持，包括岗位职务陈述、工作过程文件、报酬体系文件、绩效评价方法、流程文件、激励体系和员工约束等。

1. 薪酬制度设计原则

(1) 社会公平性原则。内、外部公平性在一定程度上决定了企业薪酬体系。外部公平性是指与其他企业的薪酬管理水平相比，薪酬管理水平良好，否则就无法吸引和留住一批合格员工；内部公平性是指员工觉得自己的薪酬与同事相比是公平的，企业对相同工种需要支付相同薪酬。

(2) 市场竞争性原则。企业在设计薪酬时必须考虑到同行业市场的薪酬水平和竞争对手的薪酬水平，保证企业的薪酬水平在市场上具有一定的竞争优势，能充分吸引和留住企业发展所需的战略、关键性人才。

(3) 激励性原则。企业中存在的薪资标准应该有一定的差异性，在设计薪酬时充分发挥薪资所起到的激励作用。

(4) 社会经济性原则。新创企业在进行薪酬管理制度的设计时必须充分考虑其自身经济能力、自身发展特点和行业发展前景。

2. 薪酬制度设计的程序和方法

(1) 薪酬调查。薪酬调查指企业需要充分了解一个地区和产业的实际薪酬情况，特别是主要竞争对手的薪酬情况。可采用的调查方法包括：对由国家和各地区的统计单位及其劳动组织所公布的数据进行调查；搜集管理顾问服务机构所发布的基于工资考核调查的相关信息；学习与企业相关的招聘资料；了解新招聘人员和求职者。

(2) 加总方式计算报酬金额。对于薪酬金额的加总计算一般要充分考虑企业所在地区的市场情况、公司支付报酬的能力和员工基本的生活成本。

(3) 选择适当的薪酬结构。现行的薪酬方式主要有基本工资、补助、奖励金及各种福利。企业应根据自己的特点和实际情况，确定这些比例。

(4) 设计企业的薪酬体系。通过以上程序，确定新创企业薪酬的基本管理方式和手段，规范和有效地使这些手段并将其制度化，最后形成企业的薪酬体系。

3. 薪酬制度体系的有效性评估

(1) 目标一致性。一个有效的薪酬制度体系首先要与本组织的目标及其策略紧密联系在一起。薪酬制度体系的考核评估内容及其评估标准必须与组织目标及其组织策略相适应。

(2) 明确性。新创企业应通过明确的绩效标准界定企业对其员工的期望。明确绩效标准可以促使员工更好地实现个人目标和组织目标的统一。为此目的，绩效标准应尽可能量化，而那些难以量化的则尽可能详细，使绩效评价更加客观和公正。

(3) 有效性。有效的薪酬制度体系应当是能够涵盖员工的工作绩效相关的所有方面，同时，与业绩不相关的其他内容可纳入综合考核的范围。

(4) 可靠性。可靠性是指薪酬管理体系在员工绩效评估中的一致性。可靠性包括两层含义：第一，它指的是评价者之间的一致性程度，即不同评价者对同一员工的业绩的评价结果应该是一致的或类似的；第二，它指的是信心的重新衡量，也就是说，同一员工在不同时间的绩效评估结果也应该是一致的或相似的。

(5) 公正性。薪酬制度体系的有效性，取决于企业内部不同岗位之间、新老员工之间、基层员工与不同层级管理者之间的薪酬差异是否合理，以及员工对于自身付出与回报之间的自我公平性的感受。薪酬制度是否被接受很大一部分取决于每个组织人员是否认同其公正性。薪酬制度体系的公正性主要指的是程序和结果上的公正性。如果员工认为薪酬制度体系是公平的，那么他们就愿意接受这种制度并严格按照制度来执行。在全体员工积极主动地参与企业业绩管理工作全过程的基础上，绩效交流、业务反馈及其他业务绩效辅助就能充分地起到促进和激励的作用。只有这样，他们才能不断地提高自己的业绩，实现新创企业的经营目标。

◇ 本 章 要 点 ◇

1. 新创企业成长面临的痛苦，来源于环境的不确定性和复杂性。 2. 创业者制定和实施适合新创企业的成长战略至关重要，主要包括扩张战略、多样化战略、稳定战略和收缩战略。 3. 人力资源管理包含一系列人力资源政策及相应的经营管理活动，主要包括选人、育人、用人和留人四个方面的工作	4. 新创企业在进行薪酬管理制度的设计时必须充分考虑其自身经济能力和行业市场前景。 5. 新创企业要根据自己产品或服务的特点，通过对企业内部的营销管理、人力资源管理和薪酬管理有效管控，提升其市场竞争力

讨论案例　赛思库：高端元器件大数据智能服务平台

一、企业发展简介

赛思库依托中国科学院空间应用工程与技术中心(载人航天工程空间应用系统总体/中科院空间科学与应用总体部)的可靠性保障中心平台建立，旨在让载人航天领域元器件与可靠性保障方面 20 余年的成功经验通过互联网服务于更多用户。目前赛思库已为载人航天工程(神舟系列、天官系列、中德合作 SIMBOX 项目等)、探月工程、先导卫星工程(实践、暗物质、量子等)，以及其他重点项目开展了近千万只元器件综合保障服务，以市场机制开展了元器件"五统一"服务，获得了国家载人航天工程突出贡献者奖章、部级科技进步奖等奖励。

赛思库是一家通过为客户提供涉及军民融合相关产品可靠性验证作为服务纽带，将军民融合相关产品上下游供给资源进行整合的服务平台。整个平台聚集了涉及军民融合产业的多个行业技术专家，致力于为企业客户提供产品优化的可靠性试验，并且通过高质量的技术服务将提高产品的优化性能的硬件产品进行上下游整合，实现平台化的供需对接。赛思库以"开放共享互联、高端检测认证、高效搜索引擎、神舟飞船海盗"为特色，为高端市场元器件库存焕发活力、解决工程项目元器件进度短板提供专业的赛思认证和 JIT 供应解决方案。

二、平台运营模式分析

为了深度推进军民融合，国家设立中央军民融合发展委员会，这也意味着中国航天业尤其是商业航天将迎来蓬勃发展的春天。迅速崛起的商业航天领域市场出现了新的变化：第一，对低成本有更加迫切的需求，主要解决方案是提高COTS元器件的使用量(COTS元器件的价格只有航天元器件的不到百分之一)，低价的代价是可靠性保障不足；第二，随着市场繁荣以及工业技术的发展，大量民营产品闪亮登场，航天设备和卫星研制方有了新的选择，也同时需要新形势下的元器件可靠性验证方法来帮助他们进行评估和验证，这意味着要解决的是国产元器件"不好用""不敢用""用不好"的问题；第三，半导体元器件更新换代速度加快也对元器件可靠性验证工作提出了新的要求。

赛思库的解决方案是：第一，通过信息化和大数据分析为闭塞的深度捆绑模式注入灵活基因，促进信息流动与数据共享，用数据帮助航天设备和卫星研制方优化元器件选择方案；第二，通过真实的在轨飞行验证让缺乏太空飞行经历的元器件拿到"入场券"。赛思库平台运营模式可以归结为知识产权创造过程中的技术研发类众包模式，其运营模式如图8-2所示。

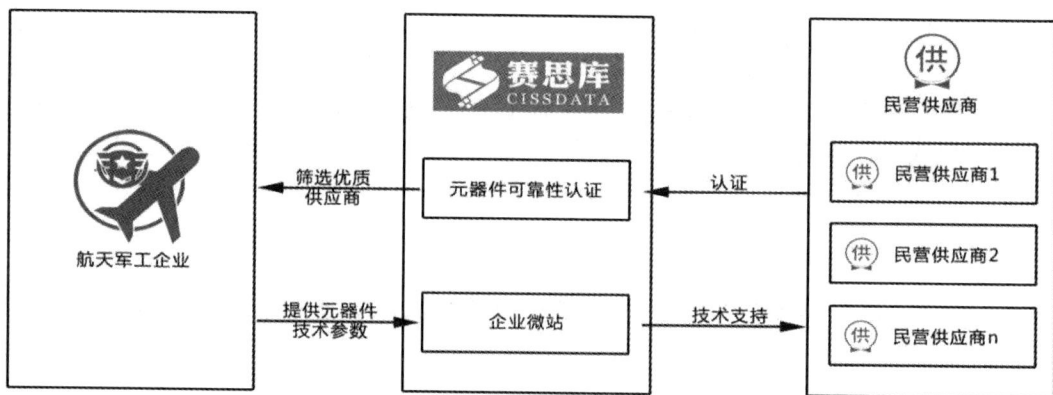

图8-2   赛思库的运营模式

一方面，全方位采集航天元器件的立体信息——包括元器件基本参数、使用手册、质量可靠性特点等，并将之呈现给元器件需求方，也就是航天设备和卫星研制方。赛思库"企业微站"颠覆了以往纸质产品手册形式，让产品信息发布由一年一次改善为实时发布，让先进产品的信息第一时间抵达所有用户，使得元器件自主可控企业进入互联网时代；另一方面，赛思库依托其高端元器件大数据平台，通过提供源自载人航天工程的可靠性认证技术解决方案和"互联网+"工具之"企业微站"，协助民用供应商快速进入航天军工市场，并通过载人航天工程的可靠性认证技术解决方案对元器件供应商进行可靠性认证并组建供应商目录。据悉，2017年年初，在赛思库平台上，元器件的搜索命中率已经达到了80%。随着数据量的增加，2021年年底，这一数据将达到90%，而且可以做到国内高端元器件厂商100%收录。赛思库通过这一众包模式，承担过"神舟七号""神舟八号""天宫一号""天宫二号"的空间科学与应用元器件可靠性验证任务，获得了国家载人航天工程突出贡献者奖章、部级科技进步奖等奖励。

(资料来源：根据网上公开资料汇总整理。)

◇　启发思考题　◇

1．新创企业如何从早期粗放式管理向现代管理过渡？

2．请查阅相关资料说明新创企业要上市需进行哪些合规准备，企业管理需要如何进行系统调整。

◇　本章参考文献　◇

[1] 张玉利，薛红志，陈寒柏，等. 创业管理[M]. 5 版. 北京：机械工业出版社，2020.

[2] 杨俊，朱沆，于晓宇. 创业研究前沿问题、理论与方法[M]. 北京：机械工业出版社，2022.

[3] 段彩丽，顾元勋. 基于双元学习和组织忘旧的新产品架构创新机理：以小微企业管理云平台工作圈为案例[J]. 管理学报，2021，18(11)：1589-1599.

[4] 布鲁斯·巴林杰，杜安·爱尔兰. 创业管理：成功创建新企业[M]. 北京：机械工业出版社，2017.

[5] 戚聿东，肖旭. 数字经济时代的企业管理变革[J]. 管理世界，2020，36(06)：135-152，250.

[6] 黄震. 开放式创新：中国式创新实践指南[M]. 杭州：浙江大学出版社，2020.

[7] 斯晓夫，刘志阳，林嵩，等. 社会创业理论与实践[M]. 北京：机械工业出版社，2019.